新编21世纪高等职业教育精品教材
婴幼儿托育服务与管理系列

婴幼儿
家园共育（微课版）

主　编／汪爱娟　周　苡　俞先茹
副主编／任　薇　尹杰媛　邓　婷　黄媏媚　叶圣军
参　编／周训平　李　维　何　杰　孙云霞　宋海生
聂红仙　邓　迎　李宛霓

中国人民大学出版社
·北京·

图书在版编目（CIP）数据

婴幼儿家园共育：微课版 / 汪爱娟，周苡，俞先茹主编. -- 北京：中国人民大学出版社，2024.6
新编 21 世纪高等职业教育精品教材. 婴幼儿托育服务与管理系列
ISBN 978-7-300-32634-4

Ⅰ. ①婴… Ⅱ. ①汪… ②周… ③俞… Ⅲ. ①托儿所－家长工作（教育）－高等职业教育－教材 Ⅳ. ① G616

中国国家版本馆 CIP 数据核字（2024）第 054493 号

新编 21 世纪高等职业教育精品教材 · 婴幼儿托育服务与管理系列
婴幼儿家园共育（微课版）
主　编　汪爱娟　周　苡　俞先茹
副主编　任　薇　尹杰媛　邓　婷　黄嫦媚　叶圣军
参　编　周训平　李　维　何　杰　孙云霞　宋海生　聂红仙　邓　迎　李宛霓
Yingyou'er Jiayuan Gongyu

出版发行	中国人民大学出版社		
社　　址	北京中关村大街 31 号	**邮政编码**	100080
电　　话	010－62511242（总编室）		010－62511770（质管部）
	010－82501766（邮购部）		010－62514148（门市部）
	010－62515195（发行公司）		010－62515275（盗版举报）
网　　址	http://www.crup.com.cn		
经　　销	新华书店		
印　　刷	北京昌联印刷有限公司		
开　　本	787 mm × 1092 mm　1/16	**版　　次**	2024 年 6 月第 1 版
印　　张	13.25	**印　　次**	2024 年 6 月第 1 次印刷
字　　数	280 000	**定　　价**	42.00 元

前言

党的二十大报告提出："教育是国之大计、党之大计"，首次将教育、科技、人才作为一个整体进行论述，强调"教育、科技、人才是全面建设社会主义现代化国家的基础性、战略性支撑"，要"深入实施科教兴国战略、人才强国战略、创新驱动发展战略"。这充分体现了党对教育、科技、人才的高度重视，深刻揭示了建设教育强国、科技强国、人才强国的内在联系。只有加快建设教育强国，才能为建设科技强国、人才强国涵养源头活水。我们要坚持教育优先发展，坚持为党育人、为国育才，以高质量教育立德树人，加快建设教育强国，办好人民满意的教育。

近年来，随着各地婴幼儿照护及家庭育儿指导服务工作的积极开展和政策推动，如何加快提高早期教育、托育服务的质量，特别是如何为婴幼儿家长、主要照护者提供婴幼儿早期发展指导服务，以增强家庭的科学育儿能力，提升婴幼儿保教工作者与婴幼儿家长、照护者的沟通和合作能力，已成为新时代学前教育改革发展面临的现实课题。目前，0～3岁婴幼儿的家园共育指导工作还处于起步阶段，开发专门针对0～3岁婴幼儿家园共育的指导教材，培养婴幼儿家庭教育的指导人才成为当务之急。为了有针对性地解决上述问题，我们着手开展了本书的编写工作，旨在帮助家长形成正确的家庭教育理念，掌握科学的家庭教育方法，并在进一步提升家长育儿水平的同时，提升婴幼儿保教工作者与婴幼儿家长的合作共育能力，促进我国0～3岁托育事业优质化、规范化和科学化发展。本教材适合婴幼儿托育服务与管理、婴幼儿发展与健康管理、学前教育、早期教育等专业的学生使用，也可作为托育服务机构、早期教育机构和家庭养育指导机构的一线工作人员的学习资料，还可作为0～3岁婴幼儿家长科学育儿的参考资料。

本教材基于"0～3岁婴幼儿的养育是以家庭为中心的保育与教育"理念，推进婴幼儿保教工作者与家长合作沟通，达成家园共育，以促进婴幼儿健康成长。我们结合多年的一线教学经验及托育机构反馈的若干家园合作方案，将教材分为0～1岁、1～2岁、2～3岁3个阶段，每个阶段又进一步划分了月龄段，通过这种"月龄细分"的方式，针对0～3岁婴幼儿从身心发展评估、养育教育要点与建议、家园共育指导等方面，向婴幼儿保教工作者和家长提供系统化、科学化、可操作性强的教养知识和技能以及家园共育的策略，希望能够帮助婴幼儿保教工作者和家长提高婴幼儿保育与教育质量。此外，在本教材的第五章，我们就家园共育中的一些问题进行了专题讲解，涉及新手父母心理调适、隔代养育、多宝家庭、健康管理、安全防护、托幼园所“互联网＋家园共育”以及特殊需要儿童的家园共育，知识性与可操作性结合，以期更好地满足婴幼儿保教工作者和家长的实际需求。

本教材每章都设置了“学习目标”“本章导学”“案例导入”“本章小结”“同步练习”等栏目，并按照内容需要穿插“视野拓展”“案例展示”“微课”等，为婴幼儿家园共育提供有益的参考与直接的借鉴。

本教材由昆明幼儿师范高等专科学校的汪爱娟老师负责全书架构策划，并组织了多位一线托育工作者参与编写。其中，第一章和附录由昆明幼儿师范高等专科学校的汪爱娟、黄嫦媚老师和福建幼儿师范高等专科学校的叶圣军老师共同编写；第二、第三、第四章按照各年龄段的发育水平、养育指导、教育指导、家园合作分模块由昆明幼儿师范高等专科学校的周苡、俞先茹、任薇、尹杰媛、邓婷、宋海生、聂红仙、李宛霓、邓迎老师共同编写；第五章第一节“新手父母心理调适”、第五章第七节“特殊需要儿童的家园共育”由俞先茹老师负责编写，第五章第二节“隔代养育”由神木职业技术学院的孙云霞老师负责编写，第五章第三节“多宝家庭”由重庆理工职业学院的何杰老师负责编写，第五章第四节“健康管理”由重庆市青年职业技术学院健康医学院的周训平老师负责编写，第五章第五节“安全防护”由广西幼儿师范高等专科学校的托育工作者李维负责编写，第五章第六节“托幼园所‘互联网＋家园共育’”由黄嫦媚老师负责编写。周苡、俞先茹老师负责教材的修改和统稿工作。

本教材编写团队在编写过程中参考并借鉴了其他研究人员的观点和资料，在此对相关作者表示深深的谢意！感谢昆明春生托育成长园提供了部分图片。囿于时间和专业探究的深度，本教材难免会有瑕疵，若在使用本教材的过程中发现问题，请批评和指正，我们会根据您的反馈，不断更新和优化内容。真诚希望同行、读者不吝赐教。

编　者

目录

第一章 婴幼儿家园共育概述

学习目标

知识目标

1. 了解婴幼儿家园共育的意义和存在的问题；
2. 掌握婴幼儿家园共育的理论依据；
3. 掌握婴幼儿家园共育的策略。

能力目标

1. 明确婴幼儿家园共育中教育双方的角色；
2. 了解家园共育中托育工作者的能力构成。

素养目标

1. 通过学习家园共育基本知识，理解并宣传家园共育对促进婴幼儿健康发展的意义；
2. 通过掌握家园共育的内容和方法，构建和谐的家园关系。

本章导学

- 婴幼儿家园共育概述
  - 婴幼儿家园共育的内涵与实施
    - 婴幼儿家园共育的概念
    - 婴幼儿家园共育的意义
    - 现阶段婴幼儿家园共育存在的问题
    - 婴幼儿家园共育的目标和内容
    - 实施婴幼儿家园共育工作的原则
    - 实施婴幼儿家园共育的策略
  - 婴幼儿家园共育的理论依据与相关政策
    - 布朗芬布伦纳的生态系统理论
    - 协同教育理论
    - 相关政策引导

案例导入

家、园两种表现的轩轩

轩轩两岁半，入托育园已经10个月了，但常常因为早上起不了床，不能按时入园。在托育园，轩轩可以自己拿勺子吃饭，但是回到家爸爸妈妈还是端着碗追着喂饭；托育园为孩子们配备了完善并符合幼儿尺寸要求的如厕设备，轩轩也学会了自己脱裤、提裤、洗手，并能主动表达自己的需要，养成了良好的如厕习惯，但是在家里却需要家长不断地询问他要不要大小便，并且还总是要求家长帮忙；在托育园，轩轩表现得胆小、顺从，但在家里，他却是一个任性的“小霸王”。

问题：你如何看待上述现象？如果你是一名托育工作者，你会如何处理？

第一节 婴幼儿家园共育的内涵与实施

婴幼儿时期作为人生的起点是个体发展的关键阶段，而家长作为影响孩子一生的重要人员，在这一阶段发挥着举足轻重的作用。苏联著名教育家苏霍姆林斯基强调，“家庭要有高度的教育学素养，整个社会如果没有家庭的教育学素养，那么不管托育工作者付出多大的努力，都收不到满意的效果。”“没有家庭教育的学校教育和没有学校教育的家庭教育，都不可能完成培养人这一极其细致而复杂的任务。”可见，儿童的早期发展有赖于家庭、托幼园所等社会文化环境的共同作用，教育工作者要想成功地开展早期教育，就必须学会与婴幼儿的家长合作。家园共育应充分考虑原生家庭的情感要素及其与托幼园所教育专业因素的结合，从而形成教育合力来促进婴幼儿的社会化和教育资源的整合。

一、婴幼儿家园共育的概念

婴幼儿家园共育是指家长与托育机构通过沟通交流、家园合作、资源共享来共同实施婴幼儿的教育与保育工作。这样，既能为婴幼儿的健康快乐成长营造良好的教育环境，又能促进婴幼儿、家长和托育工作者三者的共同成长。

共育的核心强调家园合作、配合，这里的“育”包含保育和教育两个方面，“共育”既包括婴幼儿身体健康成长的内容，又包括婴幼儿早期学习与发展的内容。对于托育机构来说，“共育”既需要给予婴幼儿回应性、家园一致性的养育照护，又需要联合家长共同实施对早期发展的支持与促进，因此做好家园共育工作尤为关键。

二、婴幼儿家园共育的意义

（一）家园共育为婴幼儿的全面教育保驾护航

家庭和托幼园所是婴幼儿生活和学习的主要场所，是对婴幼儿的发展影响最大、最直接的微观环境，也是婴幼儿最早接触的社会文化环境。针对这种特定的环境，婴幼儿教育必须从婴幼儿所经历的活动、所承担的角色及所建立的人际关系出发，协调与之有关的社会群体的力量，共同促进婴幼儿身心的健康发展。

婴幼儿的发展主要是整合从两种场所获得的学习经验的结果。家园共育可以使来自两方的学习经验更具一致性、连续性和互补性。一方面，婴幼儿在托幼园所获得的学习经验在家庭生活中得到巩固和发展；另一方面，婴幼儿在家庭中获得的生活经验能够在托幼园所的学习过程中得到运用、扩展和提升。同时，通过家园共育的互动，家长和托育工作者建立起密切的伙伴关系，使婴幼儿获得充足的安全感，形成参与社会生活的积极态度。因此，家园共育有利于婴幼儿的身心全面发展，符合婴幼儿全面发展的需要。

（二）家园共育有利于教育资源的充分利用

托幼园所教育与家庭教育各有对方所不能替代的独特优势。托幼园所是专门的保育教育机构，婴幼儿托育工作者是懂得婴幼儿身心发展的特点和规律、掌握科学的婴幼儿教育方法的专职教育工作者，他们对孩子的教育是有目的、有计划和有组织的；家庭与婴幼儿之间的血缘关系、亲情关系、经济关系使得家庭教育具有强烈的感染性、长期性和针对性，教育内容复杂丰富，教育方法机动灵活。只有托幼园所和家庭发挥各自的优势，才能最大程度地发挥这些教育资源的作用，形成教育合力，共同促进婴幼儿的全面发展。同时，对于家长和托育工作者自身来说，也是一个共同成长的过程。

（三）家园共育有利于促进婴幼儿的社会性发展

人的社会性发展是一个极为复杂的过程。婴幼儿在社会性发展的过程中需要掌握社会经验和社会关系，包括具有参加社会生活所必须具备的道德品质、价值观念、行为规范，形成积极的生活态度，善于自我调节，掌握交往技能等。这些内容既相互独立又相互依存，轻视其中任何内容都会阻碍婴幼儿身心的和谐发展。通过家园共育，在每一个日常活动中使具有不同智能结构和个性特征的婴幼儿在生理和心理的成长关键期得到富有个性的、全面健康积极的发展，为其今后更好地参与社会生活打下坚实的基础。

三、现阶段婴幼儿家园共育存在的问题

（一）家庭面临的困境

1. 0～3 岁婴幼儿家庭教养模式的制约

目前我国 0～3 岁婴幼儿的教养责任基本由家庭承担，大部分地区 0～3 岁婴幼儿

都散居在家，不少孩子由祖辈等家庭成员照顾。部分父母把教养子女的责任转嫁到祖父母身上，对早期教养重视不够，责任意识不强，责任主体对开展早期教养的协作意识不强、主动性不强、配合度不高；家庭教育指导对象多元且个体差异性较大；加之婴幼儿居住地分散，入户指导对人力、物力和财力都是巨大的压力，严重制约了家园协同共育工作的开展。

2. 对 0 ～ 3 岁婴幼儿早期教养的认识存在偏差

各种早期教育机构如雨后春笋般兴起，各种教育宣传不断冲击着家长的教育理念，希望孩子“不输在起跑线上”已经成了不少家长的共识，家长对孩子的早期教育表现出前所未有的重视，一些家长格外重视对孩子的智力开发，认为只要花钱给孩子报早教班，将孩子送去早教中心就是重视早期教育了。其实不然，0 ～ 3 岁是建立亲子依恋关系和自我意识发展的关键时期，家长作为孩子的第一任托育工作者，其教养方法对孩子的认知、言语、情绪情感和社会性等的发展起着关键性的作用，孩子在这个阶段学什么、怎么学，离不开家长的科学引导，需要家长与早期教育者协作。这不是简单的买卖服务关系，而是一种合作共赢关系。但是要改变家长的固有观念，引导家长科学理性地看待早教并配合早教机构开展早教指导工作也需要不断地做出努力。

3. 早期教养知识和技能的缺乏

家长与婴幼儿开展有效的互动，比如朗读、讲故事和做游戏等，有助于促进孩子认知能力的提高及其他潜能的开发。孩子需要的是父母高质量的陪伴，虽然现在家长日益重视对孩子的陪伴，但因为种种原因陪伴的效果并不是很理想。部分家长在教养孩子的过程中，缺乏教育的基本知识和技能，科学教育意识不强，缺乏与孩子形成良好互动的能力，而这种认知和能力的缺乏会导致婴幼儿的实际需要得不到满足，阻碍他们的认知、情绪、情感和社会性的发展，制约了早期协同教育中家长主动性的发挥。

（二）托幼园所存在的问题

1. 家园共育工作浮于表面

在推进家园共育的过程中，有的家长仅停留在参加托幼园所的亲子活动，接送孩子的间隙与孩子沟通在园和在家的表现这种表面的事情上；有的托育工作者也仅满足于用模板式言语通报孩子的表现，反映表面情况。托育工作者对家长的了解不够全面，缺乏对家长需求的了解，沟通内容选择面窄，无法满足家长的实际育儿需求。家园之间缺乏深层次、个性化的沟通与合作，使得双方不能全方位、浸入式地参与到婴幼儿的成长过程中，导致家园共育工作出现相互割裂、各自为政、不同程度脱节的情况。

2. 家园共育活动未成系统

家园共育工作需要具体抓手和实际载体，才能务实推进并有效达成看得见、摸得着的目标任务。然而，在家园共育的实际操作中，托幼园所对于家园共育活动的设计、安排、推进、检查和总结等各环节尚未完全做到全链条、闭环式的管理。一些家园共育活动随意化、零散化，且缺乏体系、不成系统，不能充分传递信息，更无法有效凝聚合力。除此之外，当前不少家园共育活动并未针对民主型、权威型、高压型、宽容型、放纵型等不同类型家庭进行分类指导，家访、家长论坛、家长助教、电话沟通、即时通信工具联系、线上家长会等互动活动也没能做到集中主题、切合时间节点、跟随形势发展，无形中影响了家园共育活动的序列化、体系化和可操作性，降低了活动对于家长和托育工作者双方的借鉴意义和实际作用。

3. 家庭园所角色发生错位

在家园合作中，托幼园所认为自己是一切教育活动的主导者，家长只是被动参与，听从分配，导致家长的需求无法得到满足；部分托育工作者认为自己在教育教学方面是很专业的，具有丰富的理论与实践经验，通常作为交流的主动发起者，进行育儿相关信息的单向传输，互动性差，缺少持续跟进，沟通的针对性和有效性较低。从家长层面来讲，部分家长自认为自身学历高，更了解自己的孩子，或是自认为学习了很多育儿知识，经验丰富，甚至超越老师或者可以指导老师，因此在与老师交流的过程中显得高高在上、很强势。这两种情况导致了家园共育的角色错位，不能很好地形成合力。

4. 托幼园所托育工作者的家园共育能力仍有待提高

托幼园所托育工作者的专业素养是决定教育质量的关键因素之一，也是婴幼儿和谐发展和健康成长的重要保障。托育园所工作者家园合作能力主要由支持儿童发展的能力、支持家长的能力和个人品质 3 个维度组成，如表 1－1 所示。

表 1－1　托幼园所托育工作者家园合作能力

3 个维度	具体项目	举　例
支持儿童发展的能力	专业知识	清楚地了解孩子的发展特点和保教知识
	关心能力	关注孩子的情绪感受和特殊需要
	观察了解能力	能说出孩子的一些特点和偏好
	个性化教育能力	及时调整对孩子的个别化教育
	问题解决能力	处理婴幼儿意外受伤等事故
支持家长的能力	课程可视化能力	让父母知晓婴幼儿在园的学习内容
	教养支持能力	针对父母的困惑能够提供有效建议
	信息沟通能力	利用微信、家园互动平台等沟通途径与家长进行沟通，并注意沟通技巧
	解读家长类型的能力	把父母当作个体来对待，理解不同类型父母的特点和需求
	计划与组织家长活动的能力	开展活动有计划性和组织性，保持良好的秩序
个人品质	换位思考能力	真正站在父母的角度思考问题
	自我情绪控制能力	能够调节自己的消极情绪，与孩子父母沟通时不带情绪
	反思与自我发展能力	主动从自身寻找问题

目前托幼园所一线托育工作者的年龄普遍偏低，育儿经验不足，专业能力和家园共育能力需进一步提高。

四、婴幼儿家园共育的目标和内容

（一）婴幼儿家园共育的目标

婴幼儿家园共育的目标是托幼园所和婴幼儿家庭双方通过积极主动地相互理解、相互联合、相互支持，共同促进婴幼儿全面发展。

托幼园所通过创设适宜环境，合理安排一日生活和活动，提供生活照料、安全看护、平衡膳食和早期学习机会，促进婴幼儿身体和心理的全面发展，同时为家长提供科学育儿指导。

家庭作为托幼园所的合作方，能够认识到科学育儿的重要价值，能够通过多种途径参与到家园共育活动中。

家园双方通过沟通协商达成共同的育儿理念和目标，采取一致的养育行为和策略，促进婴幼儿生活自理能力与习惯的形成，促进身体发育，促进其动作能力、语言能力、认知能力、情感与社会性等各方面全面发展。

（二）婴幼儿家园共育的准备工作

在实施家园共育工作前，托育机构的托育工作者需要做好如下相关准备。

1. 了解婴幼儿的发展规律和保教要点

托育机构应当尊重婴幼儿的发展规律、月龄要点和学习特点，实施养育照护和早期发展促进。托育机构保育工作是在“尊重儿童、安全健康、积极回应、科学规范”的原则指导下，提供以养融教的生活内容、以成熟促发展的游戏内容、以关键经验整合多领域发展的活动设计。婴幼儿在托育工作者回应性照护和专业的指导下，在托育机构感受生活、玩要游戏、探索学习，从中不断地养成习惯、增长经验、增强能力。这是托育机构的托育工作者与家长合作共育的前提。

2. 理解家长的需求和特征

每一个新生儿的诞生都是给家庭的最好礼物。养育孩子的过程是“痛并快乐”的，充满着乐趣和挑战。爸爸妈妈的睡眠被迫减少、个人的时间被剥夺，养育过程中容易焦虑、遭受挫折，父母之间、隔代之间容易产生育儿矛盾，这些都给家长带来了极大的压力。但是家庭中的每个成员都是孩子的守护者和最热情的支持者，共同目标是希望孩子健康快乐成长。每个家庭把孩子送到托育机构的原因不尽相同，相关调查显示：“让孩子有玩伴”“减轻老人负担”“托育机构比较专业”等是主要原因，入托后的期望包括“健康安全”“培养自理能力”“能够学到东西”等。托育机构开展家园共育的前提就是要理解不同家长的入托需求、养育期望和个性化诉求，理解不同角色（父母、祖辈）、不同类型（工作忙碌型、漠不关心型、宠溺型、挑剔型等）、不同文化背景、不同职业家长的沟通共育策略及方法措施。

3. 理解自己的角色和能力水平

托育机构的托育工作者在养育照护和发展指导方面较之家长更为专业，但对孩子及其养育成长环境的了解程度不及家长，这就需要双方的沟通交流。同时，较之家长在育儿过程中的"当局者迷"，托育工作者扮演的是"旁观者清"和相对理智的角色，能客观地欣赏孩子的成长变化，客观地观察并发现家长育儿中的误区和问题，用自己的专业知识和科学方法去指导家长、帮助孩子。需要注意的是，托育工作者首先需要在了解孩子和理解家长的基础上获得家长的信任，家长只有在信任他人的基础上才愿意与他人分享交流、接受帮助与指导。托育机构家园共育的目标是让托育工作者成为家长育儿的陪伴者、支持者和合作者，这就需要托育工作者和家长在相互尊重的基础上进行协商共育，建立真正的育儿伙伴关系。

（三）婴幼儿家园共育的内容

对于托育机构来说，家园共育的工作对象既包括入托婴幼儿的家长，又包括散居婴幼儿的家长，对后者的服务体现了托育机构的育儿指导性和专业性，同时也为机构储备服务客户。家园共育工作具有早期性、科学性、直观性和层次性的特点：早期性是指托育机构可以把对家长的指导工作延伸到入托前乃至孕期；科学性是指专业、有价值；直观性是指共育的内容和方法需要通俗易懂、易操作；层次性是指针对不同阶段、不同对象、不同的时间和场合，需要采取多元化、多层次的指导。家园共育的原则是尊重平等、合作互动、保教一致、个别差异，每个孩子都有自己的发展指导，每个家庭都有自己的育儿环境和育儿方式，家园共育更需要托育机构提供个性化、差异化的支持和指导。家园共育的具体工作可以分为以下 4 个方面。

1. 展示

托育机构兼具教育和服务的属性，展示意味着主动把自己呈现、传播给目标对象，其价值意义在于能让家长看到托育机构的专业教育和安心服务。展示的内容一般有：（1）园所的环境设施与教室配置，要点是安全温馨、明亮整洁、功能齐备；（2）师资团队，包括老师的资质证书，教研培训与技能竞赛的素材，组织团建活动的风采，体现团队的专业与活力；（3）托育理念与保教活动；（4）入托宝宝在园表现与成长变化；（5）其他运营管理方面的内容，如组织活动、家长口碑、获得荣誉等。

2. 沟通

如果说展示是单向的，沟通则是双向的，既包括托育工作者主动和家长沟通交流、实施合作共育，又包括家长发起沟通、寻求帮助。在实践中，沟通主要包括新生入托阶段的重点沟通交流、日常沟通，以及因个别问题、特殊事项的定向沟通。通过沟通交流，传递积极信息，交换育儿意见，及时发现问题和解决问题。沟通的途径有面对面沟通，通过电话、短信、微信等现代化、互联网技术手段的沟通。沟通形式分为一对一沟通、集体座谈会和沙龙式的沟通交流等。

3. 参与

参与是指托育机构邀请家长参与机构运营管理过程中的具体工作，例如成立家委会，由家长参与餐食供应、活动组织等与婴幼儿相关工作事项的决策制订与日常监督。邀请家长直接参与课堂教学及活动，或引进教学资源间接参与，丰富托育机构原有的保教活动内容。由家长参与对托育机构及其托育工作者的满意度评价与意见反馈，助力提升机构保教与运营管理质量。

4. 指导

家园共育中的家长指导是指对家长开展科学育儿指导，包括进行家庭教育理论教导、传授育儿方法、分析并解决家庭育儿问题等，达到提升家长科学育儿水平与能力的目标。家长指导工作，既要求指导家庭科学育儿的共性问题，又要求能够根据家庭养育环境、家长育儿实际和婴幼儿的自身发展特点，进行针对性分析、连续性跟踪，从而进行协商式、有效性的指导。因此，较之展示、沟通与参与，家长指导的工作对托育机构和托育工作者的专业要求更高。家长指导的形式包括：专家讲座、评估指导、入户指导等。

五、实施婴幼儿家园共育工作的原则

（一）尊重性原则

家园共育必须因人而异，托育工作者应了解如何欣赏与接纳来自不同背景的家庭，尊重每一位家长，要以热情、接纳的态度对待家长，并且通过点点滴滴的行为体现出对家长、孩子一视同仁；相应地，家长也虚心听取托育工作者的建议，通过自己的言行举止体现出对托育工作者及其工作的尊重。

（二）平等、合作性原则

托幼园所托育工作者和家长是平等、合作的关系。托育工作者和家长都将对方视为自己的教育伙伴，认识到彼此都在为同一个目标——促进婴幼儿身心全面协调发展而努力。家长和托育工作者要进行经常性的双向交流与沟通，这是家园平等、合作关系的基石。一方面，托育工作者积极指导家长进行家庭教育，促进家长提高教育能力；另一方面，家长主动配合托幼园所，积极参加各种活动，为托幼园所的发展献计献策。

（三）情感性原则

托育工作者要注重与家长的情感交流，以情感人，进行有效沟通交流，发自内心的真实情感更会促进家园双方的交流。

（四）过程性原则

托育工作者应注重和家长共同教育婴幼儿的过程，在这个过程中求发展。家园双方应在婴幼儿发展的过程中及时沟通，及时了解婴幼儿在家和在园的状态。比如，要帮某位幼儿养成午睡的习惯，托育工作者周一到周五每天应与家长沟通幼儿当天午睡的环境、时间等，家长应根据幼儿的表现及时给予肯定或纠正，幼儿周末在家时的表现也应及时反馈给托育工作者。

（五）一致性原则

托育工作者与家长在对婴幼儿的指导上要保持一致，避免因两方的要求不统一、不协调而造成婴幼儿发展的问题。家园同步一致指导，要求婴幼儿做到的，成人自己也应该做到。

托育工作者要更新观念，正确理解家园共育的内涵、意义、原则，摆正家园共育在婴幼儿身心健康发展中的位置，指导家长掌握科学的家庭教育原则与家庭教育方法，寻找适合不同教育形式的家园合作方法、策略，让家园共育日常化、制度化、科学化，切实提高家园共育的有效性。

六、实施婴幼儿家园共育的策略

（一）转变合作观念，把握正确的角色定位

在家园共育中，家长和托育工作者地位平等，肩负着各自的职责与任务。

托育工作者在家园共育中扮演的角色：

（1）合作者——合作进行教育；

（2）保护者——保护婴幼儿家庭隐私；

（3）倾听者——倾听家长的心声；

（4）接纳者——接纳家长的意见；

（5）指导者——指导家长进行家庭教育；

（6）研究者——研究指导家庭教育的方法。

家长在家园共育中扮演的角色：

（1）观察者——观察托幼园所的教育；

（2）学习者——学习如何进行家庭教育；

（3）支持者——支持托幼园所开展的活动；

（4）教育者——教育孩子。

为了能够落实好家园共育，托幼园所和家长要积极建立家园合作观念，把握正确的角色定位，清晰地认识自己的责任，这是实施家园共育的基础和前提。作为主力军，托育工作者直接参与家园共育的实施，应积极向家长传递家园共育观念。

（二）实施多样化的共育活动，努力丰富家园互动形式

为了构建良好的家园共育体系，需要合理利用多样化的活动，以此来促进家园有效共育。因此，托幼园所应该清楚地认识到丰富多彩的互动形式的重要性，努力丰富家长

参与家园共育工作的新形式，深入挖掘家长、托育工作者有效合作的内涵，拓展富有时代气息的家园合作的新内容。

（三）合理分析，采取分层分类指导

虽然托幼园所里婴幼儿的年龄差不多，但无论是个人能力、认知基础，还是学习悟性、适应性等都存在明显的差异。托育工作者在推进家园共育模式的时候可以构建分层分类指导的观念，从而针对不同类型的婴幼儿群体做好教育策略的设计，为不同类型的家长群体提供对应的教育建议。在构建家园共育模式的过程中，家长是重要参与者，托育工作者要充分重视家长提出的意见和建议，主动询问家长的教育意愿，并有选择地吸收家长的观点，为家园共育模式的有效推进提供帮助。在家园共育实施的过程中，家长的教育学和心理学知识储备、家长的学历、婴幼儿的性格、家庭氛围等，都会对其产生直接的影响。托育工作者需要对这些影响因素进行深入的分析，并且提出对应的策略，以此来保障家园共育活动能够顺利地开展下去。

（四）提高家园沟通频率，吸引家长主动参与

家园共育离不开家长的主动参与，托育工作者要寻找有效的方法来吸引家长主动参与。托育工作者要增加与家长之间的沟通频率，与家长建立起信任关系，以此来促进家园共育的协同发展。就相关的研究结果来看，家长基本上都是通过家长会、与托育工作者打电话、微信沟通等途径了解婴幼儿的基本情况，而且家长与托幼园所之间的沟通基本上都是托育工作者对家长的单向输出。这样的沟通模式会直接影响家园共育模式的推进，最终导致沟通流于形式。因此，托育工作者要转变单向的沟通模式，多进行面对面的交流。

（五）运用信息技术，构建家园合作平台

在婴幼儿教育中，托幼园所教育与家长教育是不可分割的一个整体。所以，托幼园所可以运用信息技术构建家园交流、合作的平台，以方便托育工作者与家长在平时做好沟通和交流工作。通过家园交流、合作平台，托育工作者与家长之间的交流更加便捷，极大地提升了家园共育的实效性。

第二节 婴幼儿家园共育的理论依据与相关政策

一、布朗芬布伦纳的生态系统理论

生态系统理论（Ecological Systems Theory）是美国学者尤尔·布朗芬布伦纳（Urie Bronfenbrenner，1917—2005）提出的个体发展模型，强调发展个体嵌套于相互影响

的一系列环境系统中，在这些系统中，系统与个体相互作用，影响着个体发展。如图 1 - 1 所示。

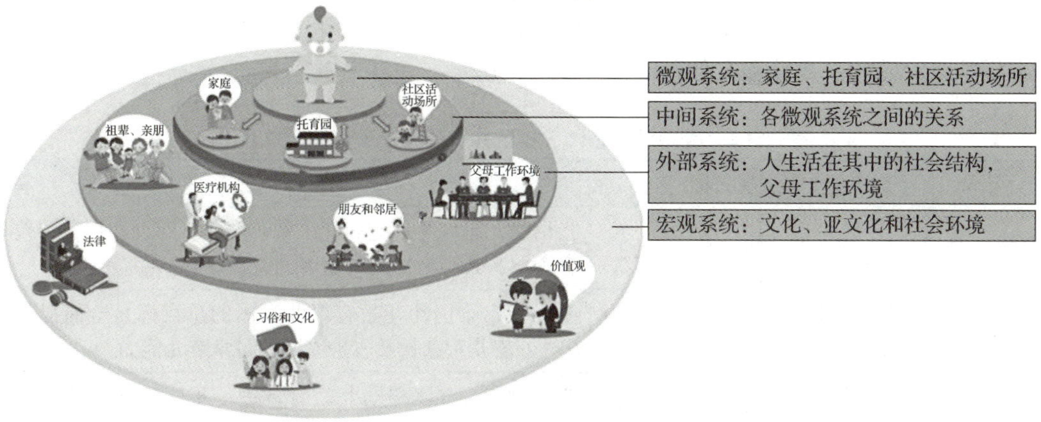

图 1 - 1　生态系统理论图

如果将早期教育看作一个生态系统，婴幼儿则处于该生态系统的中心；政府的政策、社会环境等可以作为宏观系统，它决定着婴幼儿是否能在一个稳定、有序、安全的环境中接受教育；家庭、托育园和社区是婴幼儿最常接触的 3 个微观系统，对婴幼儿的成长发挥着各自独特的作用，各微观系统之间的关系构成了中间系统，中间系统中各微观系统间的互动质量越高，促进婴幼儿发展的可能性就越大。因此，我们不仅要充分认识到家庭、托育园、社区在婴幼儿发展中的独特作用，以促进其健康成长，更要重视从三方的相互关系中研究影响婴幼儿发展的因素，优化婴幼儿成长的环境。对于婴幼儿来说，如果家庭、托育园、社区能保持经常性的联系，形成正向的互动关系，并能协调一致地对婴幼儿进行教育，将有效促进婴幼儿早期发展。

二、协同教育理论

协同教育理论是在协同理论的基础上专用于教育领域的理论。协同理论认为，各种不同的系统在属性上虽然有较大的差异，但在整个环境中，各系统之间必然存在着能够相互影响而又相互合作的关系。1996 年，刘纯姣著文《学校家庭协同教育构想》，首次提出了“协同教育”概念，协同教育是指学校教育子系统和家庭教育子系统之间的合作。1997 年，在中国家庭教育学会常务会议上，第一次正式使用“协同教育”这个概念。协同教育理论的国内代表人物李运林教授指出：家庭、学校、社会三大教育系统中，某一系统所具有的独有要素或信息进入另一系统并与另一系统的要素相互联系与作用，产生协同效应，影响了该系统的教育功能，这种现象称为协同教育。3 个系统高度协同、信息高度共享，是促使教育系统有序运行，提高教育效果、教育效益和教育效率的有效方式。

三、相关政策引导

近年来，政府部门陆续颁布了一系列促进婴幼儿早期发展和早期教育指导的政策与法规（见表 1－2），明确提出了家庭、托育机构和社区合作共育的要求，提高了促进婴幼儿早期发展的一致性和有效性。

表 1－2　我国促进家园、社区共育的相关政策法规文件

年份	政策法规名称	相关内容
2001 年	《幼儿园教育指导纲要（试行）》	指出幼儿园应与家庭、社区密切合作，综合利用各种教育资源，共同为幼儿的发展创造良好的条件。
2003 年	《关于幼儿教育改革与发展的指导意见》	明确指出全国幼儿教育事业发展的总目标是全面提高 0～6 岁儿童家长及看护人员的科学育儿能力。
2010 年	《国家中长期教育改革和发展规划纲要（2010—2020 年）》	要重视 0～3 岁婴幼儿教育，进一步明确我国政府致力于构建服务于大众的早期教育公共服务体系的整体目标。
2011 年	《中国儿童发展纲要（2011—2020 年）》	提出积极开展 0～3 岁儿童科学育儿指导，以幼儿园和社区为依托，为 0～3 岁儿童及其家庭提供早期保育和教育指导。
2015 年	《国家卫生计生委办公厅关于开展计划生育家庭科学育儿和青少年健康发展试点工作的通知》	提出工作目标之一是家长对育儿知识和技能的掌握水平逐年提高，为婴幼儿健康成长营造良好的家庭环境。家长接受育儿培训覆盖率达到 80% 以上。
2016 年	《幼儿园工作规程》	第五十二条规定：幼儿园应当主动与幼儿家庭沟通合作，为家长提供科学育儿宣传指导，帮助家长创设良好的家庭教育环境，共同担负教育幼儿的任务。 第五十五条规定：幼儿园应当加强与社区的联系与合作，面向社区宣传科学育儿知识，开展灵活多样的公益性早期教育服务，争取社区对幼儿园的多方面支持。
2019 年	《关于促进 3 岁以下婴幼儿照护服务发展的指导意见》	提出“家庭为主，托育补充”，明确家庭对婴幼儿照护负主体责任。发展婴幼儿照护服务的重点是为家庭提供科学养育指导，加强对家庭的婴幼儿早期发展指导，通过入户指导、亲子活动、家长课堂等方式，利用互联网等信息化手段，为家长及婴幼儿照护者提供婴幼儿早期发展指导服务，增强家庭的科学育儿能力。
2019 年	《托育机构管理规范（试行）》	要求托育机构应当建立与家长联系的制度，定期召开家长会议，接待来访和咨询，帮助家长了解保育照护内容和方法，应当成立家长委员会，事关婴幼儿的重要事项，应当听取家长委员会的意见和建议，应当建立家长开放日制度。
2021 年	《托育机构保育指导大纲（试行）》	提出托育机构应当与家庭、社区密切合作，充分整合各方资源支持托育机构保育工作，向家庭、社区宣传科学的育儿理念和方法，提供照护服务和指导服务，帮助家庭增强科学育儿能力。

续表

年份	政策法规名称	相关内容
2022 年	《中华人民共和国家庭教育促进法》	明确未成年人的父母或者其他监护人负责实施家庭教育，国家和社会为家庭教育提供指导、支持和服务，家庭教育、学校教育、社会教育紧密结合、协调一致，未成年人的父母或者其他监护人应当与中小学校、幼儿园、婴幼儿照护服务机构、社区密切配合，积极参加其提供的公益性家庭教育指导和实践活动，共同促进未成年人健康成长。

综上所述，无论是具体工作规定，还是扶持政策导向，婴幼儿家园共育是贯彻实施相关政策法规的需要。

本章小结

本章主要介绍了婴幼儿家园共育的定义、意义、目标和内容及现阶段存在的主要问题，实施婴幼儿家园共育工作的原则和策略，婴幼儿家园共育的理论依据和相关政策引导。本章内容可以帮助学习者了解婴幼儿家园共育的基本概念及相关教育理论知识，为后续学习奠定良好基础。

同步练习

一、简答题

1. 简述婴幼儿家园共育的意义。
2. 简述婴幼儿家园共育的目标和内容。
3. 简述实施婴幼儿家园共育工作的原则。
4. 简述有效实施婴幼儿家园共育的主要策略。
5. 简述我国有关婴幼儿家园共育工作的政策要求。

二、实践训练

培养托幼园所托育工作者应具备的专业素养，结合自己的情况制订简要的学习提高清单。

第二章 0～1岁婴儿家园共育

学习目标

知识目标

1. 熟悉0～1岁各月龄段的婴儿发育水平、教养目标和指导要点；
2. 知道婴儿的不同声音和肢体语言所表达的需求；
3. 了解婴幼儿共育服务的常见形式和选择方式。

能力目标

1. 能对不同月龄段的婴儿进行基本评估和简单判断；
2. 能够针对各月龄段婴儿的特点，对家庭保育和教育中的要点进行指导；
3. 能从婴儿的不同声音和肢体语言中解读出婴儿的需求，并及时回应。

素养目标

1. 树立责任心、爱心、细心、耐心、关心、童心的"六心"托育工作者观，以及科学养育、回应性照护的育儿观；
2. 培养为孩子建立成长记录的意识和习惯。

本章导学

- 0～1岁婴儿家园共育
  - 0～6个月婴儿家园共育
    - 0～6个月婴儿的发育水平、教养目标和指导要点
    - 0～6个月婴儿的养育建议
    - 0～6个月婴儿的教育内容与沟通要求
    - 家园共育建议——育儿路上寻帮手
  - 7～12个月婴儿家园共育
    - 7～12个月婴儿的发育水平、教养目标和指导要点
    - 7～12个月婴儿的养育建议
    - 7～12个月婴儿的教育内容与沟通要求
    - 家园共育建议——成长的足迹

案例导入

月月一直是一个健康且好带的宝宝，出生以来一直吃母乳，由妈妈主要养育，外婆也常来帮忙。自从月月会笑之后，见人就笑，一逗就乐，特别可爱。可是到5个月大时，突然变得脾气暴躁，爱哭，爱咬东西，还流口水。6个月以后，特别黏妈妈，只让妈妈抱，必须要妈妈哄睡，连外婆都领不走，更别说生人了，除妈妈外，别人一抱就哭。体质也不像以前那么好了，感冒发烧了好几次。家人抱怨月月越来越难带了。妈妈反复回忆自己的育儿方法，好像也没有发现有不对的地方。月月妈妈陷入了焦虑：孩子到底怎么了？

问题：如果你遇到了这个家庭，能为月月妈妈解答疑问、提供帮助和指导吗？

第一节　0～6个月婴儿家园共育

一、0～6个月婴儿的发育水平、教养目标和指导要点

0～6个月是人一生中生长发育最快的时期，也是大脑和智力发育的最关键期。随着婴儿的生长发育，一些出生时自带的无意识动作会逐渐消失，进而发展成为各种有意义的行为。0～6个月婴儿的教养内容主要围绕孩子的智力发育、抬头翻身、抓握能力等的培养。这些能力的发展离不开充足的睡眠和全方位的营养支持，具体发育水平和教养目标详见表2－1。

表2－1　0～6个月婴儿的发育水平和教养目标

月龄	类别	发育水平	教养目标
0～1个月	生长与发育	体重：3.12～3.21千克； 身高：49.60～50.20厘米； 头围：33.50～33.90厘米； 胸围：32.20～32.30厘米； 睡眠：20～22个小时	室温适宜，空气清新，光线柔和，每天有20～22小时睡眠时间，按需喂养，最好每天洗一次澡。培养婴儿自动入睡、不含着奶头睡觉的习惯
	大动作	仰卧时能自由转换头颈部的方向； 身体无束缚时会蹬腿	通过抬头训练帮助孩子锻炼颈背部肌肉的力量
	精细动作	觅食、吮吸、吞咽、握拳等无条件反射较完善	通过抓握动作、手掌按摩刺激触觉发育
	语言	能发出细小的喉音；对说话声尤其是对高音敏感	通过轻柔的讲话声、音乐声或玩具声丰富听觉刺激

续表

月龄	类别	发育水平	教养目标
0～1个月	认知能力	对熟悉的声音和新的听觉刺激有反应；能转向声源，能注视红球	为孩子提供适量的视觉刺激，用色彩鲜艳的或会发声的玩具，在婴儿视线内摇晃，发展婴儿视觉和听觉
	情绪与社会行为	喜欢被爱抚、被拥抱； 看到人的面部表情、听到人的声音有反应，哭闹时母亲的呼唤声有安抚作用； 喜欢看人脸，尤其是母亲的笑脸	经常抚摸和搂抱孩子，关注、理解孩子的哭声等表达需求的信息，满足孩子的需求，让孩子充分享受母爱
2～3个月	生长与发育	满月时生理指标正常均值 体重：4.81 ～ 5.00 千克； 身高：56.10 ～ 56.90 厘米； 头围：37.40 ～ 38.10 厘米； 胸围：36.90 ～ 37.60 厘米； 前囟：2 厘米 ×2 厘米； 后囟：0 ～ 1 厘米。 60 天时生理指标正常均值 体重：5.74 ～ 6.16 千克； 身高：59.20 ～ 60.40 厘米； 头围：38.90 ～ 39.70 厘米； 胸围：38.90 ～ 39.80 厘米； 前囟：2 厘米 ×2 厘米； 睡眠：16 ～ 18 小时	可开始培养按一定时间喂奶的习惯，吃奶时间不超过 20 分钟；要弄清楚婴儿哭的原因，不要一哭就抱，以免养成不良习惯； 要保证婴儿有 16 ～ 18 小时的睡眠时间，要经常帮助婴儿，尤其是还不会翻身的婴儿变换睡眠姿势
	大动作	俯卧时能抬头片刻，竖抱时头部较稳定； 能逐渐从仰卧位变为侧卧位再变为仰卧位	2 个月龄时训练婴儿在仰卧时头左右转动，俯卧时抬头 45 度并持续片刻； 3 个月龄婴儿直抱时头可较平稳竖直，训练婴儿俯卧时用肘支撑上身抬头 90 度；帮助婴儿做翻身练习
	精细动作	吸吮手指、能握住拨浪鼓；两手能在胸前接触、互握	2 个月龄时帮助婴儿练习握住拨浪鼓 2 ～ 3 秒钟，吮吸手指； 3 个月龄时训练婴儿张开手指、玩手并能手指相碰
	语言	能辨别不同人的说话声音和语调； 对成人的逗引有反应，会发出 a、o、e 等元音	2 个月龄时经常和婴儿说话、给他唱歌或让他听音乐，逗他微笑，引导他发出回答性声音； 3 个月龄用语言或玩具逗婴儿发笑，使他能在安静状态下自己发音
	认知能力	用目光追视旁边的人，能注视自己的手； 会转头寻找声源； 能通过嗅觉、听觉或视觉逐渐认识母亲	2 个月龄时训练婴儿的追视能力，让婴儿注视成人的脸及鲜艳的玩具并吸引他做动作； 3 个月龄时，大人从不同角度发出声音，引导婴儿找到发声位置，逗引婴儿高兴
	情绪与社会行为	情绪好时，巡视周围，发出声音，挥舞手脚；容易被逗笑	2 个月龄时，用玩具和语言引逗，使婴儿表现出快乐的情绪，如微笑、发声、挥手、蹬腿； 3 个月龄时，用音乐、舞蹈、玩具逗引或让婴儿听儿歌、看镜子、亲人脸并与他“交谈”，可增加户外活动时间，让婴儿能自言自语

续表

月龄	类别	发育水平	教养目标
4～6个月	生长与发育	身高：女孩约68.17厘米， 男孩约69.66厘米； 体重：女孩约8.27千克， 男孩约8.77千克； 头围：女孩约43.31厘米， 男孩约44.44厘米； 胸围：女孩约43.57厘米， 男孩约44.35厘米； 前囟：2厘米 ×2厘米； 睡眠：14～16小时	婴儿的玩具、用具要经常消毒、清洗；开始用勺喂辅食；母乳不能满足需要时，应添加含铁辅助食品
	大动作	自如地从仰卧位到侧卧位； 能在扶立时跳跃； 能独坐片刻	教会婴儿从俯卧位翻为仰卧位，能翻身自如，扶坐较稳，拉双手能坐起来；引导婴儿用手臂支撑向前移动，建立爬的意识。扶腋下站立，锻炼婴儿腿部力量
	精细动作	能用手摸、摇晃、敲打东西； 能将玩具换手； 喜欢抽拉、倒腾玩具； 会玩手、扒脚	引导婴儿练习主动伸手抓取颜色鲜艳、有趣的物品；鼓励婴儿双手自玩、双手换物等动作
	语言	能无意发出“爸”“妈”等音，同时发出比较复杂的声音，如ɑ、e、i、o、u；会发出不同的声音，表示不同的反应	经常呼唤婴儿的名字，让婴儿对成人的呼唤有转头、注视等反应；经常用讲话声、玩具声逗引婴儿转头寻找声源，鼓励婴儿用“咿呀”声与人交流
	认知能力	喜欢颜色鲜艳的玩具和图卡； 听到歌谣或摇篮曲会手舞足蹈； 听到熟悉物品的名称时会用眼注视； 会寻找手中丢失的东西； 听到自己的名字会转头看； 能根据不同位置发出的声音做寻找动作	让婴儿常听儿歌和音乐，使之对熟悉的音乐有愉快的情绪反应； 经常和婴儿玩“躲猫猫”的游戏，观察、寻找物体，并体验亲子游戏的快乐； 经常搂抱、抚摸婴儿，抱其走走看看听听，拓展其视野和活动范围
	情绪与社会行为	开始辨认陌生人、熟人，对陌生人会注视或躲避等，对熟人则表现出愉悦表情； 开始怕羞； 对亲切的语言表现出愉快的表情，对严厉的语言表现出不安的情绪或哭泣； 会对着镜中的影像微笑、发音或伸手拍； 别人拿走他的小玩具时会表示不满； 对熟悉的人或物有观察意识； 对教养者有明显依恋； 会用哭声、面部表情或姿势与人沟通	引导婴儿观察成人不同的面部表情，学习分辨具有明显情绪的表情、语调； 对亲切的语言表现出愉快的表情，对严厉的语言表现出不安的情绪

二、0～6个月婴儿的养育建议

（一）0～1个月婴儿

1. 营养喂养

（1）母乳喂养。

母乳是宝宝最好的天然食物，除了能够补充全面的营养外，还可以提高宝宝的免疫力。母乳成本低廉，喂养方便，有助于分娩后妈妈的子宫收缩和瘦身。母乳更是母子之间爱的纽带，是一个母亲奉献给宝宝的恒温的爱。

微课 2－1

怎样顺利实现母乳喂养?

分娩后越早开奶越好，用正确的方法哺乳，宝宝才会吃得轻松愉快。记住口诀：肚贴肚，下颌对乳房，身体呈直线。做到母婴同室、按需哺乳，每日 8～10 次以上，使宝宝摄入足量乳汁。

妈妈要均衡饮食，哺乳期忌烟酒、浓茶、咖啡和过分油腻的食物，保持轻松愉快的心情，睡眠充足。宝宝充分地吸吮是促进乳汁分泌的最有效方法。注意监测宝宝吃奶时的反应和体重变化，并每天补充维生素 D。

（2）混合喂养和人工喂养。

当母乳不足需要配方奶粉补充，或不能母乳喂养只能人工喂养时，就要选择合适的奶粉和奶瓶了。适合宝宝的奶粉，应食后无便秘、无腹泻、无口气、眼屎少、无皮疹，宝宝的体重和身高等指标正常增长，睡得香，食欲也正常。具体建议如下：

1）一定要选择大品牌，认清奶粉的奶源地，这是首要原则；

2）奶粉中的成分越接近母乳越好，其 α－乳清蛋白含量相对较高。家长可以根据需求和宝宝的耐受程度选择不同添加成分的配方奶粉，详见表 2－2。

表 2－2　配方奶粉中常见添加成分的作用

添加成分	作　用
DHA	提高记忆力和注意力
ARA	促进宝宝脑部和视力发育
OPO	促进脂肪酸和钙的消化吸收
益生菌	使宝宝不易上火、不易便秘
乳铁蛋白和核苷酸	提高宝宝免疫力
牛磺酸、叶黄素和 β 胡萝卜素	给宝宝一双明亮的眼睛

3）按照宝宝的健康状况选择。早产儿可选早产儿奶粉；对缺乏乳糖酶的宝宝，可选择脱敏奶粉；急性或长期慢性腹泻或短肠症的宝宝，可用水解蛋白配方奶粉；缺铁的宝宝，可选择高铁奶粉。这些选择，应在临床营养医生的指导下进行。配方奶应按照说明书进行调配，保证现吃现配，剩余的奶液应倒掉。

4）观察外包装。查对制造日期和保质期。检查无漏气，无结块。

5）奶瓶要选择透明度好，刻度清晰准确，方便清洗消毒的。对于新生儿要选择小孔奶嘴，能让奶液一滴接一滴流出。奶瓶、奶嘴每次用完要煮沸、消毒、晾干。

总之，给婴幼儿哺喂应遵循“母乳优先，适合为宜”的原则。母乳喂养提倡饿了就按需哺乳，人工喂养每3～4小时喂一次，家长要根据宝宝的食量掌握喂养次数，在确保充足奶量的同时，趋于规律化。

2. 睡眠指导

新生儿大部分时间都在睡眠中度过，生长激素主要在熟睡时分泌，因此，良好的睡眠对宝宝的生长发育极其重要。宝宝从出生起就要睡小床。宝宝在睡觉的时候手脚偏凉一点，躯干是温暖的，没有出汗，这样的穿、盖、铺正合适。只要不发生窒息危险，家长不要频繁地纠正宝宝睡觉的姿势。及时抓住睡眠信号，比如发现宝宝打哈欠、揉眼睛、发呆、哼唧、烦躁等，马上将其抱进卧室。每天规律作息，形成固定睡前仪式，如每天定时重复同样的对话，播放同一首歌，穿同一个睡袋，让宝宝形成“条件反射”。并且，要让宝宝适应昼夜的变化。白天不要太安静，房间光线也不能太暗。晚上关灯睡觉。

微课2－2

宝宝哄睡怎么那么难?

3. 日常护理

（1）大小便。

出生后12小时左右，新生儿开始排出绿色胶状胎便。2～4天内排净，颜色由绿色系向黄色系转变。母乳喂养新生儿的大便多为金黄色糊状，配方奶粉喂养新生儿的大便多为黄色或土灰色，多呈固态。出生1～2天，新生儿尿液呈淡红色，以后逐渐变清，呈淡黄色。

（2）洗澡。

洗澡对婴幼儿好处多多，除了清洁外，更能提升感知力，促进发育，增进亲子情感。新生儿新陈代谢旺盛，家长应该每天为宝宝洗一次澡，视气温高低增加或减少洗澡频次。保持室温28℃，水温37～40℃，每次5～10分钟为宜。清洁用品不需要每次都使用。借此机会观察宝宝的全身状况，洗完后可以做做全身抚触和被动操。如果有条件，一周可以让宝宝游泳一次。

微课2－3

婴儿抚触

还有几点需要注意：

1）不要让宝宝饿着肚子洗澡，也不要在吃奶后半小时内洗澡；洗完后也不能立即喂奶或睡觉。

2）洗完后要等全身干透后再擦爽身粉、穿尿不湿。

3）不要在宝宝生病或有外伤时洗澡；接种疫苗24小时后再洗澡。

微课2－4

婴儿被动操和排气操

4）有湿疹的宝宝每周洗澡次数不超过 3 次。

5）为了不让水灌进宝宝耳朵里，可以用拇指和中指从脑后将耳郭盖在耳孔上。耳朵进水可以用松软的棉花塞住耳朵，让水分自然吸干，不用过于仔细清理，切不可用棉棒深挖耳内。

6）避免未脱落的脐带沾水，可用肚脐贴贴住宝宝肚脐处再洗澡。洗完后进行脐带消毒；在脐带刚刚脱落的几天里，要保持脐部干爽。

（二）2～3 个月婴儿

1. 营养喂养

6 个月内的宝宝提倡纯母乳喂养，不需要添加水。对于母乳喂养的宝宝，每日哺乳次数不少于 8 次，每次两边乳房轮流喂，以促进乳汁分泌。哺乳后若仍有多余乳汁，应用吸奶器将其吸出，以减少乳腺炎的发生；如果妈妈乳汁不够，一定要让宝宝多吮吸，多吃一些下奶的汤水，如鲫鱼豆腐汤、花生米炖猪蹄等，并保持自信和轻松的心态，必要时可向催乳师寻求帮助。

对于人工喂养的宝宝，吃奶方面的个性化特征更加明显。吃得多的宝宝一次可以吃 180 毫升奶，不能吃的每次只能勉强吃 100 毫升。如果没有特殊情况，比如盛夏、宝宝腹泻、发烧等，在母乳和配方奶以外，没有必要加喂水。人工喂养的宝宝容易偏胖，家长需每隔 5 天给宝宝称量体重，如果每次都比前一次增加 200 克以上，就说明宝宝正在发胖，要减少每次的喂奶量。

2. 睡眠指导

由于宝宝的颈椎生理曲线还未发育成熟，所以 3 个月内的宝宝不需要使用枕头；因为头部经常晃动，所以后脑勺的头发变得很少；多数宝宝在睡觉的时候，习惯朝着一个方向睡，头部一侧被压扁了，但这只是暂时现象，到了周岁就会逐渐变圆，无须矫正。2～3 个月婴儿只要乳量充足，身体健康舒适，大部分宝宝会很安静。

3. 日常护理

（1）吐奶。

当宝宝吮吸用力过大过猛时，偶尔会导致呛奶。这个月龄的宝宝由于生理原因，常出现吐奶现象，但宝宝并不会有难受的表现；另外，如果家长喂奶方式不正确，宝宝没有紧紧吸住乳房，使得空气进入体内，或者吃奶速度太快，吃完奶后做剧烈运动等，都会导致吐奶现象加剧。一些习惯性吐奶的宝宝，一般 3 个月后会自行好转。很多家长一看到宝宝吐奶，本能反应就是马上将他竖抱起来拍背，这样做是非常危险的，很容易让宝宝将奶吸入呼吸道，严重的会造成呛奶，甚至肺炎。正确的做法是：让宝宝侧躺以防止奶液回流，吐奶后及时将耳朵、脖子等处的奶液清理干净。呛奶时如果发现宝宝脸色变青，无法哭出声，则应即刻弹

微课 2－5

宝宝总是吐奶怎么办?

宝宝脚心以催哭，如无效，就要用海姆立克急救法进行急救。怎样做可以缓解吐奶呢？请做好以下 6 条：

1）每次喂奶时都尽可能地保持安静、平和且愉快，避免打扰、突然的噪声、强光和其他会分散宝宝注意力的事情；

2）刚喂完奶时不要挤压宝宝的腹部或让他剧烈活动；

3）不要让宝宝平躺着吃奶，最好斜抱喂奶；

4）每次喂完奶后，将宝宝竖抱 20～30 分钟；

5）用奶瓶喂奶，要根据月龄选择适合的奶嘴型号，喂完奶后要拍嗝；

6）白天喂完奶后必须拍嗝；睡眠中吃完夜奶，可让宝宝趴在大人肩上眯 15 分钟后再轻轻放下。

（2）哭闹不止。

每个宝宝都有哭闹不止的时候。哭，是小月龄宝宝与人沟通交流最主要的方式，也是他适应新世界的方式。很多新手爸爸妈妈面对宝宝哭闹不止都会手足无措、焦虑不安。我们首先要学会识别宝宝哭声的含义。如果家长能够根据宝宝的不同哭声，尝试去满足他的不同需求，观察宝宝是否被安抚到。相信这样试验几次，很快就会发现自己听懂“婴语”了。值得注意的是，不同的哭声有可能因为起初的需求没有得到及时回应而变成叠加的哭声。在婴儿出生后的几个月内，解决哭闹问题的最好办法是迅速回应。这么小的孩子是不会被宠坏的，家长应对其需求给予关注。如果对他的需求信号不及时回应，不利于亲子安全感和依恋的形成。

视野拓展

婴儿常见哭声解读

宝宝饿了：发出类似“ng”“na”的声音。小嘴做吸吮动作，脑袋左转转右转转，哭声短促有节奏且逐渐急促。

宝宝困了：发出类似“a、ou”的声音，张圆了嘴像是打哈欠，越困这种哭声越明显，通常伴有揉眼睛、抓耳朵等表现。这是宝宝在说：“我想睡觉”。

宝宝不舒服：发出类似“哼～嘿”的声音，表示宝宝体感不适，比如冷了、热了、尿布湿了，等等。一般还伴有身体扭动的动作。

宝宝需要拍嗝：发出类似“ai”的声音，声音短促像是憋着一口气。

宝宝肠胀气或肠绞痛：发出类似“ai、e、a”的长音，伴有小脸通红、表情痛苦、身体打挺、双腿乱蹬乱踹等表现。我们可以给宝宝做做排气操，能有效缓解肠胀气。

如果宝宝哭个不停，养育者可以尝试下列的安抚方法：

1）骑坐轻晃：把宝宝的双手叠放，家长的一只手握住，让宝宝的上半身向前倾斜

45度趴卧在大人手上。另一只手支撑住宝宝的屁股轻晃，让宝宝身体的大部分重心在大人的手上。

2）飞机抱：先把仰卧宝宝一条腿搭在家长胳膊上，家长手掌虎口托住宝宝下巴，将宝宝侧翻身抱起，再倒手，左右轻晃或上下蹲，这对宝宝肠胀气也有辅助缓解作用。

3）升降运动：家长将宝宝横抱或竖抱并扶住其颈椎，做下蹲动作。宝宝喜欢颠颠坠落或晃动的感觉。

微课 2－6

宝宝哭闹不止，家长要怎么办?

4）特别的声音：在宝宝哭闹时，有时候我们用一些特殊的声音可以使其止哭，比如他平时不常听到的玩具发出的声音，大自然中的雨声、海浪声，生活中的揉搓塑料袋的声音，空调、吸尘器的机械声，等等。大人抱着宝宝的时候也可以发出一些单音节“ɑ”，模拟宝宝在子宫当中听到的声音，也能让他快速安静下来，音量控制在刚听清就好。

谨记，绝对不能大力摇晃或拍打宝宝，否则可导致宝宝失明、大脑受损，甚至死亡。如果宝宝哭闹不止，而且哭得声嘶力竭、不分昼夜，那么他可能患了肠痉挛。哺乳的妈妈可以采用改善饮食、放慢哺乳节奏、适当拍嗝等方法减少其发作。

（3）“三浴”锻炼。

宝宝满月后就应该开始直接接触室外的空气了，即使是冬天，养育者也应尽量打开窗户，使空气自然流通，让宝宝呼吸到比室内温度低的空气，这样可以锻炼呼吸道黏膜抵御寒冷空气的能力。天气好时，还可以进行日光浴。尽量不要隔着玻璃晒太阳，这样达不到使体内产生维生素D的目的。刚开始可以每天一次，每次4～5分钟，之后逐渐增加至30分钟，记得给宝宝戴上帽子，防止日光直射眼睛。宝宝吃奶后一小时情绪很好时可以做做被动操。

两个月以后的宝宝能够看清东西了，而且非常喜欢看室外，应该经常抱宝宝到户外呼吸新鲜空气并进行日光浴，每天应该保证30分钟以上的户外活动时间，有的家长怕宝宝养成让抱的习惯，就尽量不去抱宝宝，这样的宝宝运动能力不能得到很好发展，坐、站都会较晚，因此，每天应累计抱宝宝两小时左右。

按照0～1月龄要求继续给宝宝洗澡并让其游泳。选择无泪配方的婴儿洗浴产品，一周用一次即可。操作时避免水流到宝宝敏感部位。注意洗完包浴巾前，用流动水为女宝宝从前到后冲洗私处。不要在脐部涂爽身粉，润肤乳也无须每次使用。

（三）4～6个月婴儿

1. 营养喂养

到了这个月龄，家长们就会面临一个大问题，那就是辅食如何添加。这个阶段吃辅食主要是培养宝宝对食物的兴趣，锻炼咀嚼和吞咽功能，养成良好的吃饭习惯。母乳和配方奶依然是一岁以内宝宝的主要口粮，可逐渐减少夜间的哺乳次数，锻炼宝宝自己扶奶瓶，养成定时喂养的习惯。要在保证基本奶量和宝宝体重健康增长的前提下，确定辅食的量。如果宝宝用舌头将喂进嘴里的食物吐出来，可以过段时间再添加辅食。

宝宝添加辅食要遵循一个原则：由一种到多种，由少到多，由稀到稠，由细到粗。辅食添加没有固定的添加顺序，但一定要补充铁元素。从一种富含铁的泥糊状食物开始，逐渐增加食物种类，过渡到半固体或固体食物。何时添加辅食，要看宝宝的反应；一顿吃多少，要看宝宝的体重增长情况。吃辅食先用小勺吃，从一开始就建立良好的用餐习惯。不断尝试和磨合，才能建立宝宝专属的规律饮食食谱。

微课 2－7

宝宝辅食吃对了吗?

2. 睡眠指导

这个月龄的宝宝基本上会在白天睡两三次短觉，逐渐形成睡眠规律，夜间醒来的次数也减少了。这个阶段家长要注意培养宝宝的良好睡姿，避免长时间同侧卧。要根据宝宝的自然睡眠规律安排一日生活，如吃辅食、换尿片和外出活动等，尽量不要把酣睡的宝宝叫醒。

部分神经敏感的宝宝会在5个月之后突然出现夜间啼哭不止的现象。此时，家长要保证宝宝白天户外活动时间不少于3个小时，傍晚6点以前尽量不要让宝宝睡觉。如果各种方法都不见效，就只有耐心等待了，通常一两个月后夜啼就会好转。

3. 日常护理

（1）排便。

由于添加了辅食，宝宝可能会出现稀便或大便里面含有颗粒状物，只要宝宝情绪很好，体重增长正常就不用干预。如果宝宝一腹泻，家长就停止喂辅食，只让宝宝吃奶，腹泻不会好转，宝宝还会因为吃不饱而哭闹。餐具和备餐工具一定要进行严格消毒，食物要保证新鲜，防止细菌感染而引发宝宝腹泻。

人工喂养的宝宝容易出现便秘，可以尝试用勺子喂一些酸奶或果泥。如果宝宝3天只排便1次，并且排便时非常费劲，甚至哭喊，应该帮宝宝多按摩腹部或增加宝宝的运动量。

（2）牙齿护理。

宝宝6个月前后开始出乳牙（乳牙出牙顺序见图2－1）。乳牙不好，咀嚼能力弱，颌骨发育不良，会导致恒牙不整齐。长牙引起的不适可能让宝宝爱流口水、咬人咬东西，还可能伴有轻度烦躁、哭闹或低热。通常，新牙周围的牙龈变得肿胀而柔软，养育人可以试着轻轻地用手指摩擦或按摩宝宝的牙床以减轻他的疼痛。橡胶磨牙胶（婴儿长牙时咬的）可以帮上很大的忙。因为口腔中会有细菌和其他一些物质，所以在宝宝没长出牙的时候也必须认真护理口腔。从长出第一颗牙开

微课 2－8

乳牙反正要换，还需要认真保护吗?

始，宝宝就要刷牙了。家长可以用牙齿模型和宝宝玩刷牙游戏，一起阅读刷牙绘本，一起听刷牙歌并一起刷牙，让宝宝在轻松的环境中接受并学会正确刷牙。可以给宝宝一些磨牙食物，比如小饼干，让他自己拿着吃以锻炼其啃咬咀嚼功能。千万不要让宝宝吃着奶或含着食物入睡。要养成饭后漱口和定期看牙医的习惯。

图 2－1　乳牙出牙顺序

三、0 ~ 6 个月婴儿的教育内容与沟通要求

（一）教育内容与要求

1. 动作训练，发展婴儿的感觉统合能力

婴儿从出生到 4 个月，其动作多以不受意志支配的无条件反射为主。0 ～ 1 岁是人一生中感知觉和动作发展最快的时期，动作的发展促进感知觉的发展，婴儿通过各种动作技能接触和认知其所处的客观世界，例如通过抬头、翻身等动作可以扩大其视野，促进其空间知觉的发展，同时，抬头和翻身的动作除了可以锻炼婴儿的颈部肌肉外，还能使婴儿的前庭感受地心引力的作用，促进前庭功能发育。

2. 为婴儿的感知觉发展提供环境支持

感知觉的发展为婴儿了解客观世界提供帮助，例如，通过触摸不同材质的物品，感知物品的形状、软硬等；通过聆听各种声音，从不同的声音和不同的语调中分辨出父母、说话人的情绪。感知觉的刺激越丰富，越有助于婴儿累积感知信息。通过对外界的认知，婴儿开始意识到自己的存在，在接触中发现事物与事物之间的联系。

3. 以家庭为主进行语言训练

语言在婴儿的智力发展中起着特殊的作用，语言的理解和表达能力需要经过训练才能获得。语言训练从婴儿出生后就可以开始，在 4 个月时应该加强，此时婴儿的语言在会发元音的基础上发出 b、p、d、n、g 和 k 等辅音，还会发出 da-da、ba-ba 和 na-na 等重复音节。日常生活中除了多对婴儿说话以外，还可以将教说话与教婴儿认识环境活动结合起来，帮助婴儿搭建语言和实物之间的桥梁。同时，家长的动作、语音语调都能让婴儿感受到其中蕴含的情感，从而获得安全感。

（二）0 ～ 6 个月婴儿家庭教养需特别关注的内容

1. 五大能区发展训练[①]

（1）0 ～ 1 个月婴儿。

1）动作能力发展。新生儿是具有一定运动能力的，婴儿在平躺时，其头可以分别转向两侧，多数婴儿在 1 个月的时候拉其手腕可以坐起来，头能竖直片刻。此时开始锻炼婴儿抬头，能促进颈曲发育，同时锻炼婴儿颈背部的肌肉力量，增加肺活量，促进血液循环。

早教游戏“竖抱抬头”：①照护者可在婴儿吃奶后拍嗝的时候，让婴儿的头侧靠在照护者的肩部，用两只手分别护住婴儿的背部和臀部，婴儿会有抬头的动作并短暂停留，此时照护者应保护好婴儿防止其后仰造成伤害，时间不宜过长；②照护者靠坐在沙发或者床上，让婴儿俯卧在照护者的胸腹部，照护者慢慢后仰，后仰的角度越小，婴儿的头抬得就越高，此时可以和婴儿轻声说话，吸引婴儿抬头寻找声源；③俯卧抬头，照护者护住婴儿头颈部，将婴儿翻转至俯卧位，双手轻轻托住婴儿的下颌部，感觉婴儿用力时可稍放松，让婴儿自己发力。0 ～ 1 月龄婴儿抬头训练，每次俯趴 3 分钟左右，每天锻炼 3 ～ 4 次即可。

2）语言能力发展。婴儿通过听觉可以辨认周围环境中的多种声音，为后期语言学习积累经验。

早教游戏“听力训练”：①将婴儿抱起来，贴近妈妈的胸腹部，让婴儿听母亲的心跳声、肠道的蠕动声、呼吸声，当婴儿听到原来熟悉的声音时会马上安静下来；②将小摇铃放在距离婴儿一侧耳朵 20 厘米的位置轻轻摇动摇铃，待婴儿把头转向发出声音的一侧后，可以换在另一侧摇动。

3）认知能力发展。新生儿的视觉刺激越丰富，就越能促进神经元突触的形成，有利于大脑早期发育。

早教游戏“黑白视觉卡”：①照护者将黑白视觉卡置于婴儿眼部上方 25 ～ 30 厘米处，说出卡片内容吸引婴儿，当婴儿看向卡片时可以左右移动卡片，训练婴儿追视能力；② 1 个月的婴儿对红色较为敏感，可以在距离婴儿 30 ～ 40 厘米处挂上红色的玩具，让婴儿自由观看，发展其视觉能力。

---

① 婴幼儿智能发展的 5 大能区分别为大动作、精细动作、语言、认知、情感与社会性发展。本书为了表述方便，把大动作和精细动作合并为“动作”进行表述。

早教游戏“抚触”：新生儿抚触是让婴儿通过皮肤感受外界的各种刺激，促进神经系统的发育。新生儿抚触的好处比较多，能够促进其生长发育、提高免疫力、舒缓情绪以及促进亲子关系。

特别提示：新生儿皮肤娇嫩，抚触时可以把润肤液倒入手中，均匀搓热后再涂于新生儿身上，避开眼周。按摩力度要先轻柔，而后适当增加力度，以新生儿合作为宜。可边按摩边与新生儿说话。抚触应避免在新生儿疲劳、饥饿等情况下进行。若发现新生儿有不适反应，应立即停止并寻找原因。如果脐带未脱落，在抚触的时候应该避开脐部，防止拉拽，以免造成人为脐带脱落。

4）情感与社会性发展。出生不久的婴儿已经能体验情绪，照护者通过亲吻、抚摸、拥抱、回应式照护等行为会让婴儿感受到安全、放松，对形成良好情绪有帮助。

早教游戏“亲亲宝贝”：照护者把婴儿抱在怀中，轻轻亲吻婴儿的额头、小脸、小手、小脚等部位，并且轻柔地对婴儿说话，让婴儿感受到被关爱。

早教游戏“抱抱宝贝”：在婴儿哭闹不安的时候，给婴儿播放轻缓柔和的音乐，照护者温柔地将婴儿抱起来，轻抚婴儿背部，轻轻摇晃或轻拍婴儿，排解其不愉快的情绪。

（2）2～3个月婴儿。

1）动作能力发展。

抬头：抬头是婴儿动作发展的第一个里程碑。抬头可以锻炼婴儿颈部肌肉力量，增大肺活量，促进血液循环，婴儿抬头以后视野就更开阔了，可以从不同的角度观察事物，有利于智力的发展。婴儿一般2～3个月就可以俯卧抬头45度，4～6个月能抬头90度。

微课 2－9

抬头软趴趴，怎么训练娃？

满月以后，可以让婴儿多做趴的练习。许多婴儿抬头软趴趴不是营养问题，和“趴的少”有非常重要的关系。“趴”能锻炼肌肉，能很好地缓解肠胃痉挛胀气，还能够扩大婴儿的视野，帮助其智力发育。建议养育者在婴儿吃完奶1个小时，精神不错的时候，让婴儿试着在床上或地垫上趴一会儿，从一两分钟开始，习惯后可以逐渐延长时间。家长一定要在旁边照看和协助，和婴儿面对面，让婴儿看到你，或是玩追视追听游戏。“趴”之前需要先给婴儿翻身，帮婴儿翻身要动作正确。

转头训练：照护者将婴儿面向前方抱坐在身上，在婴儿背后向左或向右摇动铃铛，或呼唤婴儿名字，或与他说话，以此逗引婴儿，促其左右转头。

被动操：婴儿从两个月起可以做被动操。照护者通过帮婴儿做被动操帮助婴儿提高肌肉的收缩力，改善血液循环和促进动作发展，包括：上肢伸屈运动；肩部运动；两腿轮流伸屈运动；两腿伸直上举和髋关节运动。

抓握练习：3个月的婴儿抓握训练，可以先给一些重量比较轻的适合婴儿的玩具，让婴儿进行抓或抱，每天训练3～5次，训练一星期左右，婴儿的抓握能力会得到增强。

2）语言能力发展。此月龄的婴儿很容易被逗笑，甚至笑出声，婴儿的发音次数也会变多，能清晰地发出一些如a、o、e等元音。照护者可以在婴儿情绪愉快时多和婴儿说笑以逗引他发音。可以用亲切和蔼的、命令式的、激动的等不同的语调与婴儿说话，训练婴儿分辨不同的语调，做出不同的反应。除母亲外，家庭其他成员也要多和婴儿说笑，使婴儿感受多种声音、语调，促进他对语调的感知能力。

3）认知能力发展。

悬挂玩具：此月龄婴儿的认知发展可以通过视觉训练来激发：在婴儿仰卧位时，可在他身体的上方20～30厘米处悬挂一些他感兴趣的玩具，如彩色的环、铃铛或气球等，最好是红色的或是绿色的并伴有响声，每次放一两件。

看色彩鲜艳的图画：此时的婴儿视觉通路不成熟，应选择主题鲜明、内容单一的图挂在墙上，每次挂三四幅，照护者抱婴儿看，边看边说图片内容，每天重复一两次。婴儿逐渐会对其中某一幅图表现出特有的兴趣。建议每周更换一组图片，也可让婴儿看适合其月龄的画报。让婴儿平卧在床上，将画报放在婴儿眼前约20厘米处，婴儿会注视画报，表现出新奇的表情。

追视训练：在婴儿面前摇动或触动玩具，以引起他的注意，在婴儿集中注视后，将玩具边摇边左右或上下移动，使婴儿视觉随玩具移动。玩具要经常调换种类和变换位置，使婴儿感到新奇。

4）情感与社会性发展。以温柔的感情怀抱婴儿，以充满关爱的目光注视婴儿，可以传达照护者对婴儿的爱，对婴儿身心健康成长有重要意义。对于这个月龄的婴儿，照护者需要做到爱而外露，亲切地微笑，经常对婴儿进行皮肤接触，拥抱亲吻，能使婴儿感受到快乐而安全。

（3）4～6个月婴儿。

1）动作能力发展。

坐：能够训练婴儿的胸腹肌肉控制能力和脊柱的力量，锻炼大动作和身体控制力。①拉坐：将婴儿置于床面或地垫上，照护者坐在婴儿的对面，两个拇指分别放于婴儿的两个手心，四指护住其手腕，慢慢将婴儿从仰卧位拉至坐位。之后可以帮助婴儿保持坐位几秒钟，再轻轻放下，重复3～5次。训练过程中可以用夸张的语气称赞婴儿，以增强其自信心。②扶坐：照护者呈坐位，让婴儿坐在两腿上或两腿中间，帮助婴儿练习坐的动作。或是用专用座椅让婴儿坐着玩玩具。

下肢力量练习：能够锻炼婴儿下肢力量，为爬行和站的动作发展做准备。①蹦跳：照护者扶着婴儿腋下呈站位，轻轻托住婴儿做蹦跳的动作，尽量让婴儿通过自己蹬腿发力完成这个动作，同时用“跳高高”“蹦高高”等词语配合婴儿的动作，调动婴儿的积极性。②被动操：照护者可以给婴儿做被动操，促进婴儿的肢体力量及动作的协调性。

抓握、触摸练习：训练手部精细动作，丰富触觉、感知信息，促进手眼协调能力的发展。①抓玩具：在桌上或地垫上放几个婴儿喜欢的玩具，照护者将婴儿抱坐在玩具前，引导婴儿伸手抓取玩具，可以鼓励婴儿一只手拿一个玩具，训练婴儿两只手同时拿住两个玩具的能力。还可以让婴儿将一只手中的玩具传给另一只手，来回传递玩具，训练婴儿双手的协作能力。为了增加游戏的趣味，可以提供不同种类和不同大小的玩具。②够摸小球：在婴儿看得到且够得着的地方挂一个彩色球，吸引婴儿去抓。婴儿能伸手触碰小球，然后双手配合抓住球。经过反复、多次练习后，婴儿能用单手抓住吊着的球。③抽撕纸巾：可以把家里的抽纸给婴儿，让他试着抽一抽、撕一撕。照护者可以先给婴儿示范如何抽纸，或者握住婴儿的手教婴儿如何把纸撕开。④点虫虫：照护者双手分别拉住婴儿双手，让婴儿的指头碰在一起，跟随儿歌点虫虫的节奏做双手开合的动作。⑤拍敲玩具：让婴儿用小手或小棍，敲打玩具，不仅能锻炼抓握能力，还能锻炼手眼协调能力。⑥触摸游戏：经常让婴儿拿质地不同的东西，并告诉他这是什么，触摸起来是什么感觉，比如这是积木，硬硬的；这是棉花，软软的；这是玻璃，滑滑的；等等。

2）语言能力发展。针对这个月龄的婴儿主要是提高其对声音的辨别能力，建立听觉与视觉之间的联系，为后期发音和理解语言做准备。

逗笑：照护者与婴儿一起做他喜欢的游戏，比如玩耍及逗乐，如藏猫猫、举高高、虫虫飞、挠胳肢窝等，引逗他笑出声。

面对面交流：经常和婴儿面对面，用夸张的表情和较慢的语速与婴儿说话，吸引婴儿模仿发音。在婴儿发出声音后，照护者应及时鼓励，并模仿婴儿的声音给予回应。

寻找声音来源：照护者在婴儿视觉范围内摇动或敲打玩具、拍手，以吸引婴儿转头望向声音来源的一侧。或是叫婴儿的名字，在引起他的注意后再慢慢变换方向呼唤他，同时观察他是否会追寻声音。

3）认知能力发展。对于这个月龄的婴儿，重点要扩大他的认知范围，提高其专注力和观察能力。

看彩卡：这个阶段可以将黑白视觉卡逐渐换成彩色卡片，从不同方位给婴儿看，卡片变换速度也可以提升一些。

看实物卡：给婴儿一些他已经认识的实物，再拿出与实物相对应的图片放在一起，让婴儿自己对比，很快婴儿就能理解实物与图片之间的联系了。给婴儿看常见的动植物、生活物品的图片，边看边告诉他图片上物品的名称，每次 5 张，每张 5 秒钟左右。

指认实物：教婴儿指认灯，通过开关灯的明暗变化加深他对灯的印象，问婴儿灯在哪里，让他指出来。除此以外，还可以指认电视机、沙发、桌子等日常生活中常见的物品。

4）情感与社会性发展。这个月龄的婴儿自我意识开始萌芽，表现出认生。认生是婴幼儿认知能力发展过程中的重要经历，一方面反映了感知和记忆的发展，能区别熟人和陌生人，能够清楚地记得不同的人脸；另一方面，也表现了婴幼儿在情绪和人际关系方面的重大变化，出现了对亲人的依恋和对不同熟悉程度的人的不同态度。

照镜子：照护者可以让婴儿照镜子，让他观察自己在镜子里的形象，同时给婴儿穿不同颜色或不同款式的衣物；或者在镜子前放置玩具，让婴儿区别自己和他人，促进婴儿对自我的认知。

藏猫猫：爸爸或者妈妈躲在墙或者沙发后面，叫婴儿的名字，然后探出头，逗婴儿笑，再躲起来。藏的位置要经常变换，让婴儿学会从不同的方向去寻找，找到后婴儿就会非常高兴，从中体验成就感。

一起跳舞：播放轻松愉悦的音乐，和婴儿一起随着音乐跳舞或摇摆，让婴儿感到快乐和愉悦。

视野拓展

孩子的敏感期

随着网络的普及，获取信息的渠道也日益增加，敏感期这个词开始频繁出现在家长的视野中。我们逐渐发现有关敏感期的概念传播和使用过于宽泛了，已经偏离了敏感期最初的定义，并且给很多家长带来了困扰。著名儿童教育家蒙台梭利对敏感期的描述是："在儿童内心有一股无法抑制的动力，驱使他对自己所感兴趣的特定事物产生尝试或学习的狂热，然后以一种惊人的方式自然而然地吸收学习，而当一种热情耗尽之后，另一种热情会随之燃起，这个阶段就是儿童敏感期。"这个阐释能帮助我们更好地理解敏感期。

由此可见，当孩子处于某一方面的敏感期时，如果养育者能给孩子提供恰当的发展环境和刺激，的确能够对孩子的发展起到事半功倍的效果。

接下来介绍一些孩子成长过程中的主要敏感期。

（1）0～3个月是宝宝光感的敏感期。这一时期的宝宝对光非常敏感，宝宝需要适应白天和晚上的光线差异。建议家长白天拉开窗帘，晚上关灯睡觉，让宝宝适应自然的光线变化。同时可以让宝宝多看一些黑白图。

（2）4～7个月是味觉发展的敏感期。这一时期宝宝的口腔出现味觉，可以感受到甜、咸、酸等味道。家长可以开始给宝宝添加辅食，但是要注意饮食清淡，保护好宝宝味觉的敏感性。辅食建议从糊状开始添加，逐渐接近大人的食物。

（3）口腔的敏感期是4～12个月。家长会发现这一时期的宝宝很喜欢吃手。其实这是他在用口腔进行尝试和感觉。家长不要"无情"地把宝宝的手从他嘴里拿开，要给宝宝口腔发育的机会，但要帮宝宝的手做好清洁。

（4）6～12个月是手臂发育的敏感期。这一时期的宝宝特别喜欢扔东西，别担心，这恰恰是最早的手眼协调发展所表现出来的行为。家长们不用过分管制宝宝的这个行为，准备些耐摔的玩具，让他尽情探索吧！

（5）1岁半～2岁半是语言发展敏感期。当你发现宝宝开始咿咿呀呀学说话时，就代表着语言敏感期到来了。宝宝处于语言敏感期时，不论他会不会说话，都要多和他说话、讲故事，鼓励宝宝开口说话。当他需要表达自我感受时，他自然就开始开口讲话了。有的宝宝说话晚，家长也不必过度担心，如果不是生理病症，很可能是缺乏语言环境所致。爸爸妈妈一定要多和宝宝讲话，给他营造开口表达的环境。

（6）1岁半～3岁是自我意识的敏感期。从宝宝开始说“我的”，到开始说“不”，再到开始争抢东西、打人，然后到模仿他人，在这一系列过程中宝宝就逐渐有了自我意识。这一时期的宝宝会认为自己是最重要的，如果遇到不符合他心意的事情就会大哭大闹。父母会和宝宝的“第一叛逆期”相遇，但不用过分紧张，当宝宝打人、咬人时，你只需要去制止他的行为，但不要过分谴责，他在用自己的方式探索自我，多给宝宝一点空间。

（7）2岁半～4岁是社会规范的敏感期。这个时期宝宝喜欢参加群体活动、喜欢结交朋友。社会规范敏感期的教养有助于宝宝养成生活规范、学会遵守规则以及各种日常礼节，从而拥有自律的生活，和他人轻松交往。在这一时期，家长应让宝宝和更多的孩子接触，进入托幼园所也可以为宝宝提供良好的交友环境。

（8）3岁左右是宝宝物权意识的敏感期。这时的宝宝开始强烈地感受到占有、支配自己所属物的快乐。只有当宝宝能够完全拥有物质并可以自由支配时，他们才能去探索物质背后的精神。当这些物品的所有权完全属于宝宝自己时，交换就开始了。与此同时，也就拉开了人际关系的序幕。在这一时期，养育者可能会觉得宝宝怎么变得那么“自私”，不愿意分享玩具，甚至还要藏起来。可千万不要过分责怪宝宝，这正是他们进入物权敏感期的特征。在宝宝物权敏感期时应充分尊重孩子对玩具占有的需求，尊重孩子自己的空间意识。可以给他提供一个独立的空间，比如属于他自己的房间或区域，在进入这一空间时，应征得孩子的同意，让孩子的需求得到满足。

（9）3～4岁是色彩的敏感期。这时的孩子开始对色彩产生感觉和认知，开始在生活中不断寻找不同的色彩。家长可以给孩子提供多彩的动画、绘本等，为以后的绘画兴趣埋下种子。

（10）3～4岁是逻辑思维的敏感期。不断追问“为什么”，“天空为什么是蓝色的？”“鸡蛋是从哪里来的？”等。这些问题总是让家长感到应接不暇。这正是孩子进入逻辑思维敏感期的典型特征。

（11）4～7岁是绘画和音乐的敏感期。

（12）4 岁半～6 岁是人际关系的敏感期。

（13）4 岁半～7 岁是数学概念的敏感期。

（14）6～9 岁是文化敏感期。

还要提醒一点，虽然孩子的成长存在敏感期，但不用过分焦虑，孩子的发展时间窗口很宽，而每个孩子都有自己的发展节奏，家长只需要在恰当的时候给予他合适的环境刺激，他自然会发展得很好。

2. 婴儿气质类型

案例展示

6 个月的云朵宝宝最近很不听话，妈妈查阅了相关书籍、翻看了相关视频，终于找到了纠正宝宝行为的方法，可是当把这一方法用到自家宝宝身上时，却怎么也不奏效。究竟是哪里出了问题？云朵妈妈很是困惑。

上述案例中，同样的养育方法为什么对有的宝宝有效，而对另外一些宝宝却并不有效呢？下面就来谈谈这背后的一个可能的原因——宝宝的气质（Temperament）。

气质是个体天生的性情和脾气，不同气质的宝宝在面对同一外界刺激时可能会有完全不一样的反应。所以，在养育宝宝的过程中，找准宝宝的气质类型，才能让养育事半功倍。首先，我们需要了解宝宝们有哪些气质类型。美国心理学家亚历山大·托马斯把儿童气质分为以下 3 种类型。

第一种是易教养型。这种气质的宝宝生活比较有节律，在睡眠、进食、如厕等事情上容易养成规律；他们也容易适应环境的变化，喜欢探索新事物，情绪积极，见人就笑，主动大方。通常更容易被看作可爱的孩子，会受到成人更多的关注。

第二种是迟缓性。这种气质的宝宝适应环境较慢，对新事物或陌生人的最初反应是退缩；活动水平较低，反应强度也较低，无论是积极反应还是消极反应都很温和。对于这种气质的宝宝，养育者需要给予更多的抚爱和教育，逐渐培养宝宝对新事物的兴趣。

第三种是难教养型。这种气质的宝宝生活缺乏节律，很难适应新环境，情绪反应较为强烈。他们看见陌生人容易害怕，对新事物通常采取拒绝的态度；情绪多为消极，好哭、好动，遇到困难后容易大声哭叫。难教养型的宝宝较其他两种类型的宝宝会更容易出现情绪问题。

还有约 35% 的宝宝不是单一气质类型，他们具有上述两种或者三种气质类型的混合特点，称为中间型。

宝宝的气质并没有好坏之分，也不会决定宝宝的智力水平。但宝宝的气质类型的确会明显影响他的活动方式，对性格的形成有一定影响。家长要做的是认识宝宝的气质类型，先要坦然接受宝宝的气质，再根据他的特点，找到适合宝宝的教养方式。

易养型气质的宝宝，总体而言和养育者的相处是比较顺畅的。这类宝宝生活有规律，性格开朗，容易适应环境，对事情的反应较随和。所以只要养育者尽心养育，有意营造愉快的环境，会觉得没太费功夫，宝宝就长大了。但与此同时，养育者也需要注意到易养型气质的宝宝有时自己不舒服或不适应也不轻易暴露或表达不明显。所以养育者在平时的养育过程中，一定要多观察、多留心宝宝的表现，平时多关心他的身心情况，尤其是当宝宝轻微抱怨或申诉时应及时和宝宝沟通，避免忽视宝宝而伤害到他的自尊心。

迟缓型气质的宝宝比较安静，不喜欢大哭也不喜欢大笑。往往认真做事、不露声色，接受和适应新事物比较慢，有时会被家长误认为反应迟钝或者“笨”，社交能力也相对较差。针对这一气质类型的宝宝，养育者可以这么做：

（1）有意识地带宝宝和同龄宝宝甚至稍大一些的孩子一起玩，引导和鼓励宝宝与其他宝宝交换玩具或物品，让宝宝体验到社交的乐趣。

（2）创设适宜的让宝宝向外表露的机会，引导鼓励宝宝在人多的场合去说话、表达等，增加宝宝的自信心。通过不断训练，宝宝会慢慢大方起来。

难养型气质的宝宝生活规律性较差，比较好动，动作多且频率快，精力特别旺盛。这类宝宝也相对更爱发脾气且不易被安抚。在照顾难养型气质的宝宝时，养育者不要采用听之任之、抱怨、嫌弃、训斥的方法，多一点耐心去有意识地引导宝宝才是上策。家长可以一方面通过日常生活、游戏等让宝宝释放能量；另一方面帮助宝宝及早形成生活的规律性。养育者可以这样做：

（1）抓好喂养和饮食。尽可能让宝宝的饮食有规律，做到多样化饮食，早饭吃好，多饮水，多吃新鲜食物。

（2）培养宝宝规律性运动。

（3）保证睡眠。帮助宝宝养成良好的睡眠习惯，按时睡觉、按时起床。睡前，养育者可以和宝宝一起讲故事、听音乐等。

无论是哪种气质类型的宝宝都有其闪光的一面，养育者要学会用不同的方法教育不同脾气性格的宝宝，多一点爱心、耐心，帮助宝宝茁壮成长。

3. 早期阅读

阅读是21世纪的基本竞争力，阅读更是创造力的根本，阅读能力是所有学习的根本，而早期阅读能力的培养程度将会影响个体终身的学习能力和水平。宝宝的阅读能力强对宝宝的认知能力、语言能力、逻辑思维能力、想象力、注意力、审美能力等都有积极的促进作用，还能给宝宝带来快乐。

微课 2－10

早期阅读有多重要?

宝宝的早期阅读材料以图画书为主，以其他各类书面材料为辅，比如，儿歌、童话故事、各类认知读物。宝宝早期阅读基本是亲子共读（如图2－2所示），即父母读给宝宝听，或者和宝宝一起看。在这个过程中，家长起引领作用，而宝宝才是阅读真正的主人。至少从出生起，家长就应该读书给宝宝听，以培养宝宝的阅读兴趣和习惯。越早读书给宝宝听，宝宝越容易形成好习惯和好品格。

图2－2 睡前亲子阅读

视野拓展

怎么挑选适合宝宝的读物

0～6个月的宝宝，可以选择能触摸、能移动，具有醒目视觉刺激的图画。7～12个月是宝宝语言发展中的模仿发音阶段，要选择内容单一且耐折腾的图书。讲读的语气要温柔、缓慢而简短，不要制止宝宝扔书、啃书的行为。1～2岁的宝宝可以安静地听大人读书，会问简单的问题，会用小手指认，可以真正实现亲子共读，父母可以多和宝宝互动，有意提高其专注力。2～3岁的宝宝可以自己翻书，理解较复杂的故事，能够简单复述，能够使用大部分手工游戏书。父母和老师要做的是，通过游戏加深宝宝对书本内容的记忆和理解。

一本好的童书通常都有以下几个共同点：（1）文字表达与宝宝的年龄相符，用宝宝可以理解的方式讲述；（2）画面精致、美观，有质感，色彩协调自然，图画能清晰地表达人物、时间、地点、事件，有故事性；（3）能够调动宝宝更多的感知觉，能增加宝宝对物体的感知度以及阅读的趣味性。如：立体书、洞洞书、手工布艺书等。阅读兴趣和能力的培养是一个持之以恒的过程，需要家长的持续引导。

（三）0～6个月婴儿家园沟通要点

不同年龄段的婴幼儿表达需要及情绪情感的方式不同，掌握基本的与婴幼儿沟通的方式和技巧，是托幼园所托育工作者必备的专业素养。平等与尊重的沟通是婴幼儿个性健康发展的基础。托幼园所托育工作者需要与婴幼儿进行良好的沟通才能有效实施教育，还需要与家长达成共同的育儿理念和目标，采取一致的养育行为和策略，形成家园共育合力，为婴幼儿的健康成长服务。要实现家园共育，首先要了解我们的服务对象——婴幼儿，读懂他们的行为密码，学会与他们沟通。

1. 与婴儿沟通

新生儿呱呱坠地后，在最初的一年时间里用什么方式与成人沟通呢？婴儿为什么总是爱哭呢？婴儿每次哭的含义一样吗？你能理解婴儿的需求吗？面对一个懵懂无知的婴儿，你如何与他交流呢？一系列的问题，说明了婴儿有着自己的世界，成人只有走进婴儿的世界，理解他们的语言，读懂他们的需求，才能更好地与他们沟通，对他们进行良好的照顾和养育。

（1）与婴儿沟通的重要价值。

婴儿天生就喜欢与人交流，喜欢看人的五官，喜欢发出愉快的声音表示欢喜，喜欢父母亲的拥抱。婴儿有自己独特的与人沟通的方式，他们往往通过哭闹表达消极情绪；而自发性微笑则表示他们的生理和心理状态良好。当他们感觉孤独、无聊时，会自发地用眼睛搜寻交流者，会发出一些喉音以表达交流的愿望；当他们的交流愿望没有得到满足时，他们会不停地扭动身体，不断地挥舞手脚来引起成人的注意。

婴儿通过与可依赖的成人之间的日常互动建立信任感，当婴儿发现自己可以表达需求，并且能够得到回应时，他们就会有安全感。当他们发现可以依靠自己的力量解决问题时，他们的自信心就会得到提升。所以，亲密的照料者与婴儿应该形成尊重的、回应的、双向的沟通互动方式，这样才能促进婴儿与成人之间良好关系的建立。

研究表明，经常与父母亲面对面交流的婴儿，其认知水平明显高于缺乏交流与关爱的婴儿。而父母亲对新生儿的心理活动缺乏了解，在婴儿养育中忽视与婴儿的交流与沟通，不能及时满足婴儿心理发育的需求，将会对婴儿的心理发育产生不可逆的危害。

所以，作为婴幼儿教育工作者，我们要积极宣传与婴儿沟通的重要意义，走进婴儿的世界，读懂他们的需求，并学习如何指导家长与婴儿沟通。

视野拓展

怎样成为好父母

- 尊重你的宝宝；
- 将宝宝当作一个特殊的独立个体来了解；
- 和宝宝交流，而并非说教；
- 注意观察，当宝宝有需求时尽量满足他；
- 在每日固定提供的具有依赖性、结构性和预见性行为的前提下，让宝宝了解下一时刻将会发生什么。

（2）读懂“婴语”。

婴儿通常用各种声音（咿呀声、哭声、笑声）、表情神态和肢体动作来表达自身的各种需要。因此，想要与婴儿沟通，了解婴儿的各种需要，就必须先掌握婴儿的各种声音、表情神态和肢体动作所表达的含义。

揭秘“婴语”，从“SLOW”模式开始。

SLOW 策略是育儿大师特蕾西提出的，这个单词组合起来的意思就是“慢下来”。

S（Stop）：停下来。先做个深呼吸让自己平静下来。哭声是宝宝的语言，不要一听到宝宝的哭闹就焦虑不已。

L（Listen）：听一听。给自己时间分辨一下哭声到底是否有不同。当然，不是放任宝宝哭泣，而是暂缓行动。

O（Observe）：观察宝宝的肢体语言，查看周围的环境。

W（What's up）：综合以上三步的所见所闻做出判断并回应宝宝。

SLOW 策略正好能帮助我们做出恰当的判断和行动，更有针对性地满足宝宝的需求。

视野拓展

读懂“婴语”

- 我好累，我好困。

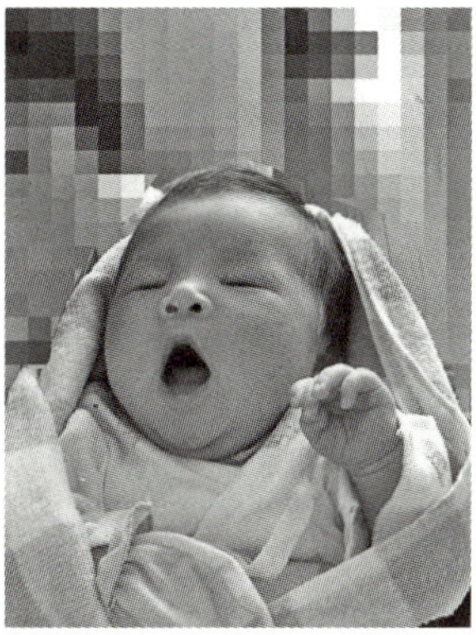

表现：

开始吃自己的拳头或者手指；

眼睛盯着一个地方看、无神、发呆；

自言自语，并带有不满的情绪；

对玩具或者对家长的逗玩不再感兴趣，很难吸引其注意力；

打哈欠、揉眼睛；

拱起后背、手/腿快速运动；

把头转开不看你；

黏人、寻求关注。

回应小贴士：

减少对宝宝的刺激。比如放慢你的动作、放低你的声音；帮宝宝换一个更为安静的环境，有助于让他放松下来；布置好睡眠环境，开始睡前程序安排宝宝入睡。

- 好饿呀，想吃东西。

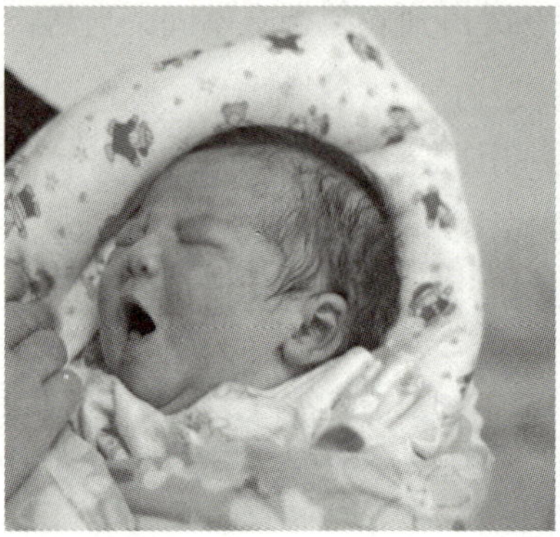

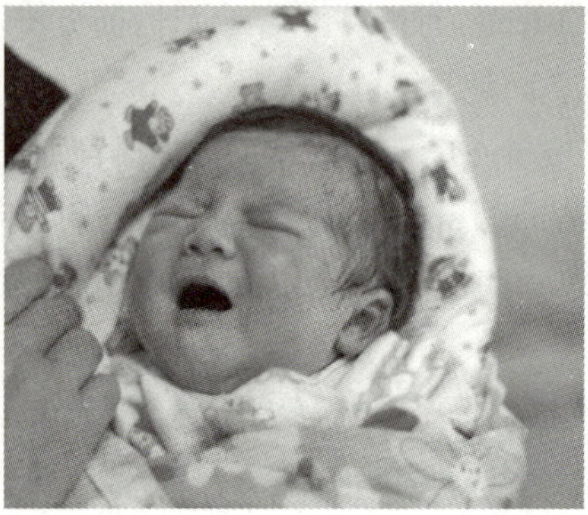

表现：

6个月以下：

宝宝的头部、身体开始扭来扭去；

开始张开嘴巴；

宝宝的身体开始伸展（好像伸懒腰一样），开始找自己的拳头、把小手放进嘴巴里甚至会开始吮吸周围可以触碰到的物品。

6个月以上：

对食物表现出兴趣；

脑袋/身体向前靠近勺子和食物。

回应小贴士：

对于1个月内的新生儿来说，建议家长每隔1～2小时就主动观察宝宝是否出现饥饿信号。

除新生宝宝、出现猛长期的宝宝外，其余阶段的宝宝观察间隔时间可以拉长到3～4小时。

如果早期的饥饿信号没有被捕捉到，宝宝就会表现出一些晚期非常饥饿的信号，比如很激动地扭动身体或大声哭闹。这时衔乳会比较困难，家长需要先安抚宝宝，等他平静一些之后，再给他进食。

- 我想跟你互动。

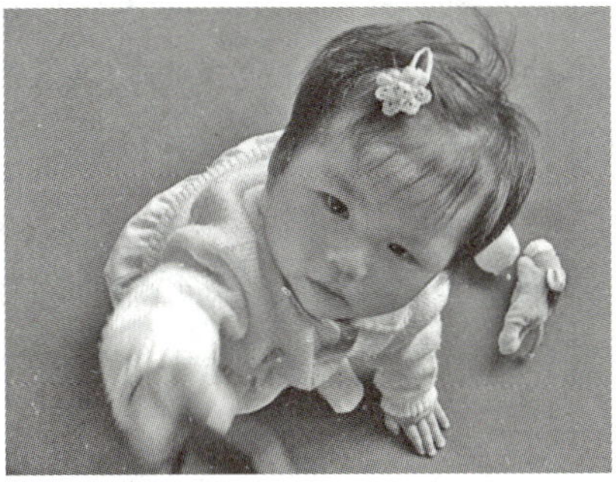

表现：

新生儿：

当你在宝宝面前的时候，他会看着你的脸和主要照护人并有活跃的眼神交流。

2月龄：

对人脸或其他物品表现出兴奋；

主动把脑袋朝向家长/主要照护人；

自言自语，嘴里会重复发出“o、o、o”“a、a、a”的声音。

4月龄：

除了把头转向家长之外，还会伸手要抱抱。

大于6月龄：

会同时使用多种肢体信号，比如看着你笑、自言自语、张开双臂寻求家长的关注。

回应小贴士：

小宝宝最喜欢的“大玩具”就是你！当观察到这些信号的时候，就是和宝宝互动的最好时间。面对孩子，看着他的眼睛，用夸张的表情和宝宝交流，鼓励宝宝模仿你的表情和你说的话。

当和宝宝互动的时候，先等待和观察宝宝的反应，然后再做出回应，这样更容易满足宝宝的需求。

- 快看我！

表现：

会通过大喊、哭闹、扔玩具来吸引你的注意力；

当你对他的行为做出反应的时候，他会很开心、破涕为笑甚至开怀大笑。

回应小贴士：

对于小宝宝来说，他最喜欢的观众就是你，特别是做成功了一件事或者跳出了令他自傲的舞姿，他着急得到你的认可和欣赏。

当宝宝有这种信号的时候，蹲下来和宝宝一个高度，平视他的眼睛，面部表情稍微夸张一点说：“宝贝，妈妈在呢～我看到了，你刚才真棒！”

陪宝宝玩耍的时候，一定要专心，手机先放一边吧。

- 我有点怕怕。

表现：

眼睛大大睁开，瞬间静止；

脸和手会伴随着颤抖；

或者剧烈地哭泣甚至伴随哀号。

回应小贴士：

宝宝对情绪的调节能力有限。处于害怕中的宝宝，是没有办法自我安抚的。家长温暖的怀抱、坚定的语气以及舒缓的动作都能很好地安慰他。

- 嗝，好饱。

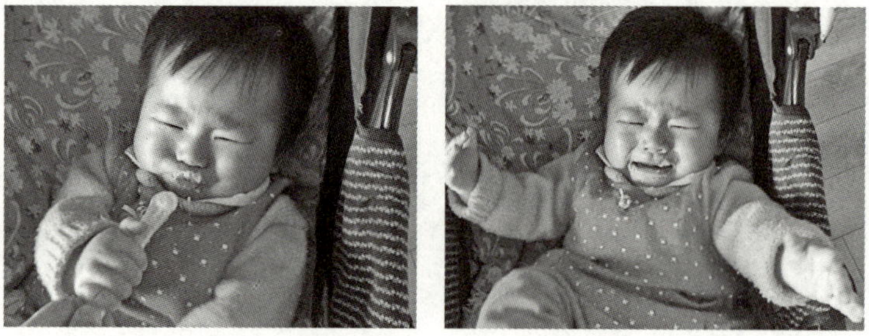

表现：

6 个月以下：

吮吸的频次和力度开始下降；或是停止吮吸；把头转开，自己吐出或推开乳头 / 奶瓶；非常放松，似乎要昏昏欲睡。

6 个月以上：

对食物失去兴趣，吃得越来越慢；嘴唇紧闭；吐出食物；打挺、把头转开；推开食物，开始扔食物和勺子。

回应小贴士：

宝宝吃饱的时候，就不要再强迫他进食了。在宝宝出现早期饥饿信号的时候，及时提供食物，可以让喂养变得更容易。

- 我想拉便便 / 尿尿。

表现：

突然愣住，然后一脸迟疑 / 做怪相；

静止、用力，小脸有时候也会涨红；

尿尿完之后，身体会有轻微的颤抖；

便便 / 尿尿完之后会扭动一下身体，但不影响他们继续玩耍。

回应小贴士：

在给宝宝检查尿不湿之前，先跟宝宝说一下你将要做的事情："宝贝，你是不是尿尿 / 拉臭臭了？妈妈要帮你检查一下哦。"

小宝宝都不太喜欢换纸尿裤的过程，很有可能全场暴哭。建议家长先把所有需要的物品都准备好。在换洗过程中，不要慌张，温柔而坚定地安抚宝宝，告诉宝宝你每一步的动作都是在干什么。

- 我有点不舒服。

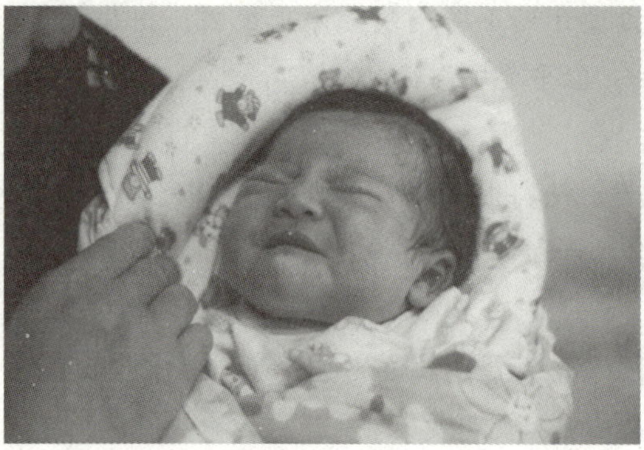

表现：

密集、紧急的哭声并伴随一种咕噜声；
面部肌肉紧张，五官紧紧地皱在一起；
四肢扭动或者是将腿抬起并缩到胸前。

回应小贴士：

检查宝宝周围环境的温度和湿度，看看是否过热或过冷；
检查宝宝的四肢、手指、脚趾是否有卡住或者是被细小物品缠住；
检查一下宝宝的尿布，穿戴是否舒适，以及是否需要更换；
回忆一下当天的喂养情况，看看是否需要把宝宝抱起来拍嗝；
如果宝宝是从睡眠中突然哭醒，可以先尝试换一个睡姿，并安抚他再次入睡。

- 哼！我生气啦！

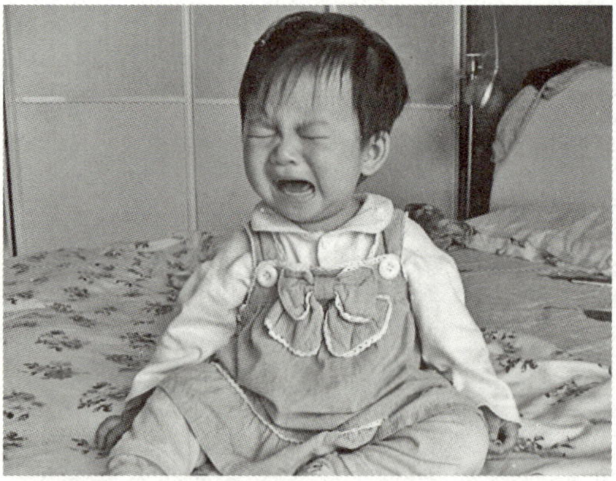

表现：

红着脸大哭；

哭闹的时候眼睛会闭上；

你想去安抚/抱宝宝的时候，他会推开你或者拍你的手。

回应小贴士：

如果宝宝接受你的安抚，可以用常规的方式帮助宝宝平复情绪。

但如果宝宝明确表示拒绝你的帮助，就尊重宝宝的意愿。我们可以陪在他身边，确保他安全，给宝宝一段发泄自己情绪的时间。

在下次安抚之前，先征求他的意见："宝贝，你哭了那么久了，妈妈抱抱你，好不好？"

- 嘻嘻，我很开心。

表现：

露出灿烂的微笑；

嘴角上扬、脸颊抬高，在眼角处会形成皱纹；

会主动挥手、鼓掌并高声地絮絮叨叨/自言自语。

回应小贴士：

享受陪宝宝一起玩的时光，但是要留意宝宝的清醒间隔和常规睡眠安排，防止宝宝"假亢奋、真疲劳"的情况。

破译孩子的"婴语"看起来复杂，但照护人和孩子朝夕相处，只要有心留意，也是有迹可循的。

养育孩子的过程处处充满焦虑，慢下来，听听孩子"说"的话，你会发现自己越来越了解宝宝，照顾宝宝也会越来越得心应手。

2. 家园沟通要点

作为家庭教育的指导者，托育工作者还应掌握以下沟通要点：

（1）帮助婴儿的家长调整心态，尽快投入父母的角色中，指导他们了解婴儿发展过程中的需求，建立成功育儿的信心。

（2）指导家长通过阅读、参加讲座、社区活动等方式获取科学育儿的方法，并在亲子活动中进行实践，帮助家庭营造科学的育儿环境。

（3）经常与婴儿的父母和祖辈沟通交流科学的育儿经验，通过婴儿的表现与家庭成员进行讨论，分析婴儿形成这种表现的原因，交流各自的看法，让科学育儿的理念在家庭成员中达成共识，为婴儿提供更好的教育。

（4）鼓励父母尽量自己照护婴儿，以消除隔代养育中存在的溺爱、无条件满足、与婴儿交流少等问题，帮助婴儿建立良好的生活习惯，增进与婴儿的感情。

四、家园共育建议——育儿路上寻帮手

面对小生命的诞生，家庭中每个人都有了新的身份，承担起各自的责任，但漫漫育儿道路上还需要诸多专业人员和机构给予帮助。一些家庭会选择请专业的月嫂、育婴师帮忙或是到月子中心购买服务。随着孩子的成长，父母们也会选择将孩子送到托幼园所等机构接受照护。家庭的经济能力、孩子的年龄和需求，以及父母的偏好，都将决定着家长的不同选择。

（一）提供婴幼儿共育服务的常见形式

1. 月嫂

月嫂是母婴护理师的俗称，是专业的婴儿护理人员，主要为产妇和新生儿提供全面的护理服务，新生儿的护理占80%，产妇的护理占20%。通常情况下，月嫂工作集护士、营养师、新生儿护理工作性质于一身，为家庭提供专业的护理服务和母婴护理知识指导，对产妇恢复和婴儿的健康成长具有重要的意义和价值。

月嫂在家庭育儿指导工作中发挥着重要作用，越来越得到社会的认可和重视。月嫂为产妇提供专业的护理服务，如帮助产妇进行产后恢复，并在休息、饮食等方面进行照顾，保障产妇身体的健康和恢复；月嫂为新生儿提供专业的护理服务，包括喂养、换尿布、洗澡、睡眠管理等，帮助新生儿适应新的环境，促进其健康成长；同时，月嫂为家长提供专业的育儿知识指导，包括母乳喂养、婴儿抚触、被动操等，帮助家长更好地了解婴儿的需求和习惯，提高育儿水平。月嫂也为家庭提供部分护理服务，如食物烹饪、家庭清洁等，以减轻家庭的负担，为家庭成员创造更好的生活环境。

案例展示

产妇张女士是剖宫产，婴儿出生体重是3.2千克，身长50厘米。产后3天月嫂到户工作，发现产妇母乳量少，婴儿是混合喂养。张女士婆婆特别揪心，一直诉说是因为剖宫产导致产妇母乳少，奶粉没有母乳好，还贵，担心婴儿的生长发育，家庭氛围十分紧张。

问题分析：张女士产后3天母乳喂养才刚刚开始，还没有充分掌握喂养姿势，婴儿

吮吸刺激不够；同时剖宫产后身体虚弱，心情压抑，也会影响母乳的分泌。

月嫂的建议：(1) 帮助产妇学会正确的母乳喂养姿势，饮食合理，保证睡眠，保持愉快的心情；(2) 向张女士的婆婆讲述奶粉配方的科学性、安全性，并讲解婴儿的健康成长条件除饮食外还包括睡眠、运动、来自家人的关心等；(3) 帮助婴儿爸爸成为沟通桥梁，协调产妇和婆婆的关系，营造良好的家庭氛围。

2. 月子中心

产妇从分娩结束到身体恢复至孕前状态的一段时间，医学上称其为产褥期，民间俗称“月子”，大概需要 6 周的时间。从胎儿出生到能适应周围环境的一段时期称为“新生儿期”，大概为 1 个月左右的时间。这期间产妇和新生儿都需要得到细致、专业的照顾，因此出现了为新生儿和新妈妈提供全方位月子护理服务的机构——月子中心。

月子中心的工作人员通常都是专业的月嫂或护士，能够提供全面的母婴护理服务，包括婴儿喂养、洗澡、换尿布、抚触按摩等，以及新妈妈的饮食调理、产后恢复训练、产褥期疾病预防等。月子中心通常都会提供高标准的住宿环境，有专门的监护人员负责照看新生儿和产妇的安全，为新妈妈和宝宝提供舒适、安全的居住环境。新妈妈在孩子出生后往往需要面对许多压力和困难，而月子中心可以为新妈妈提供全面的生活照顾和心理支持，减轻其产后身心上的压力，并可以帮助新妈妈更好地理解婴儿的需求和行为，促进母亲和婴儿之间的联系和情感沟通，建立和谐的母婴关系和家庭关系。

案例展示

王女士，38 岁，剖宫产 5 天出院后入住月子会所。入所后经体检得知：既往身体健康，妊娠期间首次发生糖尿病，被诊断为妊娠期糖尿病；现已哺乳，有轻微积乳情况；宫底脐下 3 指，质硬无压痛，轻微子宫收缩痛，手术切口愈合良好，轻微发红无肿及触压痛，恶露暗红色。产妇自产后睡眠欠佳，饮食一般，排便一次。

问题分析：王女士属于高龄产妇，且存在妊娠糖尿病情况，因此要高度重视新生儿和产妇的护理工作，特别是遵医嘱进行服药和血糖监测。同时对产妇的饮食及产后恢复进行合理规划。

月子中心的建议：(1) 根据产妇的情况做好心理辅导工作，遵医嘱按时给产妇服药，严密监测产妇的血糖、血压情况，一旦出现异常需及时就医；(2) 入所后给予月子餐（低盐、低脂肪、少糖、高蛋白），保证产妇充足的睡眠；(3) 安排乳腺疏通，心理疏导，指导喂养，调理身体，观察产妇身体各方面的恢复情况。

3. 育婴师

育婴师主要是从事 0～3 岁婴幼儿的生活照料、护理和教育工作，指导家长科学育儿的人员。根据《育婴员国家职业标准》，育婴师分为 3 个等级，分别是育婴员（国家职业资格等级五级）、育婴师（国家职业资格等级四级）、高级育婴师（国家职业资格等级三级）。育婴师为婴幼儿提供专业的生活照料，包括婴幼儿食品制作、食谱制订，作息安排与习惯养成等；为婴幼儿提供保健与护理，包括生长监测、常见症状护理、意外伤害预防与处理。育婴师还为婴幼儿提供教育引导，包括动作能力、听说能力、认知能力、情绪情感与社会性行为的培养；同时指导家长科学育儿，帮助婴幼儿健康成长。

案例展示

小丽的宝宝1岁，她请了一名育婴师到家中照顾宝宝。育婴师到家后工作很顺利，和小丽相处得很好。但是小丽认为既然请了育婴师，陪伴孩子的任务就应该由育婴师承担，所以她经常自己看手机，让育婴师陪伴孩子。

问题分析：育婴师需要对婴幼儿进行生活照料和教育引导，还需要指导家长科学育儿。父母亲和婴幼儿的亲子关系需要建立在日常生活和游戏陪伴中，而这是其他人员无法代替的。

育婴师的建议：（1）借用相关书籍和资料让父母重视亲子关系并认识到家庭关系对婴幼儿健康成长的重要性；（2）安排适时的亲子活动、游戏活动，邀请妈妈、爸爸一起参加，创造高效的陪伴机会，营造良好的家庭氛围。

4. 婴幼儿发展引导员

婴幼儿发展引导员是从事0～3岁婴幼儿身心健康发展引导，并对婴幼儿看护人提供辅助咨询服务工作的人员。2021年12月2日，人力资源和社会保障部向社会公示了婴幼儿发展引导员、保育师等18个国家职业技能标准。

婴幼儿发展引导员的工作内容包括：指导孕期夫妇了解孕期的营养需求，依孕期生理、心理及角色的变化营造适宜的胎儿激励环境；指导婴幼儿看护人了解0～3岁婴幼儿的发展标准，使用测评工具检测婴幼儿发育指标；帮助婴幼儿看护人掌握养育理念、分析养育情况并提供改善建议；帮助婴幼儿看护人掌握喂养知识，指导婴幼儿的营养补充；在婴幼儿家庭布置适宜的环境，组织开展婴幼儿游戏并提供互动示范；实施婴幼儿应急救援，指导婴幼儿看护人规避婴幼儿安全风险。

案例展示

小芬是一名两岁半的小女生，刚到托育园，老师发现小芬对于老师的指令和规则理解不佳，无法理解老师在说什么、要做什么。例如，老师说："小女生先去上厕所。"小芬却坐着不动；当喝水时，老师让小朋友自己拿吸管杯喝水，小芬也要等待老师帮助。通过了解家庭情况发现：小芬家中还有一个1岁的妹妹，父母因工作忙碌，没有时间与小芬互动，日常是由祖父母照顾。因家中照顾两个孩子，祖父母压力较大，因此，小芬在家多以看电视为主，很少与大人互动以及很少有机会参加早教活动。

问题分析：小芬因学习环境刺激不足，日常生活经验少而影响到基本认知概念的发展。缺乏与人互动及对话的经验，因此聆听及信息理解能力弱，不会主动开口寻求帮助，间接影响其逻辑思维能力。

婴幼儿发展引导员的建议：（1）客观准确分析小芬与同龄孩子之间的差距，让父母高度重视，让父母成为家庭中主要教养人。（2）根据小芬的家庭情况，给予合适的婴幼儿养育计划。在托育园加强对小芬的对话交流、自我控制、合作等能力的培养，适当增加早教课程；在家中，关注小芬的个体发展，增加交流、陪伴。（3）关注家中孩子（小芬与其妹妹）的养育环境。根据家庭情况建议增加育婴师工作项目或对小芬与其妹妹规划相应的早教课程，减轻教养人的养育压力。

5. 早教机构

早教机构是由社会组织、企业、事业单位或个人承办，对 0～3 岁婴幼儿实施以保育为主、教养融合的全日制、半日制或计时制机构。

早教机构通过专业的教育和指导，帮助家长了解婴幼儿的发展特点和需要，并为家长提供实用的教育技巧和方法，以便更好地促进儿童的全面发展；通过各种有趣的游戏和活动，指导家长帮助儿童建立良好的行为习惯和社交技能，如合作、分享、自我控制；通过日常保育和教育活动，促进婴幼儿的社会行为、认知、语言等能力的发展，促进婴幼儿身体健康发展，提高协调能力和运动技能；提供丰富多彩的教育活动和课程，帮助家长发掘婴幼儿的兴趣和爱好，并为其提供相关的培训和指导。早教机构在婴幼儿的早期教育中起着非常重要的作用，为婴幼儿的全面发展和成长提供良好的支持和帮助。

案例展示

小美妈妈是全职妈妈，对小美的保育和教育问题没有信心。她把小美送到早教中心后，经常在网上观看各类育儿资讯，对标到小美的表现，经常找老师沟通，每次沟通时间都很长，怕小小的疏忽会影响对小美的培养。

问题分析：小美妈妈缺乏对婴幼儿保育与教育的信心，学习渠道繁杂，接收信息零碎，无法对小美的教育做出系统规划，存在焦虑的情况。

早教中心教师的建议：（1）给小美妈妈推荐高质量的育儿书籍或平台，帮助小美妈妈树立健康、科学的育儿观；（2）耐心与小美妈妈沟通，理解小美妈妈的焦虑与担忧，建立充分的信任感；（3）借助亲子游戏、开放日等活动，让小美妈妈看到小美的进步与努力，对孩子表达赞美与肯定。

（二）家长如何挑选婴幼儿共育帮手

1. 如何挑选月嫂、育婴师

（1）选择渠道。熟人介绍，因为亲朋好友接触过，信息真实可信，但是各家的情况不同，要结合自身情况进行挑选，不然出了问题没地方投诉比较麻烦；机构挑选，服务管理有一定保障，家长可以从公司介绍、口碑、定价标准，月嫂、育婴师把控和培训，售后服务等多方面进行考察比较；选择自营母婴公司、家政公司或中介机构，但价格较高；通过平台挑选，网上有的平台整合了多家机构，方便家长对比，就像在商场里购物多一层商场的保障一样，但是价格也会相对较高。

（2）明确要求，对比选择。明确所需月嫂、育婴师的年龄、经验、性格、工作内容后再对接渠道。机构或平台会给出不同能力和不同档次的月嫂、育婴师供家长参考，家长可根据自家的情况选择经济承受范围之内的一两个档次的几位月嫂、育婴师进行比较。不要仅看介绍和价格，要仔细比较月嫂、育婴师的经验水平、资格证书、服务范围，然后预约至少 3 位进行面试。

（3）细化要求，面试考察。理顺自家需求，进行提问。在面试交谈中可以了解月嫂、育婴师的基本情况和性格，还要挑选一些家长比较关注的以及专业性的问题来询问。例如，考察月嫂的专业性：奶水不够，您用什么方法帮宝妈催乳？半夜宝宝发烧要怎么处理？还要问一些感性的问题来考察月嫂对宝宝的喜爱程度：您带过的孩子里面印象最深的是谁，是哪件事？也可以做个简单实操，考察月嫂技能的娴熟程度和做事的条理性。

（4）签订合同，保障权益。面试满意就可以签订合同了。合同上要写明月嫂、育婴师的试用期、聘用期限、具体工作范围、每日工作时间、薪酬计算、休假等细则；还要明确公司的服务佣金，不满意是否免费替换，后期有哪些售后服务等。总之，约定越细致越有助于后期保障权益。

2. 如何挑选月子中心

（1）专业认证。月子中心需要办理各项证照，包括工商营业执照、卫生许可证、税务登记证等，从业人员要有健康证，专业人员要持有相关执业证书，例如：护士、育婴师、保育员、母婴护理等的资格证书。国家相关部门备案、登记，专业机构认证，可以确保月子中心具有专业性和可靠性。

（2）服务项目与价格。月子中心提供的服务项目一般包括婴儿护理、妈妈营养餐、产后护理、心理支持等。如部分产妇对产后形体塑身、皮肤护理、中医调理等有特殊需求，需提前咨询是否符合预期愿望。月子中心收费标准通常根据护理项目、入住时长、房间条件等因素进行计算，可提前请月子中心列出收费项目，评判收费是否合理、是否透明、是否有隐藏费用等问题。

（3）服务质量。月子中心的服务质量评价包括护理人员素质、服务标准、环境卫生、安全措施等；月子中心是否有专业的工作团队，包括管理、护理、厨师、销售、安保等的工作团队。这样才能确保月子中心正常运转。月子中心提供的饮食是否卫生、健康、合理，是否有专业的厨师和营养师，菜品是否符合妈妈的口味；住宿设施是否符合要求，例如：卫生、安全、舒适性等；设备是否齐全，例如：产床、婴儿床、按摩器材等。这些可以通过实地考察、网络评论、朋友介绍等方式进行评判。

（4）地理位置。新生儿期是从胎儿出生到能适应周围环境的一段时期，一般为 1 个月左右。由于新生儿的适应能力不完善，易发生疾病，例如：新生儿黄疸、新生儿肺炎、新生儿脐炎等，因此月子中心的地理位置是否便利、是否在市中心或医院附近等类似问题就值得考虑。

3. 如何挑选早教机构

（1）资质和硬件设施。正规托育机构必须在当地卫健委进行备案，已备案的机构在园区面积、消防安全、消毒卫生等各方面均达到标准才能获得资质。如果能提供托育机构备案证明甚至为托育示范标杆园所，其软硬件一般较为突出，可以优先考虑。家长应提前到园所考察资质和硬件，并且要留意该园所是否能为宝宝提供充足的活动空间和玩具，这些都对孩子的创造力发展起着重要作用。

（2）运营规范和师资力量。一家托育机构需要有完整的养育照护体系，也就是回应式照护、早期学习支持、老师为孩子打造的环境、家园共育、孩子入园前的渐进式分离过渡、阶段性评估等都是不可或缺的。参观时可以通过查看一周课表、食谱、物品归类摆放、环境创设，以及与老师交谈来了解园所的教育理念和运营体系是否科学和专业。

另外，观察托育工作者对在园孩子的态度和与孩子的相处模式，以及孩子们的情绪反应，可快速判断托育工作者的专业能力、亲和力，是否具备爱心、耐心、责任心等品质。如果孩子在园所哭笑自如，和老师很亲近，这一定是个有安全感的快乐集体，家长可以放心地把孩子送到这里。

（3）家园共育的专业性。专业的照护机构，要将家园共育的流程与内容呈现给家长。比如入托初期：家访、家长会谈、入托评估、渐进式分离策略、每日沟通、观察反馈等；入托中期：阶段性评估、家长课堂、观察反馈等，在托期间孩子的成长记录，等等。园所与家长之间对孩子的成长信息要同步、相互协作，如对宝宝行为习惯的要求家园要一致，这样才能促进宝宝更好地适应和发展。

（4）其他因素。长期远距离接送需要家长付出大量的时间成本，会给家人带来巨大的负担。因此在选择园所时，距离也要慎重考虑。此外，收费、口碑以及户外活动空间的大小和活动时长（每天最好能超过 2 小时）、卫生状况等都要考虑。

当然，如同世上没有十全十美的父母一样，再好的托育机构也无法做到满足每个家庭的需求，家长要放平心态，按照自己认为的重要性进行排序和筛选。最好提前一两个月去考察，多对比，多考察。可以带孩子去参加园所的活动，既可以深入了解该机构，又能消减孩子的陌生感和分离焦虑。

第二节 7 ~ 12 个月婴儿家园共育

一、7 ~ 12 个月婴儿的发育水平、教养目标和指导要点

婴儿 7 ～ 12 个月相较于 0 ～ 6 个月来说，其生长速度有所减缓。随着身体发育对营养需求的增加，婴儿进入全面添加辅食阶段，但由于其消化系统发育还未完善，容易出现胃肠道方面的疾病，照护者应按照婴儿的具体情况调整辅食的种类和数量。婴儿 7 ～ 12 个月是语言发展的关键时期，照护者要利用生活中的各种机会刺激婴儿的语言发育；婴儿在动作发育方面的进步也十分突出，从坐、爬、扶站到有的婴儿开始会独走；精细动作也从抓握进步到手指动作。因此，教养的内容增加很多。7 ～ 12 个月婴儿的发育水平和教养目标详见表 2 - 3。

表 2 - 3　7 ～ 12 个月婴儿的发育水平和教养目标

月龄	类别	发育水平	教养目标
7 ～ 9 个月	生长与发育	体重：8.90 ～ 9.52 千克； 身高：71.20 ～ 72.85 厘米； 头围：44.38 ～ 45.43 厘米； 胸围：44.56 ～ 45.52 厘米； 睡眠：约 15 小时	同婴儿一起活动时，要态度亲切，创造愉悦的气氛； 每次拿食品前，要给婴儿洗手，吃完后将婴儿的嘴、手擦干净； 要训练婴儿将掉在桌上的食物拿起来； 保证婴儿有 14 ～ 15 小时的睡眠时间； 开始培养婴儿学坐便盆，坐便盆时不能吃食物或玩耍
	大动作	自如地独坐； 双手扶物可以站立； 会爬，拉着双手可以走几步	帮助婴儿学习坐、躺、爬等动作
	精细动作	一只手拿着一块积木，另一只手还可以取另一块； 拇指和四指能够配合捏住体积较小的玩具； 能从杯子中取出玩具； 双手能做对敲的动作	让婴儿练习抓拿小物件，双手玩弄玩具，伴随着成人语言学做简单的模仿动作
	语言	无目的地发出 da-da、ma-ma 的音； 能模仿成人发音； 能听懂简单的指令，如“再见”“欢迎”等	引导婴儿模仿成人用肢体动作与人交流，如用招手表示“再见”、用拍手表示“欢迎”； 教婴儿模仿成人的发音，学习叫“爸爸”“妈妈”，学习用表情、动作、语音等回应他人

续表

月龄	类别	发育水平	教养目标
7～9个月	认知能力	能注意远处移动的东西； 关注周围环境和物体； 反复多次扔东西； 专注感兴趣的事物和玩具，反复进行看、摸、摇	常带婴儿到户外活动，观察并感知周围的环境和物体，并学会指认常见的物品； 让婴儿多听优美的音乐，学习跟着节奏随意摆手、挥臂等
	情绪与社会行为	认生现象明显，更加依恋母亲； 出现最初的自我意识； 自身需求不能被满足时容易发脾气； 喜欢被自己经常看见的人拥抱	引导婴儿感知和体验他人高兴、喜欢、生气、痛苦等情绪情感
10～12个月	生长与发育	体重：9.64～10.42千克； 身高：76.36～78.02厘米； 头围：45.64～46.93厘米； 胸围：45.43～46.80厘米； 睡眠：约14小时	学习用杯子喝水、穿衣伸手入袖、穿裤抬腿、大小便会叫人； 培养婴儿练习用勺吃饭，会将帽子放在头上，自己找便盆坐下； 逐渐养成主动配合家庭日常生活的习惯； 保证婴儿有13～14小时的睡眠时间
	大动作	能拉栏杆自己站起来； 扶着栏杆可以走几步； 能蹲下取物，独站片刻； 牵一只手可以走，能扶着家具站起、坐下，能独走几步	经常让婴儿练习爬行、扶物行走、蹲站等简单的动作
	精细动作	能搭1～2块积木； 两指捏物动作熟练； 能打开包裹住积木的纸； 会把小球投入小瓶中； 能打开、合上书； 会用蜡笔涂玩	提供各种安全的玩具，鼓励婴儿自由捏拿、摆弄、敲打等，满足其探索欲望
	语言	能模仿发音； 能听懂自己的名字和生活中经常听到的指令； 能有意识地叫“爸爸”“妈妈”	鼓励婴儿模仿成人的发音、听懂简单的词，并做出相应的反应
	认知能力	能维持十几天内的记忆； 能分辨出各种气味和味道； 初步建立事物间的因果关系； 能指认五官	引导婴儿感知室内外各种物体，多与周围的人接触，学习用表情、动作、语音或简单的词等与人交流； 和婴儿玩照镜子游戏，引导婴儿感知身体的主要部位； 经常让婴儿听优美、活泼的音乐，在成人的引导下，跟着音乐节律随意摆动身体
	情绪与社会行为	逐步认识自身与客观事物的不同； 喜欢重复做受表扬的行为； 愿意与年龄相近的孩子接触； 能理解表扬和批评的态度； 会表达愤怒、害羞、害怕、焦急等情绪	经常爱抚婴儿，及时肯定鼓励婴儿适宜的态度和行为； 引导婴儿感知高兴、生气、痛苦、严肃等表情和不同情绪情感的语调

二、7 ~ 12 个月婴儿的养育建议

（一）7 ～ 9 个月婴儿

1. 营养喂养

（1）日常喂养。

宝宝长到 7 个月的时候，不仅对母乳和牛奶以外的食品有了自然欲求，而且对食品口味的要求也与以往有所不同，开始对咸的食物更感兴趣。萌出的乳牙使得宝宝具有了咀嚼能力，同时舌头也有了搅拌食物的功能，宝宝对饮食也越来越多地显现出个人偏好，对喂养方面的要求也随之发生了一些改变。辅食逐渐从泥糊状向固体状转变，可以给宝宝吃些磨牙饼干。饮食方面要保持三餐两点，早饭、夜睡前补充奶制品的规律。

（2）自主吃喝。

一般 7 ～ 9 个月的宝宝，正处于自主吃饭的敏感期。可以结合月龄，观察宝宝发出的想要自主进食的信号：愿意咀嚼；能够用手指抓取物品；爱“抢”大人手里的食物；抗拒大人喂；抢勺子、扒碗，或拿着食物往嘴里放。

这时，家长要做的就是容忍和放手。首先，不要怕“脏”，让宝宝自己用手抓食物吃，这样会增加宝宝对吃饭的兴趣，家长要抑制住去帮忙和制止的冲动，更不能用大人的标准要求他；其次，把主动权交给宝宝，让宝宝自己决定吃多少。不要强迫宝宝进食；最后，给予宝宝正确引导，在吃饭的时候，让宝宝坐在餐桌椅上，跟大人一起进食。家长吃饭的时候可以先用夸张的表情与动作来描述食物，吸引宝宝品尝，并多多鼓励宝宝，让宝宝获得成就感。平时还可以用共读绘本来帮助宝宝建立良好的用餐习惯。

微课 2－11

宝宝那么小能自主吃喝吗？

宝宝在 6 个月之后要开始学习使用杯子，最好在 1 岁时停止使用奶瓶，最晚不超过 18 个月。宝宝能够自己拿稳奶瓶喝奶和能够把小勺里的水（浅浅的一点水）吸到嘴里，可以作为宝宝能开始用杯子的信号。宝宝喝水的进阶之路就是：奶瓶→奶嘴杯→鸭嘴杯→吸管杯→敞口杯。但是，并不是每个宝宝都要经历这几步，有的可能用不到吸管杯就能接受敞口杯，因人而异，不可强求。

2. 睡眠指导

与 0 ～ 6 个月的宝宝相比，7 ～ 9 个月的宝宝对睡眠的喜好变化并不大，睡眠习惯也延续着从前的惯性发展。爱睡觉的宝宝深睡眠的时间更多了，一旦入睡不易被吵醒，晚上即使有尿，也是尿完就睡，不用哄且不吃夜奶；而不爱睡觉的宝宝的睡眠可能更浅了，似乎总是半睁着眼看着妈妈，妈妈一离开他就立刻知道，会要妈妈。

在这个月龄的宝宝，戒母乳对于睡眠习惯的影响比较大，他们的睡眠问题显得尤为严重。母亲泌乳量的减少、从辅食到主食的过渡可能让他们感受到了即将离乳的悲伤和

困惑，因此缠妈妈特别紧，总是睡一会儿就醒来要求吃奶，晚上也睡得晚，夜里还要醒几次起来吃夜奶，如果母亲频繁拒绝母乳喂养，宝宝会哭闹得非常厉害。婴幼儿配方奶粉单一喂养的宝宝在这个阶段的睡眠表现要好得多，而且长时间深度睡眠的好习惯也在逐渐养成。

3. 日常护理

（1）爬行。

爬行是一种非常好的全身运动。爬行时肢体相互协调运动，身体平衡稳固，姿势不断变换，可促进小脑平衡功能的发展，手、眼、脚的协调运动也促进了大脑的发育。爬行还可以促进宝宝的本体觉、位置觉，产生距离感。

宝宝通常在 7 ～ 10 个月大时就能爬行。在这个阶段，宝宝躺着时会动个不停，甚至会厌倦。侧身、俯卧时也不停扭动身体，可以用手支撑着上半身并用力从而使自己倒退，这些都是宝宝的爬行信号。此时，家长要鼓励宝宝多爬，试着在他差一点点就可以够到的地方放上他喜欢的玩具，鼓励宝宝向前爬去够到玩具。如果宝宝无法前进，家长可以用手掌心抵住宝宝的脚底，施以力，使宝宝在脚蹬力的作用下向前爬。在温度适宜的情况下，脱掉宝宝的袜子能增加摩擦力，使爬行更容易。也可以用长毛巾兜住宝宝的腹部，双手拉住长毛巾，使宝宝腹部离地，训练宝宝手膝配合爬行。当他活动更加灵活后，用枕头、箱子或靠垫做障碍物，让他从障碍物上面或旁边爬过去。家长也可以藏在其中某个障碍物的后面，通过和宝宝玩藏猫猫来给他惊喜。上楼梯也是很好的爬行锻炼。

（2）洗澡。

宝宝天生都喜欢玩水。水看得见、摸得着，却抓不住，真是神秘莫测，非同一般玩具。玩水游戏对宝宝来说更是变幻无穷，而洗澡就是最好的玩水游戏。家长准备几件有趣的玩具，和宝宝一同享受洗澡的快乐时光吧！戏水、舀水、玩玩具，把满是泡沫的头发弄成各种造型；也可以让宝宝和家长或兄弟姐妹共浴，相互帮忙。这样洗澡就会变成宝宝期待的事情，也会变成家人间情感的纽带。

如果宝宝怕水，家长千万不能强迫，要查找原因，对症下药。

1）不经常接触，对水陌生或惧怕。可以先让宝宝给玩偶洗澡，告诉他每一步都在做什么。充分的心理预期有助于减轻宝宝对水的恐惧感。所以在入水时，一定要慢一点，可以先淋湿宝宝的胳膊或者让小腿慢慢进入洗澡盆，等宝宝适应后再引导他坐下去。如果从出生起就开始游泳，一般没有这方面问题。

2）有过洗澡或接触水的不好的体验。有水流进入耳朵、眼睛、鼻子，或者家长在搓揉时用的力气过大，洗漱产品有刺激性，被水呛过，等等，都会导致宝宝对洗澡有不好的记忆，从而抗拒和排斥碰水。这种情况需要家长耐心安抚，全程陪伴，多留意宝宝的反应。关键是让宝宝知道：妈妈就在身边，很安全！当然，能和宝宝共浴就更好了。洗澡时，可以多和宝宝交流，关注他的感受，比如："水烫不烫啊？洗得舒服吗？"要选择无泪配方的婴儿洗浴产品，一周用一次即可。洗头时，应避免水流到宝宝的眼睛、鼻子等敏感部位，可以用示范或游戏法教会宝宝冲水时低头闭眼和闭气。

3）宝宝没兴趣或逆反。爱玩是孩子的天性，但很多妈妈为了防止宝宝感冒而速战速决或为了好打扫卫生，会要求宝宝洗澡的时候不要动、不许玩水。这样的限制会激发宝宝的逆反心理，无法体会玩水的乐趣。家长需要调整心态，让孩子健康快乐自由地成长远比整洁重要。

对于怕水的宝宝，家长要耐心安抚，细心陪伴，循序渐进地引导，用智慧和爱把洗澡变成一堂有趣的早教课，一段快乐的玩水时光。

（二）10 ～ 12 个月婴儿

1. 营养喂养——辅食种类和制作

制作辅食的食物包括谷薯类、豆类、坚果类、动物性食物（如鱼、禽、猪、牛、羊等的肉及内脏）、蛋、蔬果、奶类及奶制品等。添加辅食的种类每日不少于 4 种，并且至少应包括一种动物性食物、一种蔬菜和一种谷薯类食物。婴幼儿辅食添加频次少或种类不足，将明显影响其生长发育，导致贫血、低体重、生长迟缓、智力发育落后等健康问题。6 ～ 9 个月的宝宝，每天需要添加辅食 1 ～ 2 次；9 ～ 12 个月的宝宝，每天添加辅食增为 2 ～ 3 次。

婴幼儿辅食应单独制作，选用新鲜、优质、无污染的食材和清洁的水制作。烹调宜用蒸、煮、炖、煨等方式，食材要完全去除硬皮、骨、刺、核等，豆类和坚果要充分磨碎。1 岁以内婴儿的辅食应保持原味，不加盐、糖和调味品，1 岁以后幼儿的辅食要少盐、少糖。鼓励婴幼儿尝试多样化食物，避免食用经过腌制、卤制、烧烤的食物，以及重油、甜腻、辛辣刺激的重口味食物。

2. 睡眠指导

这个月龄的宝宝白天睡眠时间变少，而夜晚睡眠时间变长，每天有更长的时间保持清醒。有的宝宝到 12 个月龄可以自己独立连续睡眠 12 个小时，白天会有 2 ～ 3 次的小睡，每次 1 ～ 2 小时。有的只睡 1 次午觉，睡 3 个小时左右。宝宝晚上睡得不踏实的原因，除了离乳焦虑外，还有可能是缺钙。

3. 日常护理

（1）行走。

宝宝大致是在 11 ～ 18 个月学会行走。因为每个宝宝的成长节奏是不一样的，宝宝会走路的月龄和宝宝自身的生长发育速度有关。当宝宝爬得非常灵活，能尝试扶着物体站立并能慢慢挪动的时候，说明宝宝的身体已经做好了学习走路的准备。爱爬的宝宝通常不需要做特别的训练就自己能走了。大人不要扶着他走，让他自己走，因为宝宝需要在跌跌撞撞的过程中学会平衡，控制他的肌肉。更不要相信网上的各种学步神器，偷懒把宝宝放在学步车里，那样会影响他肌肉的发育和协调性，而且宝宝不会控制学步车的速度，容易发生危险。家长要欣赏宝宝的进步，陪伴和赞赏他，用创造轻松氛围、遇挫鼓励和亲自示范的方式去帮助他。接纳孩子的个体差异，顺其自然，不强迫，不要让攀比和焦虑控制了你的情绪。在孩子身体条件还不成熟时，过早练习站立和行走会影响孩子下肢骨骼的发育。

（2）预防伤害。

预防伤害是养育者的基本责任，对婴幼儿一生的健康至关重要，也是帮助婴幼儿养成安全意识和行为习惯的重要内容。无论是家庭养育，还是托幼园所照护，预防伤害都是重中之重。照护者要树立预防婴幼儿伤害的意识，牢记婴幼儿不能离开照护者的视线范围，养成安全看护的行为习惯，同时提升环境安全水平，掌握常用急救技能，预防婴幼儿伤害的发生。加强看护，请注意以下要点：

1）专心看护。看护婴幼儿时，不应同时使用手机等电子设备，不从事其他非必要活动。多人与婴幼儿一起时，应明确一人负责照护。

2）近距离看护。与婴幼儿保持较近的距离。婴幼儿在水中或水边、高处，或身边有动物等的情况下，与婴幼儿保持伸手可及的距离。

3）看护禁忌。不让婴幼儿处在无人看护的状态下，不与婴幼儿做不安全的游戏，不让未成年人看护婴幼儿。

4）行为示范。养育者自身遵守安全规则，在日常看护中为婴幼儿做出安全示范，教会其识别伤害风险，提升婴幼儿的安全意识，帮助其养成安全行为习惯。

三、7 ~ 12 个月婴儿的教育内容与沟通要求

（一）教育内容与要求

1. 着力促进婴儿的动作发展

人对自我的认识始于对自己的身体，以及对自己身体与其他人、物之间关系的感知认识，这种认识是从身体运动过程中发展起来的。孩子通过控制和运用自己的肢体感受自己的存在和力量，这种感知对孩子日后的自我意识和自我评价的发展起着重要作用。精细动作的发展体现在日常生活的每一个环节中，吃饭、穿衣、写字、画画以及专注力发育，等等，都可以追溯到早期精细动作的发育。对于 7 ～ 12 个月的婴儿，其精细动作的训练以拇指与四指的配合拿捏的动作为主。

2. 从生活中发展婴儿的认知

7 ～ 12 个月的婴儿主要通过动作行为来探索和认知周围的环境与事物。他们利用抓握、啃咬、摇晃等动作，感知物体的形状、质地。在这一过程中，婴儿逐步建立起对外部世界的初步理解与认知体系。鉴于此，家长和照护者需以耐心细致的态度，积极引导和陪伴婴儿进行各种形式的探索活动。在日常生活中，为他们提供丰富多样的刺激环境，采取适当的教育方式和手段，从而有效促进婴儿认知能力发展。

3. 发展婴儿语言能力，提供交往机会

9～10个月为婴儿语言学习的萌芽阶段，此时的婴儿善于模仿，语言能力快速增长，是进行语言训练的最好时期。这个时期的孩子对语言的理解能力大于表达能力，处于语言积累期，具体表现为他只能说出1～2个词，但可能理解了几十个词的意思。有的孩子在即将满1周岁时只能说出1～2个词，这并不代表孩子的口头表达能力有问题，而是宝宝还处于词语的积累阶段。

4. 丰富家长的育儿知识，指导家庭活动

父母是孩子社会性行为和情绪情感发展的榜样。父母与孩子交流交往越多，在孩子身上越能体现出家庭成员的行为习惯和性格特点。因此，在与孩子交往的过程中对孩子的行为提供规范的言语教导和具体示范，鼓励孩子观察和模仿，及时给予反馈、评价，为孩子创造练习和实践的机会，给孩子具体帮助、鼓励、纠正和指导，有助于孩子形成与人分享、谦让、关心、帮助他人等良好的品格。

（二）7～12个月婴儿家庭教养需特别关注的内容

1. 7～9个月婴儿

（1）精细动作游戏。

宝宝的手部敏感期从6～7个月的时候开始直到2岁，这期间都是手部精细动作能力的爆发期。在宝宝8个月左右的时候，最喜欢的事情就是捡起地上的头发丝或是小米粒。这说明宝宝进入了细微事物敏感期，也说明宝宝的手部精细运动能力上了一个新的台阶：宝宝已经从大把抓、三指捏，逐渐过渡到了两指控。决定宝宝精细动作能力的要素有5个：手指动作、双手协作、手眼协调、抓握力量、手腕灵活及稳定。下面，我们分类给大家介绍5类游戏来提高宝宝的精细动作。

1）手指动作游戏。小宝宝玩一些抓握、捏取类的游戏；大宝宝增加手指关节灵活性的训练。如：训练宝宝用拇指和其他手指配合抓起积木，或者在玩其他玩具的时候也可以引导宝宝“拿”的动作。准备一些溶豆、爆米花等，训练宝宝用拇指、食指、中指对捏，熟练后逐渐发展至用拇指和食指对捏，每日可训练数次。照护者要小心看护，以免宝宝将小物品塞进口、鼻而发生危险，平时也要将这类小物品收拾好。

2）双手协作游戏。1岁前的小宝宝双手撕纸，或两只手交替拍鼓等都可以锻炼宝宝的双手协作能力；大一些的宝宝则可以逐渐增加难度，比如拧瓶盖、拉拉链等。还可以训练孩子双手玩玩具并能够对击，当孩子敲击出声时，可以鼓掌以示鼓励。利用各种质地的东西，让孩子对击，使孩子体验不同质地的东西发出的不同声音。

微课 2－12

精细动作玩出宝宝超强大脑

3）手眼协调游戏。引导小宝宝有意识地去抓一些玩具；和大宝宝一起做有方向性的投掷等活动。

4）抓握力量训练游戏。6个月之前的宝宝不需要刻意训练，大

一点的宝宝可以经常玩一些通过挤压能发出声音的玩具。

5）手腕灵活与稳定游戏。1岁之前的宝宝，主要让他练习手的灵活性，比如从高处够玩具；等到宝宝大一些，可以练习涂鸦、端水。

（2）居家安全。

世界卫生组织发布的《世界预防儿童伤害报告》显示：儿童意外46.34%都发生在家中。对于这个阶段的好奇、好动宝宝，家可能变得不再安全了。记住以下居家安全注意事项：

1）房间和阳台的窗户应使用安全锁扣和护栏，并且窗口附近不要放置家具或易于孩子攀爬的物品，避免意外坠楼事故的发生；

2）加强对孩子玩耍时的监管，严禁孩子玩气球、塑料袋等；

3）不在没有被固定好的桌子上铺桌布，以免孩子拉扯桌布时桌子倾倒砸伤孩子，如果桌上放有热源的话孩子还有可能被烫伤；

4）让孩子远离热源；

5）不要让孩子单独进入厨房、浴室，生活中大量的幼童居家意外溺水事故大都发生在浴室，各类容器内勿留积水，马桶用完一定要盖上；

6）使用带有保险挡片的安全插座，严禁孩子去触碰电源开关及其他电器的开关，家中电器使用完毕应立即拔掉电源；

7）家里的药品、清洁剂、消毒水等要放到孩子触及不到的高处，千万不能用饮料瓶盛装，以防孩子一时好奇服入口中；

8）各类会对孩子造成危险的物品用完收好。

《儿童家居用品安全专题调研报告》提出的家居用品安全“5S”检查原则，每一个有孩子的家庭和每一位看护者都应该掌握。

- See，看，用孩子的视角检查危险；
- Size，尺寸，丢掉直径小于3厘米的孩子物品；
- String，绳带，确保家里的拉绳短于22厘米；
- Surface，表面，确保物品表面光滑安全；
- Standard，标准，只购买符合生产标准的产品。

微课 2－13

家里真的安全吗?

（3）安全感。

案例展示

8个月的米粒正在开心玩耍，当妈妈起身去拿包要出门去上班时，他立刻注意到了并表现得十分不安、焦虑，开始大哭大闹，妈妈和其他家人怎么劝都停不下来。最后妈妈对他说：“妈妈不走了，不离开宝宝了。”米粒这才平静下来，然后紧紧跟在妈妈的身边，一刻也不离开了。

妈妈离开一会儿，为什么孩子的反应会那么大呢？出现这种现象是因为宝宝正在经历由于与依恋对象分离而产生的一种分离焦虑，正在经历分离焦虑的宝宝会又哭又闹，这是宝宝和妈妈亲近的表现，也意味着他与家长已经建立了稳定的依恋关系。

心理学上的依恋特指宝宝与主要抚养者（通常是父母）之间形成的一种强烈的情感联结。建立依恋关系是宝宝社会化的第一步，这对宝宝一生的人与人之间的信任、社会适应性有着重要的影响。正是由于这一情感联结的存在，当宝宝遇到“危险”“威胁”的时候，他就会跑到依恋对象（通常是妈妈）处寻求安慰。如果强行将宝宝和依恋对象分开，就会引起宝宝强烈的不安、焦虑，出现哭闹不止的现象。

良好的依恋关系是宝宝建立安全感的重要因素，这也为他未来的社会性发展打下基础。而由于家庭教养方式的不同，宝宝会形成不同的依恋类型。

美国心理学家玛丽·爱因斯沃斯（Mary Ainsworth）设计了陌生情境测验法以研究宝宝的依恋类型，并将宝宝的依恋类型分为 1 种安全型依恋和 3 种不安全型依恋。

1）安全型依恋（Secure Attachment）。这类宝宝把妈妈作为安全基地。当妈妈在身边时，他们能够积极地独自玩耍或与妈妈一起玩耍，也能够和陌生人一起玩耍；当和妈妈分离时，则表现出明显的焦虑或哭闹，并试图去找妈妈；当看见妈妈回来后就会非常高兴，与妈妈进行热烈的身体接触。

2）回避型依恋（Avoidant Attachment）。这类宝宝的依赖性并不高。当妈妈在时，他们会表现得似乎漠不关心；当妈妈离开时，他们也不会很伤心。他们对陌生人的反应与对妈妈的反应相同，实际上就是没能与妈妈建立依恋关系。这可能是由于宝宝的依恋需要长期未得到父母的回应所导致的。

3）拒绝型依恋（Resistant Attachment）。这种类型的宝宝是，当妈妈离开时情绪波动很大，会有强烈的哭闹与反抗；但是当妈妈回来时又表现出矛盾的反应，他们一方面想靠近妈妈，另一方面又反抗妈妈主动与他亲近。即使妈妈在场时，他们也会对陌生人表现得十分警觉。

4）混乱型依恋（Disorganized Attachment）。这类依恋类型反映了宝宝最大程度的不安全感。在与妈妈分离后重聚时，他们往往会表现出许多困惑的、相互矛盾的行为。例如，一些宝宝在被妈妈抱起时表现出费解的、抑郁的情绪；而一些宝宝在得到妈妈安慰后却突然哭起来。可以说，这是一种非常糟糕的依恋关系。

通过上述讲解我们不难发现，在具有不安全依恋类型的宝宝的内心中，充满了对于未知的恐惧和失去母亲呵护的焦虑感，他们很难用信任的眼光看待周围的人和世界，这对他们未来的人际交往、亲密关系的建立、社会适应性将会产生严重的负面作用。

那么家长在养育的过程中，应该如何做才能帮助宝宝建立安全型依恋呢？

第一，爸爸妈妈要记住两大原则：可触及性和回应性。可触及性指的是“我需要你时，你会在”。宝宝饿了，能获得食物；宝宝尿了，能及时恢复舒适状态。在他需要的时候给他拥抱和安慰，给孩子归属感和信任感。当宝宝长大一些，父母虽然不用时刻都满足他的需求，但也仍需要让宝宝体会到，当他需要你时你会陪在他身边。除此之外，父母要多和孩子接触，多做亲子游戏，让孩子获得愉快的感受。回应性指的是能够及时回应宝宝发出的“信号”。父母如果对孩子发出的哭泣等需求信息一直忽略，那将会破坏孩子和父母之间的信赖关系。爸爸妈妈不用担心及时回应宝宝的需求信号会宠坏他们，相反，家长及时回应宝宝发出的信号可以帮助他们学会如何有效地沟通。当宝宝了解到自己的各种需求会得到满足，就能够安心信赖周围的一切。家长还需要注意的一点是，在回应宝宝需求时要做到情感同步。比如在陪伴宝宝阅读时你是全身心在陪宝宝，而不是一会儿看看手机、一会儿想想自己的事情而敷衍宝宝，要让宝宝真实地感受到你在意他的感受。

第二，根据宝宝的个性特征优化教养方式。每个宝宝都有自己独特的个性特征，比如易教养型孩子能够轻松地接受新环境、新事物，而难教养型孩子对陌生环境适应得很慢，也更容易烦躁。父母不要强迫本就怕生的孩子在陌生环境中立刻平静，而是要根据孩子的特点，对他提出合理的期望和要求，去寻找适合孩子个性的教养方式，有针对性地进行教育。

第三，营造良好的家庭氛围，帮助宝宝建立安全感。家庭是个体出生后的最初生活环境，家庭氛围对宝宝的依恋风格有着至关重要的影响作用。如果爸爸妈妈经常争吵、发生冲突，孩子就会沉浸在父母之间敌对的关系中。这样就会导致宝宝认为自己是不被家长接受和认可的，宝宝就无法从家庭关系中获得安全感。所以家长在养育宝宝的过程中要有意识地为他营造人际关系和谐温暖的氛围。

2. 10～12个月婴儿

（1）移情物。

你可能还记得自己小时候最喜欢的毯子、布娃娃或小玩偶。这些可以带来安全感的东西，是每个孩子小时候都需要的情感支持的一部分。当然，孩子可能不选择毯子，而更喜欢一个毛绒玩具。通常，孩子会在8～12个月的时候做出选择，然后在接下来的几年中都保持这一习惯。当孩子疲惫的时候，它会陪孩子入睡；当孩子与父母分开时，它会陪伴着孩子；当孩子身处陌生环境时，它会让孩子感到像在家中一样。这类物品叫作“移情物”，它们可以帮助孩子转移情感，由依赖变得独立。移情物之所以起作用，一方面是因为它们摸起来手感很好、很柔软、抱起来很舒服，另一方面是因为孩子熟悉它们。孩子使用移情物并不是懦弱或缺乏安全感，事实上，移情物对孩子的帮助可能很大。为了便于清洗替换，如果孩子选了一个玩具作为移情物，家长最好尽快准备一个一模一样的，并且尽早让孩子轮流使用，因为孩子如果觉得其中一个太新、太陌生，就可能拒绝使用它。

微课 2－14

养育宝宝，
爸爸也很重要

（2）父亲的重要性。

在日常生活中，妈妈对宝宝的养育很重要，是超人一般的存在，而爸爸仿佛不见了踪影。其实，“爸爸”这一角色在宝宝的成长过程中是不可缺位的，是十分重要的。第一，父亲对于儿童自我认同的发展有着重要作用；第二，父亲对儿童性别角色的发展意义重大；第三，父亲对儿童道德的发展有着重要作用；第四，父亲影响儿童社会行为的发展。那么，爸爸该如何做才能融入宝宝的生活中呢？

第一，爸爸要尽快进入父亲角色，宝宝出生后，要和妻子一起来为宝宝的吃喝拉撒操心。

第二，要给“爸爸”这一称呼赋予具体意义。爸爸应该是高大伟岸，是值得信赖又能柔情陪伴的，而且要通过和宝宝一起游戏、一起玩来实现。这样才能让爸爸的形象在宝宝心中具体化。

第三，以积极的姿态融入家庭。从放下手机真心实意地陪伴宝宝开始，拥抱妻子和宝宝，给他们爱和温暖。此外，多带宝宝做一些爸爸们独有的冒险游戏，在和宝宝的互动中教会宝宝生活中该遵守的必要规则，为宝宝树立榜样。

第四，爸爸要给自己减压。回到家后在和宝宝一起游戏的时候全身心投入，好好放松一下。

新时代的爸爸，还要学会与孩子像朋友一样平等地交流沟通。爸爸一定要特别注意在孩子面前的一言一行。

（三）7 ～ 12 个月婴儿家园沟通要点

1. 建立常见物品与语言的联系

指导家长在日常生活中，多向孩子描述身边的见闻，并且要不断重复，让孩子将词语与物品对应起来，促进孩子语言的发展。

2. 建立安全意识

指导家长帮助孩子学会认识危险，建立安全意识。在日常生活中，家长要不断地告诉孩子：小朋友不能用刀子；热水壶很烫，不能碰；远离电线和插座；不独自玩水；药品不是糖；遵守交通规则；等等。

3. 用感官认识事物

帮助家长建立允许并鼓励孩子动用全部感官去认识和感受世界的观念，比如啃咬玩具、手捏香蕉、玩土、踩水等，这些活动都是孩子对世界认知和探索的过程。

4. 正确处理分离焦虑

帮助家长正确认识和处理孩子的分离焦虑，教孩子学习宣泄自我情绪的方法，扩大孩子的交往范围，注重交往礼仪的培养。

四、家园共育建议——成长的足迹

一个新生命的诞生，总是伴随着父母的惊喜和期待，每个孩子在初期发育的各个阶段都会经历独一无二的“成长轨迹”。现代社会的家长对子女的成长更为关注，采用文字、图表、影像等方式记录子女的成长足迹，这些记录将是父母留给子女最珍贵的礼物（见图2－3和图2－4）。

图2－3 妈妈为女儿小米制作的成长记录册（部分）

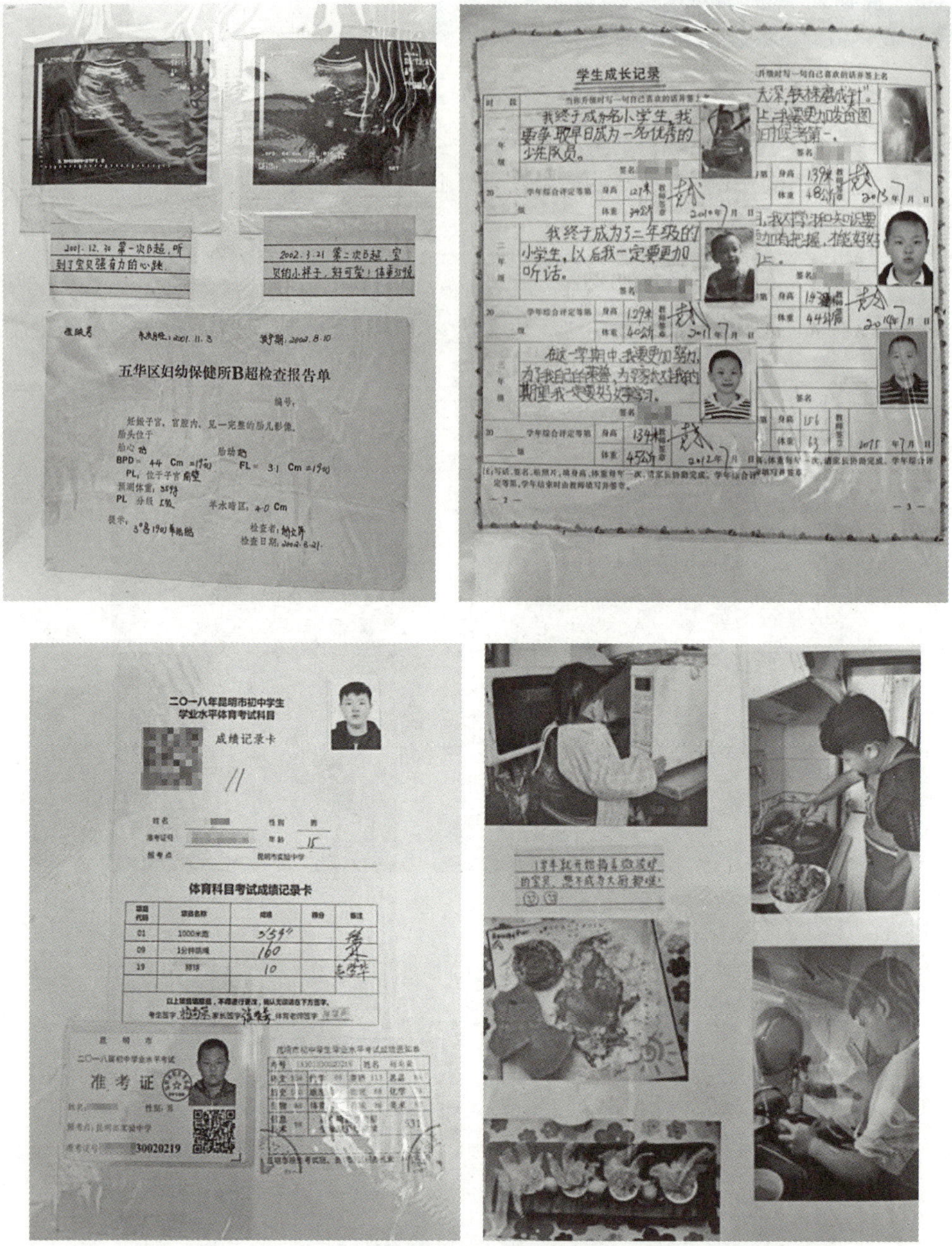

图 2－4　妈妈为儿子制作的 0 ～ 18 岁成长记录册（部分）

在《托育机构保育指导大纲（试行）》中，对保育工作做出了要求：“坚持儿童优先，保障儿童权利。尊重婴幼儿成长特点和规律，关注个体差异，促进每个婴幼儿全面发展”。这就要求托育机构除了提供日常生活照护和保育工作外，还要关注婴幼儿个性化成长，并为家长提供个性化的育儿指导；需要对每一个婴幼儿的成长过程进行真实的观察和记录，关注到不同阶段的差异，反映出每个婴幼儿成长的状态。婴幼儿成长记录档案，为家园共育制订个性化育儿方案提供最重要的参考依据。

婴幼儿成长记录档案以婴幼儿为主角，由托育机构的托育工作者、家长、婴幼儿三者共同合作，通过影像、文字、图表、音频等多种表现形式，记录婴幼儿成长过程中身体动作和技能的发展、健康状况、个人认知、情感态度、社会性发展等内容。婴幼儿成长记录档案就是婴幼儿的“自画像”，能够真实地反映婴幼儿的发展状态。

（一）婴幼儿成长记录档案的意义

1. 动态评价婴幼儿的生长发育情况

在0～3岁这一年龄段，每个阶段都有发育里程碑。婴幼儿身心发育有规律，但每个个体在不同领域（大运动和精细动作、认知、语言、社会性和情绪情感、自理与适应能力等）的发展不一定是平行的，是否达到预期发展目标和发育标准，需要运用科学、合理的方式来评估与评价。婴幼儿成长记录档案注重的是过程性评价，而不是某一个时点的终结性评价。利用一段时间内积累的资料和观察的记录来评估婴幼儿，形成动态的评价，可以全面、准确、灵活地对婴幼儿的成长进行科学指导与分析，真正促进婴幼儿的早期发展。

2. 促进家长和托育工作者共同成长

婴幼儿成长记录档案不仅仅是记录婴幼儿的成长轨迹，也是家长、托育工作者的双向成长记录，同时促进亲子、托育工作者与婴幼儿的良好互动。家长在日常生活中捕捉孩子成长的每个精彩瞬间时，需要观察婴幼儿的行为动作、情绪情感、言谈举止；在收集成长资料的过程中，会不断加深对婴幼儿的认识，重新去解读婴幼儿的行为，分析行为背后的原因，不断调整教育观念、教育方法和教育行为，这就促使家长教养能力的提升。托育工作者可以从婴幼儿成长记录档案中更加客观地觉察婴幼儿的个体差异，了解他们的个性特征和发展水平，从而有的放矢地采取相应的教育指导策略，为个性化的教学策略和教育方法提供创意，促进专业水平的提高。

3. 架起家园互动的桥梁

婴幼儿成长记录档案的建立可以保持家园联系常态化。家长和托育机构的托育工作者应重视挖掘相关资源，共享信息，定期互相反馈婴幼儿在家和在园的表现及成长情况，在连续不断地添加内容的过程中，加强了家长和托育工作者的沟通与合作，做到走出去和请进来相结合，促进家园携手共育。

4. 回溯童年的经历，见证成长历程

婴幼儿成长记录档案是家园合作建立的个性化历史信息记录，反映了婴幼儿在家庭、社会环境中全面的成长情况。在0～3岁生命最初的阶段，婴幼儿的记忆尚未形成，幼时的经历会随着年龄的增长而逐渐模糊甚至记忆褪去，成年后回顾童年往事大都是零散的、片段的，转由家长口述或者他人回忆。婴幼儿成长记录档案的建立是有计划地收集具有发展里程碑意义的大事记，如第一次会抬头、独坐、爬行、独立行走，第一次叫爸爸妈妈，第一次握笔绘画等，可以系统地保存婴幼儿时期的经历，待孩子成人后

回味童年生活的轶事，重现当年的童言稚语，每一页都记录着幼时的喜怒哀乐，绘就绚烂的童年时光，也将父母的点滴心情记录下来。家长再次翻看这些记录，在重温美好瞬间的同时，也感受到了孩子的成长和时光的流逝。

（二）创建婴幼儿成长记录档案

从托育工作实际出发，充分考虑家长的需求，科学、合理、全面地创建婴幼儿成长记录档案，是当前托育机构一项必要和有现实意义的工作。结合 0 ～ 3 岁婴幼儿的身心发展特点，此年龄段成长档案内容主要如下。

1. 婴幼儿的身体发育记录

一般包括身高、体重、头围、胸围、视力、听力、牙齿、微量元素、预防接种等方面的客观资料。资料来源主要是托育机构对婴幼儿进行的定期或不定期的身体健康状况测查和家长带婴幼儿到卫生保健部门进行健康体检的数据。

婴幼儿家长和托育老师可以结合 0 ～ 3 岁儿童生长发育监测图绘制生长曲线。生长曲线的横坐标均为婴幼儿的月（年）龄，纵坐标可以是体重、身高等生长发育指标。记录方法即以横坐标的实际月（年）龄点做一条与横坐标垂直的线，再以测得的身高值做一条与纵坐标垂直的线，把交叉点用圆点的形式记录，将连续多个点连线即可得到婴幼儿生长发育监测图，见图 2－5。

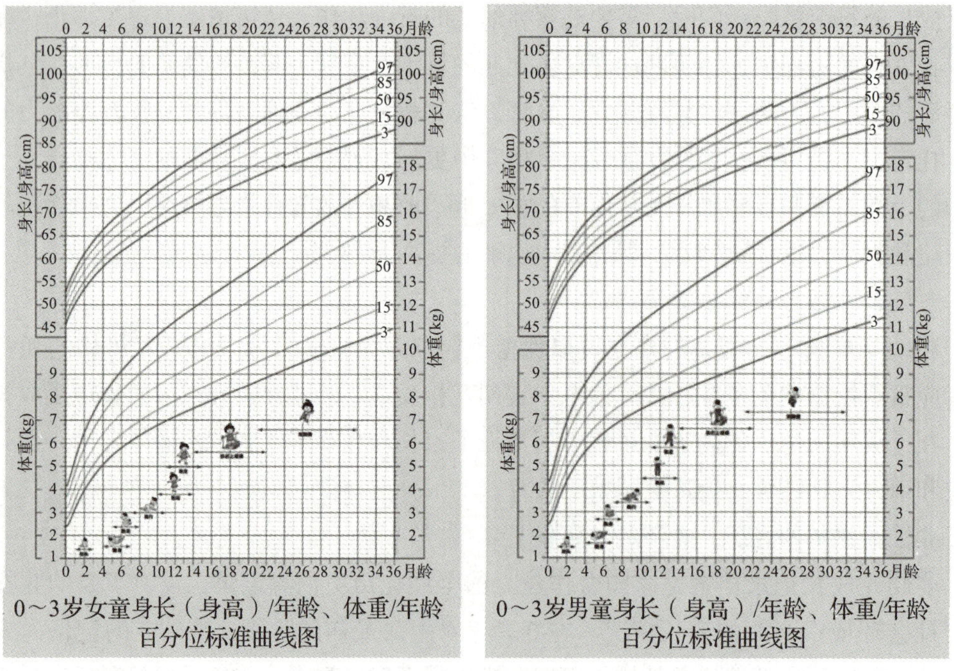

图 2－5　0 ～ 3 岁儿童身高、体重百分位标准曲线图（2006 年 WHO 儿童生长标准）

图片来源：国家卫生健康委员会《3 岁以下婴幼儿健康养育照护指南（试行）》。

2. 婴幼儿的智能发育记录

通过观察婴幼儿的细微变化，也可以通过婴幼儿自述表达，记录婴幼儿日常生活的表现，如身体动作（大动作、精细动作）、感知觉、语言、行为和习惯、社交能力等。记录时应简述事件发生的背景资料。

3. 婴幼儿的一日生活记录

记录婴幼儿的一日生活：喂养情况（母乳喂养、人工喂养的量）、辅食添加的种类、睡眠（时长、次数、睡眠问题）、大小便（次数、排泄量、性质和颜色）、饮水、每日膳食搭配（进餐时间、量）等。这部分内容主要由托育机构保育员做记录。

4. 婴幼儿的游戏活动记录

一般记录婴幼儿游戏活动的行为表现、情绪反应以及与同伴的关系等。

5. 多种形式的实物记录

记录形式日趋多样化，可保存精美和时尚的纪念性实物，如四维彩超胎儿写真（见图 2－6），制作精美的胎毛笔或是胎毛图章（见图 2－7），制作新生儿手模或脚模（见图 2－8），以及保留脐带血等新形式记录。

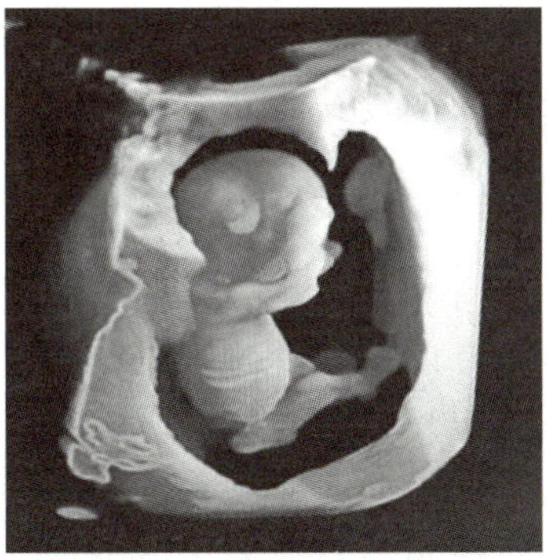

图 2－6 四维彩超胎儿写真

图 2－7 胎毛图章

图 2－8 新生儿手模、脚模

（三）记录婴幼儿成长记录档案的原则

目前大部分婴幼儿家长对成长记录档案的作用和价值的认识只是停留在生活、社会意义的层面，他们认为记录孩子成长过程的主要目的是保留孩子成长的纪念和见证，而对于成长记录档案在促进和推动孩子发展方面的教育价值的认识并不深刻。为了最大程度地发挥婴幼儿成长记录档案的价值，在创建档案时需要注意以下原则。

1. 确保真实客观

选取档案资料时应遵循实事求是的原则，记录的时候要尽量避免个人偏好和先入为主，真实、客观地记录婴幼儿的行为表现，不要刻意美化或丑化事件本身。如孩子在游戏过程中，记录下孩子的真实表现，反馈到家长，帮助分析、理解和正确评价孩子的游戏行为，学会理性地看待孩子在各个领域的发展情况，引导家长跟随托育工作者观察孩子成长的目光，共同商讨如何有效地计划和支持孩子的成长。

2. 形式灵活，内容多元

婴幼儿成长记录档案的创建模式要灵活多样，不能拘泥于一定的模式。记录的内容要多样化，反映婴幼儿丰富多彩的生活，让档案“活起来”；形式上以呈现故事性的方式，充分发挥图片、视频、音频、表格、作品等的优势，也可以让婴幼儿自己来设计成长档案的布局，或参与成长档案的装饰，生动地展示每个孩子的成长轨迹。

3. 保持连续性

婴幼儿成长记录档案的价值就是帮助家长和托育工作者共同深入地认识婴幼儿的成长是一个循序渐进的连续过程，故档案应在时间和内容上保持连贯性。

（四）家园共创婴幼儿成长记录档案

1. 搭建亲子互动桥梁

托育机构的托育工作者可以通过建立婴幼儿成长记录档案与家长建立协作关系。通过各种方式收集和记录婴幼儿的生活片段，以展示不同年龄段的婴幼儿各方面的优势和独特才能，有助于赢得家长对托育工作者的信任。托育工作者应积极与家长沟通，引导家长积极参与婴幼儿成长记录档案的创建。加强对家长的培训和宣传，向家长展示和介绍婴幼儿成长记录档案的价值，鼓励家长和婴幼儿共同合作，增进亲子感情。如档案的内容和形式可由家长和孩子共同设计，鼓励孩子根据自己的兴趣爱好，去完善成长记录档案的内容，调动家长和孩子的参与热情。通过成长记录档案的创建过程，托育工作者、家长、婴幼儿共同学习和成长。

2. 凸显婴幼儿的主体地位

婴幼儿成长记录档案，顾名思义是指关于婴幼儿成长的档案。创建一份完整的婴幼儿成长记录档案，无论是在确立主体框架上还是在收集、编排具体材料时，都要围绕婴幼儿的身心发展情况来设计与操作，托育工作者和家长充当的是旁观者和记录者的角色。如家长和托育工作者可引导孩子用自己的语言、绘画、舞蹈等形式来表达自己的想法，多用鼓励性语言及肯定性评价，评价的时候不能以成人的眼光来判断“对不对”“像不像”“好不好”，而是以发展的眼光看待孩子的每一次表达，只要这些表达体现了孩子的某种心理活动或者某种学习经验，就都有意义。

3. 挖掘成长档案背后的教育意义

在信息化时代，基于“互联网 +”背景，婴幼儿电子成长档案的形式更加丰富、内容更加生动，能够将文字、画面、音频、视频等多媒体形式有机结合，直观、形象地展现婴幼儿的成长动态和发展过程，同时存储空间大，能够长久、系统地保存婴幼儿成长记录。大多数家长对婴幼儿成长片段的收集和整理更多的是停留在表面，流水账式的记录，这种成长记录档案不够科学化和系统化，没有挖掘其背后的教育意义和价值。在创建婴幼儿成长记录档案时，可以将文字、照片、视频等形式有机结合，并用文字简单描述细节和过程，讲述成长的故事。托育机构的托育工作者在成长档案中对婴幼儿的成长和发育做出评价，家长可在线点击观看、在线留言和互动，并及时对托育工作者的评价进行回复，共同构建电子形式的、具有婴幼儿个性化的婴幼儿成长记录档案，促进家园共育。

本章小结

本章针对0～1岁婴儿的家园共育问题，分为0～6个月婴儿家园共育和7～12个月婴儿家园共育两节进行讲解，每节又分别细化成0～1、2～3、4～6和7～9、10～12这5个月龄讲述0～1岁婴儿的发育水平和教养目标，重点探讨了家庭教养中母乳喂养、辅食添加、洗澡、睡眠、乳牙护理、爬行、安全等要点和哭闹、敏感期、安全感、父亲的重要性等常见问题，帮助学生读懂婴儿的发声和行为密码，学会与婴儿有效沟通。同时，还介绍了提供婴幼儿共育服务的常见形式，帮助家长有效选择协作共育的方式。

同步练习

一、判断题

1.（　　）孩子在睡觉的时候手脚偏凉一点，躯干是温暖的，没有出汗，说明穿、盖、铺正合适。

2.（　　）婴儿奶瓶每次用完，用消毒水煮沸消毒晾干是最佳的消毒方法。

3.（　　）月嫂的工作范围只包括看护新生儿和帮产妇做月子餐。

4.（　　）每次给宝宝喂完奶后，都必须拍嗝。

5.（　　）解决婴儿哭闹问题的最好办法是迅速回应。

6.（　　）当孩子处于某一方面的敏感期时，如果养育者能给孩子提供恰当的发展环境和刺激，的确能够对孩子的发展起到事半功倍的效果。

7.（　　）使用学步车可以帮助孩子练习行走。

8.（　　）相比家庭保姆，托育园老师经过专业培训，保教方法更专业和科学。

9.（　　）2岁以内婴儿的辅食应保持原味，不加盐、糖和调味品。

10.（　　）想要与婴儿沟通，了解婴儿的各种需要，就必须先掌握婴儿的各种声音、表情神态和身体动作所表达的含义。

二、单项选择题

1. 0～1个月婴儿的手部精细动作特征为________。

A. 无条件反射　　B. 条件反射　　C. 主动抓握　　D. 手指抓握

2. 2～3个月宝宝训练抬头的动作是为了________。

A. 扩大孩子活动范围　　B. 帮孩子锻炼手的动作

C. 促进孩子颈曲发育　　D. 帮助孩子翻身

3. 0～6个月婴儿的教育内容是以________为主开展的。

A. 托育所　　B. 早教中心　　C. 月子中心　　D. 家庭

4. 可以锻炼儿童大肌肉群的活动能力，促进肌肉运动的控制和协调的是________。

A. 搭积木　　B. 穿珠　　C. 爬行　　D. 捏橡皮泥

5. 就 0 ～ 3 岁的婴幼儿而言，他们正处于________阶段，其思维认知是在直接感知、实际行动中进行的。

A. 直觉　　B. 直观行动思维　　C. 想象　　D. 抽象思维

6. 为了保障婴幼儿的安全，要确保家里的拉绳短于________厘米。

A. 22　　B. 25　　C. 33　　D. 35

7. 良好的亲子依恋类型是________依恋。

A. 回避型　　B. 拒绝型　　C. 混乱型　　D. 安全型

8. 以下几种家长的行为，是在保护孩子专注力的为________。

A. 经常斥责、唠叨、催促孩子　　B. 随时指导孩子做事

C. 让孩子长时间沉迷于电子产品　　D. 孩子专心做事时不打断他（她）

三、讨论与思考题

1. 说说父亲在婴幼儿成长过程中的重要作用。

2. 为什么要建立孩子的成长记录档案？谈谈你的看法。

第三章 1 ~ 2 岁幼儿家园共育

学习目标

知识目标

1. 熟悉 1 ～ 2 岁各个月龄段幼儿的发育水平、教养目标和指导要点；
2. 了解实施家园共育的组织和制度保障。

能力目标

1. 能对不同月龄段的幼儿进行基本评估和简单判断；
2. 能够针对各月龄段幼儿的特点，对家庭保育和教育中的要点进行指导；
3. 能与幼儿和家长平等相处、顺畅有效地沟通。

素养目标

1. 树立正确的托育工作者观、育儿观，全面提高职业素养；
2. 培养积极主动沟通和家园共育共建的工作意识。

本章导学

- 1 ~ 2岁幼儿家园共育
  - 13～18个月幼儿家园共育
    - 13～18个月幼儿的发育水平、教养目标和指导要点
    - 13～18个月幼儿的养育建议
    - 13～18个月幼儿的教育内容与沟通要求
    - 家园共育建议——实施家园共育的保障
  - 19～24个月幼儿家园共育
    - 19～24个月幼儿的发育水平、教养目标和指导要点
    - 19～24个月幼儿的养育建议
    - 19～24个月幼儿的教育内容与沟通要求
    - 家园共育建议——与家长沟通

案例导入

在××托育园里，许多托小班（1～2岁）的宝宝都能做到每天自己用小勺吃饭，午饭后自觉排队，在老师的帮助下洗手和如厕，脱鞋和脱衣服，自己上床睡觉。不必拍、不必哄，上床后就很快入睡了。这让前来托育园参观的云朵一家感到震惊和羡慕。都是一岁半，为什么托育园的宝宝能有这么强的自理能力，这是怎么做到的呢？一直由奶奶和妈妈精心照顾长大的云朵，吃饭要喂、睡觉要哄，还在使用尿不湿。

问题：如果你是托育园的老师，面对来参观的云朵一家，你会怎样和他们沟通，动员家长把云朵送到托育园呢？

第一节　13～18个月幼儿家园共育

一、13～18个月幼儿的发育水平、教养目标和指导要点

13～18个月幼儿习得了走的能力，表现出了很强烈的探索欲望，接下来大动作会发展到学习不同方式行走和跑的阶段。精细动作以左右手协调、五指分化及抓放为重点。具备一定的自理能力，对颜色、图形、数字有很强的认知能力。这个阶段，照护者要为幼儿多创造活动、与外界交往的机会，帮助幼儿开阔视野，提高认知力的发展。13～18个月幼儿的发育水平和教养目标详见表3－1。

表3－1　13～18个月幼儿的发育水平和教养目标

月龄	类别	发育水平	教养目标
13～18个月	生长与发育	体重：11.01～11.55千克； 身高：82.51～83.52厘米； 头围：46.76～48.00厘米； 胸围：47.22～48.38厘米； 睡眠：12～13小时	继续培养孩子按时入睡与起床、醒后不哭闹、保持情绪愉快的习惯； 引导并帮助孩子学习左手扶碗、右手拿勺自己进食，形成定时、定位、专心进餐以及饭前洗手，饭后擦嘴、漱口的良好习惯； 鼓励孩子学习用动作或语言表示大小便要求，养成在卫生间坐盆便溺的习惯
	大动作	能独走；能扶栏杆上下楼梯； 蹲站动作较熟练； 会抬腿踢球； 会做抛的动作； 开始学跑	引导孩子练习独立行走、转弯、下蹲，学习扶栏杆上下楼梯，通过游戏活动练习滚球、扔球的动作

续表

月龄	类别	发育水平	教养目标
13～18个月	精细动作	能搭3层积木，叠小套筒； 能将体积较小的物品放入瓶子中再取出来； 会用蜡笔在纸上乱涂； 会翻看绘本	引导孩子尝试涂涂画画和听音乐配合做简单的肢体动作，感受涂鸦和音乐节奏带来的快乐； 通过玩积木、套塔、手抓板等智力玩具促进精细动作的发展
	语言	会说能被听懂的单音或词； 能听懂成人的日常用语并执行简单的命令； 知道自己的名字和需求	引导孩子模仿成人的词语或短句； 学习称呼，学习用词语或简单句表达自己的需求
	认知能力	认识常见的物品和图片； 萌发好奇心，喜欢探索各种事物； 喜欢观察自己感兴趣的东西； 开始玩简单的模仿性游戏； 能按照物品突出的特征进行分类； 开始理解简单的因果关系	教孩子认识自己的东西，并能够自己找毛巾、水杯、帽子等常用物品； 教孩子认识颜色、形状、图片，辨别大小； 教孩子学习分类、比较、称谓等； 玩角色分配游戏
	情绪与社会行为	产生独立心理，喜欢按照自己的意愿做事； 开始出现害羞的表情； 喜欢重复做被成人表扬的事，做错事会感到内疚或不安； 开始对别的小朋友感兴趣，能共同玩一会儿	引导孩子选择自己喜欢的玩具自由摆弄和玩耍； 提供与其他小朋友一起玩耍的机会； 引导孩子感知周围环境中的人和物； 尝试用动作、表情、语言表达自己的情感和认知

二、13～18个月幼儿的养育建议

（一）营养喂养

从13个月开始，幼儿从以奶为主逐渐过渡到正常饮食，家长应为幼儿提供营养丰富、少调料及均衡的膳食。但每个幼儿的饮食情况差异明显，针对1～2岁的幼儿，每天要按每千克体重2克蛋白（其中一半为动物蛋白）的配比给其配食。因此，不爱吃饭的幼儿就得多喝牛奶，多吃含动物性蛋白的副食。白天的牛奶最好用杯子喝，晚上用奶瓶喝。同时，家长要鼓励幼儿自主进食，与家人一起进餐，坚持定时、定点就餐的仪式感。让幼儿自主进食，家长再喂一些肉蛋，尽量在30分钟之内吃完一顿饭。强迫幼儿吃不喜欢的饭菜，喂食及纠正幼儿用勺的姿势，都会破坏幼儿食欲和自主进食的兴趣。

微课3－1
宝宝能吃零食吗？

吃零食是幼儿的一大乐趣。零食不等于垃圾食品，也不是家长控制幼儿的工具。家长在为幼儿选择零食时，需把握低糖、低盐、低脂肪、少添加的“3 低 0 添加”原则，配料表越简单越好。注意每次吃零食的量和时间，不要影响幼儿的正餐。

（二）睡眠指导

入睡困难由宝宝的天性决定，但每天的活动量不足也助长了这种倾向。建议爸爸妈妈们为宝宝创设良好的睡眠环境，并帮助宝宝逐步形成规律的睡眠。首先，要避免宝宝睡前玩得过于兴奋，可根据宝宝的作息习惯，提前做好准备。比如，离开嘈杂的环境，与宝宝一起将玩具收起来，等等。其次，调暗灯光，保持室内舒适的温度。昏暗的灯光有助于处于亢奋状态的宝宝平静下来。在 20℃左右的室温环境中，宝宝更加容易入睡。最后，减少跟宝宝的交流，不要有过度的言语或者眼神的交流，可以播放舒缓的音乐或适宜的睡前故事。

（三）日常护理

1. 如厕

如果天气暖和，宝宝小便间隔时间可以相对长一些，家长可以对宝宝开始进行排便训练，教宝宝有尿时要告诉家长。只有撤掉尿布只穿短裤，让宝宝下半身有解放的舒适感，宝宝才会愿意配合。

首先，家长必须让宝宝知道小便是“嘘嘘”，大便是“粑粑”，让宝宝在每次想排便时说出来。即使宝宝在便后才会告诉家长尿尿了（拉粑粑了），也已经在排便训练成功之路上迈出了一步，家长要及时给予表扬。为了让宝宝感受到干爽的短裤才舒服，要主动在宝宝还没尿湿短裤前就带他去上厕所。如果每天大便时间固定，便前有明显表现，家长就能及时发现并把宝宝带到坐便器上。宝宝对比体验了尿在身上的不愉快感，就能慢慢地在便前告诉家长了，这时排便训练就成功了。这个过程大概需要一周以上的时间。

如果经过了 10 天的训练，宝宝每次在坐便器上都要坐上 5 分钟或是抗拒，那么最好暂时放弃，再等一段时间。起初，宝宝不能每次小便都告诉家长，家长千万不能因此斥责或体罚宝宝，也不要因为没去卫生间而打断宝宝的排便行为。有的倔强的宝宝不能顺从地去卫生间，家长要想办法让去卫生间的行为变得有趣，让宝宝知道去卫生间排便是被赞许的行为。

多数托幼园所对 1 岁半左右宝宝生活训练的重点也是脱离尿布，家长在家一定要配合老师，做到家园要求一致。

2. 衣着

家长尽量给宝宝挑选尺寸适宜、棉质、耐磨，方便穿脱和活动，不带金属饰物、带子的衣物。不要给宝宝穿开裆裤。

此时，宝宝正处于学步期，选择一双合适的鞋很重要。鞋型要选择前宽后窄不易变形，鞋面柔软透气的，头部和后跟要有一定硬度。鞋底前掌 1/3 处可折弯，鞋底和鞋垫如橡皮擦一般的硬度。鞋内长度一般是宝宝脚后跟到大脚趾长度加 1 厘米，宽度确保进脚后略宽松，并且每 2 ～ 3 周检查一下鞋与宝宝脚的契合度。

3. 生活习惯的养成

这个月龄的宝宝正处在顺序和时间敏感期，很容易形成稳定的生活规律。因此，我们一方面要为宝宝提供更多的户外活动时间和探索空间，并有序摆放家中物品；另一方面要做到吃饭、睡眠、如厕、游戏等生活内容定时、定点、定步骤，还要着力培养宝宝在这些活动中的生活细节，如饭前便后洗手、帮助扔小垃圾、收玩具等。这一阶段固定环境和固定教养人，有助于宝宝秩序感和安全感的建立。同时也要培养宝宝穿戴整齐的好习惯。如在此时把宝宝送到托幼园所开始规律的集体生活，也能促进好习惯的养成。

三、13 ~ 18 个月幼儿的教育内容与沟通要求

（一）教育内容与要求

1. 发展走的能力和手指灵活性

幼儿 13 ～ 18 个月是学走路的关键期，照护者要多给幼儿一些锻炼的机会，在学步时，可逐渐拉长行走的距离，训练幼儿独走的能力。还可以与幼儿一起玩扔球、捡球、找东西的游戏。

2. 通过日常交往培养幼儿的语言能力

语言是交往的起点。大部分幼儿会用手势、动作表达自己的意愿，照护者要教幼儿用语言表达，如“吃”“睡”“喝”等。照护者要善于理解幼儿的语言，并教会幼儿用明确的词语进行表达。此外，为幼儿提供他感兴趣的绘本，用幼儿能理解的语言读给幼儿听，他不一定都能听懂，但可以培养幼儿的专注力，并反复提问，以加强幼儿的记忆力。看书时，可以让幼儿自己翻书，让他找自己喜欢看的图画。

3. 尊重幼儿对独立的要求

独立意识的萌芽代表幼儿各方面的能力都有所增强，主要表现在幼儿想要尝试自己做所有的事情。在此过程中，由于幼儿没有规则意识，所做的事是随自己的想法进行的。照护者要教幼儿学会约束自己的行为，从成人的角度帮助幼儿认识自己、关注他人，培养幼儿的共情意识。另外，幼儿的知识在增长，但情绪控制能力较差，不如意时，会扔东西、发脾气，表示不服从，此时不要呵斥他，用别的事情吸引他，转移他的不良情绪，幼儿会很快忘掉不愉快的事情。

4. 利用生活中的小事提高幼儿的自我服务能力

自我服务能力应从简单的事开始，可以让幼儿自己试着戴帽子，通过在镜子里看自我服务的效果，逐渐学会正确地戴帽子。幼儿这种自我服务的愿望是很强烈的，这是他学习本领的过程，注意一定不要阻止他的积极性，以免打击幼儿的自信心。

（二）13 ～ 18 个月幼儿家庭教育需特别关注的内容

1. 语言能力训练

家长可以拍着自己，教宝宝说“爸爸”或“妈妈”，通过这种方式让宝宝主动开口叫你。使用宝宝认识的物体或图画，让宝宝指着它并模仿你的发音告诉你物体或图画的名称。另外，教宝宝辨别身体的部位，教宝宝听从简单指令，如“把球给我”等。这个阶段的宝宝已经具备一定的语言理解能力，所以遇到有意见分歧的事情，家长可以尝试和宝宝讲道理，或者以平等的态度和宝宝沟通商量。

2. 鼓励交往

尽管这一时期的宝宝只认为自己是游戏的中心，喜欢独自玩耍，但还是应该经常让宝宝与陌生人接触，如每天带宝宝去小区的儿童乐园或经常逛逛公园，可以让宝宝观察、模仿大一些的孩子如何玩，也要创造机会让宝宝与其他年龄相仿的小朋友一起玩耍，帮助宝宝体验与他人交往的快乐与满足。宝宝害怕陌生人，是他们认知能力发展的必然结果。所以，家长不要强迫宝宝必须跟第一次见面的人打招呼、微笑等，最好耐心等待宝宝自己去慢慢熟悉、放下内心的防备，给宝宝时间去自我调整和适应。

微课 3－2

宝宝出现破坏性行为怎么办？

3. 破坏性行为

养育者会发现，这个月龄的宝宝特别喜欢“搞破坏”，特别喜欢啃、撕、扔，什么都放到嘴里，什么纸都要撕，什么玩具都要扔，让家长很是头疼。实际上，宝宝在 1 ～ 2 岁期间，随着自我意识的不断增强，开始学会用多个感官、肢体等去认知世界，这都是宝宝发展过程中正常的现象，大多不是有意破坏。家长应多探究宝宝的心理特点，及时了解宝宝搞破坏的原因才能对症下药。

4. 绘本与阅读爱好

微课 3－3

怎样从绘本开始让宝宝爱上阅读？

13 ～ 18 个月的宝宝可以进行亲子共读了。宝宝最喜欢的阅读材料首推绘本，为宝宝准备丰富的优质读物，选择绘本中适龄的内容给宝宝讲，并且坚持指认阅读。家长要放慢语速，富有情感地朗读，还可以在阅读中加入表演。此外，创设良好的阅读环境，包括一个充满书香的家庭和一个专门的阅读区域，对培养宝宝阅读兴趣和好的阅读习惯很有必要。爱阅读、爱绘本是儿童的天性，之所以还有一些不喜欢阅读的孩子，那是因为家长没有在合适的时机给他们提供良好的阅读环境，或者是在孩子的阅读过程中带有很强的功利性，扼杀了孩子的兴趣。和孩子一起亲子阅读，哪怕每天 30 分钟，和孩子一起在绘本中感受世界的多彩和生活的美好，温馨地共度时光，培养孩子的阅读兴趣和良好的阅读习惯，是送给孩子受益终身的最好的礼物，也会是最美好的回忆。

5. 专注力

对于儿童来说，专注于某件事情的过程能够使其产生好奇心，探寻学习方法，提高学习效率。研究发现，专注力也能帮助孩子改善一些不健康的行为和特性，例如懒惰、任性、胆怯等。可以说，专注力决定学习力。一个人的专注力和先天的气质类型及年龄有关，孩子年龄越小，则专注时长越短。专注时长随着年龄的增长而加长，每年大致增加2～5分钟。儿童专注力时长可参考表3－2。

表3－2　儿童专注力时长

年龄	专注力时长	表现形式
2岁以下	以无意注意为主	被周围的物件、声音、色彩所吸引并关注
2～3岁	5～8分钟	会多次重复一个或几个动作，能和父母一起阅读简单绘本故事
3～4岁	8～10分钟	可以独立阅读绘本，会自己搭建积木
4～5岁	10～15分钟	基本做到完全亲子分离，逐渐形成独立思考能力
5～6岁	15～30分钟	会控制自己的情绪，具有良好的语言表达能力
6岁以上	30分钟+	可以独立阅读文字书籍，具有较强的逻辑思维能力

0～4岁是宝宝专注力发展的重要时期。专家建议，宝宝从6个月开始，我们就可以有意识地对他进行专注力训练。对于宝宝的专注力，与其说是培养，不如说是保护，因为很多时候我们都在好心帮倒忙。以下这4件事，正在毁掉孩子的专注力：（1）孩子专心做事时打断他；（2）强行指导孩子做事；（3）让孩子长时间沉迷于电子产品；（4）经常斥责、唠叨、催促孩子。

微课3－4

是谁毁了孩子的专注力？

对于0～3岁的孩子，最重要的就是找到他的兴趣，让孩子保持积极的情绪。为孩子提供安心的环境，在孩子做事的时候尽量不去打断他。多和孩子玩游戏并及时鼓励。专注力的养成不是一朝一夕的功夫，更不需要花钱去培训。只要用心，随时随地都在培养孩子的专注力。

（三）13～18个月幼儿家园沟通要点

婴幼儿家园共育中，托育工作者、家长、幼儿既是地位平等的个体，又扮演着不同的角色，幼儿始终居于主体地位，托幼园所为主导地位。托育工作者应本着尊重、平等、合作的原则，争取得到家长的理解、支持和主动参与，并积极支持、帮助家长提高教养能力，这样的家园共育才能做到目标一致、任务明确、行动统一、有效性高。

1. 与幼儿沟通

托育工作者与幼儿的沟通是幼儿教育工作的重要内容。一方面，幼儿的年龄特点决定了沟通是幼儿教育的重要方式；另一方面，平等与尊重的沟通是幼儿个性健康发展的基础。师幼沟通是否良好，直接影响幼儿学习兴趣的高低及品质个性发展的好坏，关系到教育及教学工作能否顺利开展，教育目标能否顺利达成。要进行良好的师幼沟通，需要托育工作者认同幼儿教育中师幼沟通的重要价值，掌握与幼儿沟通的有效方式及策略。

（1）师幼沟通在幼儿教育中的重要价值。

1～3岁年龄段的幼儿没有足够的能力表达自己在生理和心理上的需要，这就导致教养人无法准确理解他们的真正感受，很多成人会先入为主地判断幼儿的需要和感受，判断幼儿行为背后隐藏的心理，这样往往会出现偏差，从而影响与幼儿的沟通效果。不良的沟通会导致幼儿出现恐惧、焦虑、逆反等心理，因此，亲子、师幼之间进行良好的沟通是实现有效教育的重要方式。

同时，托育工作者和家长都要明确幼儿是一个独立的个体，有思想，有情感，所以与幼儿的沟通一定要建立在平等和尊重的基础上，注重为幼儿营造一种轻松、愉快、和谐、尊重的氛围，让大家都能在与人分享的过程中感受快乐，在获得他人尊重的同时，更加尊重他人，在赢得他人理解的过程中更加自信，在爱的氛围中传播爱。平等与尊重的沟通是幼儿个性健康发展的基础。

（2）与幼儿有效沟通的常用技巧。

1）认真倾听与应答，准确把握沟通时机。当幼儿和成人说话时，成人应放下手中的事情，注视幼儿的眼睛，这样能让幼儿感受到自己被重视。在倾听幼儿说话时，要不时地给予幼儿应答，如"哦""嗯""这样啊"。成人认真倾听能让幼儿更有表达的信心，不时地作出回应能鼓励幼儿继续说下去。

幼儿做了好事或者错事需要表扬或批评时，都应该在事情发生的当下进行。幼儿专心致志于某一件事时，成人最好不要打扰他，等他完成了手中的事情后再与他沟通。

2）肯定幼儿的心情，说出幼儿的感受，恰当使用体态语。表3-3是两种对话方式的对比。

表3-3 托育工作者与幼儿不同谈话方式对比

对话1	对话2
幼儿："老师，我的小狗狗死了。" 托育工作者："别难过，好孩子。" 孩子哭了。 托育工作者："不哭了，让你妈妈再给你买一只。" 幼儿："我只要我的花花。" 托育工作者："再哭就不是好孩子了。"	幼儿："老师，我的小狗狗死了。" 托育工作者："是吗？真没想到。" 幼儿："我每天都和它玩。" 托育工作者："你很喜欢你的小狗狗。" 幼儿："它是我的好朋友。" 托育工作者："失去朋友真的很难过。"（托育工作者蹲下拥抱一下幼儿，轻拍安抚。） 幼儿："我还帮它梳毛。" 托育工作者："你对你的小狗狗真好。"

对比以上两段对话，我们可以看出，帮助幼儿描述感受，比急于为他出主意解决问题更能走进幼儿心里。

当幼儿心情不好或者害怕、紧张时，与其简单地对其进行鼓励，不如先肯定他的内心，然后再鼓励，这样效果更佳。例如，当幼儿因怕打针而紧张甚至哭闹时，我们可以对他说："打针是有一点不舒服，我小时候也害怕打针，但后来我变勇敢了，就不哭了。宝宝也是个勇敢的孩子，不怕打针的，对不对？"

蹲下或者坐下，与幼儿视线持平，创设平等宽松的沟通氛围。用亲切柔和或鼓励赞许的目光注视幼儿，让幼儿感觉到被重视。沟通时可以抱抱幼儿，摸摸头、拍拍肩、拉拉手，让他感受到成人的爱。沟通时保持微笑，让幼儿感受到温暖。

视野拓展

成人与幼儿沟通时不恰当的体态语：

- 用力敲击，发出刺耳的声音，以引起幼儿注意；
- 与幼儿交谈时，双手交叉抱在胸前；
- 与幼儿谈话时，用食指指点幼儿；
- 幼儿有不当行为时，用脚踢幼儿的腿或脚。

3）选择正确的语言，使用合适的语气、语调，肯定幼儿的努力。要选择词义简明、具体、易于理解的词语，避免使用生僻、抽象的词语。与幼儿交流时要使用正面语言，告诉幼儿应当做什么，而不是指出不应当做什么。多用描述性的语言，少用批评性的语言。与幼儿交流时，放低声音，放慢语速，亲切、柔和的语气能让幼儿更愿意与你沟通。

当幼儿努力做一件事情但总是做不成功时，他们可能会沮丧地哭泣。这时，成人需要说出幼儿的感受，肯定他们的努力。

视野拓展

成人与幼儿沟通时不恰当的语言：

- 与幼儿沟通时，使用反语、讽刺性语言；
- 与幼儿沟通时，使用恐吓性语言；
- 对幼儿使用命令式、警告式的语句；
- 经常使用表达失望的句子。

4）学会将"球"抛给幼儿。幼儿经常会问一些成人没有注意到的问题，这时成人不必急着回答，可以将问题抛给幼儿。如幼儿问"太阳公公晚上去哪里了？"成人可以说：“这个问题很有趣，你是怎么想的？”鼓励幼儿动脑筋，发挥想象力去寻找答案。最后成人再将正确的答案告诉幼儿，或者和幼儿一起寻找答案。

5）装装小糊涂或者故意充当“弱者”。比如，丹丹中午起床后不愿意自己穿衣服，要老师帮她穿好。于是，老师故意把裤子穿在她的胳膊上，或者把袜子穿在她的手上。之后，丹丹用很夸张的表情告诉老师穿错了。老师装糊涂，请丹丹修正穿法。从此，丹丹就能自己穿衣服了。成人在幼儿心目中是无所不知的，是幼儿崇拜的对象。当成人偶尔充当弱者，向幼儿寻求帮助时，幼儿会喜出望外，能感受到自己的重要性。

6）给幼儿一个“台阶”。幼儿也有自尊心，当他做错事时，成人可以选择恰当的时候或者选用合理的方式给他一个“台阶”，这样幼儿会更容易接受成人给他提供的建议。

7）重视幽默的力量。幽默的氛围能给人带来快乐，和幼儿打交道也需要使用幽默的手段。

8）以退为进的方法。幼儿任性的时候，可以以退为进，先说说幼儿表现好的一面，稳定好幼儿的情绪，然后再循序渐进地指出幼儿需要改正的地方。

2. 家园沟通要点

（1）协同培养日常习惯与自理能力。家长与托育园教师应积极交流孩子日常习惯与自理能力进展，共同探讨培养计划，在园内进行针对性指导，助力孩子形成良好习惯，提升自理技能。

（2）重视社交互动与情感表达的培养。家长记录孩子社交互动与情感表达情况，托育园教师提供园内社交表现反馈，双方合作引导孩子积极参与社交，促进其社交能力和情感表达能力的发展。

（3）全面保障孩子健康与安全。家长在孩子入园时应将孩子的健康状况详细告知托育园教师，托育园应制定并执行严格的安全制度，托育园教师向家长传授安全教育知识，共同确保孩子在园内的健康与安全。

（4）积极参与，深化合作。家长应积极参与家园合作，对托育园的保教工作提出建议，加强家园联系，为家园紧密合作提供支持。

四、家园共育建议——实施家园共育的保障

家园共育的组织构建和制度建设作为促进婴幼儿健康、快乐、全面发展的一种可持续育人方式，一直以来受到教育界的高度关注，这需要托幼园所、家庭和社区的密切配合，共同参与。《国务院办公厅关于促进 3 岁以下婴幼儿照护服务发展的指导意见》（国办发〔2019〕15 号）中指出：加强对家庭的婴幼儿早期发展指导，通过入户指导、亲子活动、家长课堂等方式，利用互联网等信息化手段，为家长及婴幼儿照护者提供婴幼儿早期发展指导服务，增强家庭的科学育儿能力。

通过家园共育的组织构建和制度建设，持续健康有序地发挥托幼园所、家庭和社区三方面共同合作、共同育人的合力作用，对于婴幼儿的成长和发展非常重要。

（一）家园共育的组织机构

组织机构的任务是协调各种关系，有效地运用每个组织成员的才智，充分发挥组织系统的力量，达成团体的目标。家园共育组织机构为科学有序地实施家园共育提供了有力保障，构建了托幼园所（托育工作者）、家庭、社区间的和谐关系，形成托幼园所、家庭、社区间的合力。

1. 家园共育领导小组

家园共育领导小组是指由托幼园所和家长代表组成的领导小组，负责统筹规划和推进家园共育工作。目的是增强家园互动和沟通，搭建平台，促进双方的交流和互动；加强家长代表的作用，选派家长代表参与托幼园所的决策和管理，重视家长利益；通过制订家长参与计划和组织家长活动，鼓励家长积极参与到孩子的教育和成长中，增强家庭对孩子教育的关注和支持。家园共育领导小组可以组织家长教育讲座、家长学校等，提供家庭教育指导和支持，帮助家长提高教育水平和教育质量；组织家长沙龙、亲子互动等，促进家园互动和交流，增强孩子的教育体验和家庭氛围。家园共育领导小组组织架构示例见表 3－4。

表 3－4　家园共育领导小组组织架构示例

组织架构	姓名	职务	职　责
组长	×××	园长	负责家园共育总体工作的部署及统筹规划
副组长	×××	副园长	细化安排家园共育工作及对家园共育工作进行考评和检查
	×××	家长委员会成员	代表家长提出对家园共育工作的要求并参与家园共育工作的考评
成员	×××	主班托育工作者	认真落实家园共育的具体工作，强化与家长的沟通互动，带动托育工作者、保育员积极推进家园共育的各项活动，及时反馈托育工作者、保育员的意见、要求、建议
	×××	家长代表	广泛宣传家园共育工作，积极参与家园共育活动，及时反馈家长的意见、要求、建议，发挥沟通纽带作用

2. 家园社区共育小组

家园社区共育小组是一个由托幼园所、家长和社区成员自发成立的组织，旨在为婴幼儿提供更好的教育和成长环境。家园社区共育小组为托幼园所、家长和社区成员提供一个平台，使他们可以相互交流、分享经验和资源，并互相支持和帮助。家园社区共育小组通过组织各种教育活动和社区服务项目，引导托幼园所、家长和社区成员的参与与合作，使各方共同关注孩子的成长和发展。这种合作可以增强社区凝聚力，提高社区的生活质量，为孩子提供教育资源和支持，帮助孩子充分发挥潜力。家园社区共育小组组织架构见表 3-5。

表 3-5 家园社区共育小组组织架构

组织架构	成员	工作任务
社区小组	社区负责人员	积极宣传地区、社区相关政策，关注托幼园所的发展，支持托幼园所工作
	社区工作人员	协调并组织社区、家庭与托幼园所之间的共育活动
	社区志愿者	发挥自身优势，配合社区、托幼园所参与共育工作
托幼园所小组	园长	统筹安排家园社区共育小组各项活动
	副园长	协调对接社区小组、家长小组，充分调动各方资源，拟订共育活动方案
	托育工作者	发挥幼儿教育专业能力，落实共育活动各项安排
家长小组	家园共育领导小组成员	协调对接社区小组、托幼园所小组，鼓励家长参加各项共育活动
	家长代表	充分利用家长资源，参与共育活动
	家长志愿者	配合共育活动

（二）家园共育规章制度的建设

家园共育规章制度是家庭、托幼园所和社区三个方面共同合作、共同育人而建立的一套完整的育人制度，对各项共育工作起到协调、规范、激励和引导作用。家园共育规章制度建设可以将家庭、学校和社区的教育资源有效整合起来，充分发挥各自的优势，实现共同承担教育责任，使孩子能够在不同的环境中都得到关爱和支持，在不同的教育场景中实现教育的多样化。

视野拓展

婴幼儿膳食委员会管理制度

为了提高膳食质量，加强 ×× 托育园膳食管理，促进婴幼儿健康成长，特制订本制度。

1. 托育园食堂应严格按照《食品安全法》《食品安全法实施条例》等有关法律法规和规章的要求，建立健全各项食品安全管理制度。

2. 建立由副园长、家长代表、食堂工作人员、保育员代表、保健医生等组成的膳食委员会，并定期召开会议，进行民主管理。

3. 工作人员与婴幼儿膳食要严格分开，不侵占婴幼儿利益。膳食费专款专用，计划开支，合理使用，并公布膳食账目。

4. 食品采购应当选择具有《食品生产许可证》或《食品流通许可证》的单位。进货前必须查验及索票索证，并建立食品采购和验收记录。

5. 婴幼儿膳食应当专人负责，每月进行营养计算，对婴幼儿膳食的蛋白质、热量均需有合理安排。食谱定期更换，做到平衡膳食、荤素搭配、精细搭配。

6. 工作人员应准确掌握婴幼儿人数，做到每天按人按量供给主副食，隔日剩饭菜不给孩子吃。

7. 做好用餐环境、设备的清洁卫生消毒管理工作，严防食物中毒事故发生。饭菜应有防尘防蝇设施，夏季注意饭菜降温，冬季注意饭菜保暖。

1. 基本原则和要求

在家园共育过程中，最基本的原则和要求是托幼园所以家园共育为主要指导思想，规范家园共育实践活动。托育工作者作为托幼园所保教的主导者，应做到以下几点：

（1）尊重信任家长。站在家长的角度思考和安排活动，充分理解和尊重家长在活动中的意愿，提高家长参与的积极性。

（2）加强与家长的沟通交流，了解孩子近期在家的各种表现，有针对性地设计和组织活动。

（3）优势互补。充分利用丰富的家长资源，在活动中发挥家长的优势，努力实现“1+1>2”的教育效果。

（4）真诚互动。只有真诚地对待家长，家长才会真诚地对待老师，并积极参与托幼园所的各项工作。

（5）灵活适宜。对待不同的家长要采取不同的沟通交流方式。

2. 工作目标及措施

为了保证家园共育工作的深入开展，让孩子们在家园双方的密切配合下健康快乐地成长，托幼园所需制定一系列目标措施，开展丰富多彩的活动，有效促进家园共育的落实。

（1）建立与家长联系的多层桥梁，做好托幼园所与家长之间的沟通工作。通过家园宣传栏、召开家长会、家访、电话联系、亲子活动、观摩半日活动、发放“家园双通道”手册等多种形式，与家长共同学习婴幼儿教育理念，切磋育儿经验，了解教育新动态，接受与时代相符的教育思想，培养科学的教养能力。

（2）建立家长资源信息库，发挥家长专长，做好家长的助教及兼职工作。例如，通过家长来园参加助教和义工活动，让家长及时了解园所的教育教学动态，与家长共同探讨园所的主题活动如何开展。

（3）成立托幼园所家委会，让家长参与托幼园所的管理工作。

案例展示

“感恩父亲”亲子活动策划案

一、活动目标

1. 增进孩子与父亲的感情，促进亲子关系；

2. 鼓励父亲参加托育园的亲子活动，扮演好父亲角色，与托育园形成合力，共同关注孩子的感恩教育。

二、活动准备

1. 环境准备：与热烈、温馨的氛围相适应，可以准备一些感恩的话语、图片、绘本等；

2. 材料准备：感恩卡片、音响、话筒、投影、丝带等。

三、活动形式

在托育园，由老师、全体父亲、孩子共同参加。

四、活动过程

1. 教师讲授绘本《我爸爸》；

2. 我的爸爸力气大，“小脚踩大脚”“运输小队”亲子活动；

3. 感谢爸爸，喂爸爸吃水果，送一张卡片，感谢爸爸。

五、活动时间

根据情况确定。

六、活动延伸

1. 说出对父亲感恩的话；

2. 托育园开展为期一个月的“感恩父亲”活动，鼓励父亲参与孩子的教育活动。

3. 家园交流和联系制度

（1）家长委员会每学期召开 1 ～ 2 次会议，研究托幼园所与家庭如何更好地协作共育，以及讨论需要解决的问题，由园领导主持。

（2）新生入园前，老师要进行电话家访，了解孩子在家的生活习惯、个性和活动情况。召开全园新生家长培训会，以减少新生入园时的哭闹现象并引领家长学习育儿理念与教育知识。

（3）每学期向家长开放 4 个半天，每两周组织一次时长为半个小时的亲子活动，请家长观摩孩子在园的学习、生活情况并参与孩子的学习生活。托育工作者引领家长逐步掌握家庭教育知识，提高家长家庭教育技能，同时及时征求家长意见，做好托幼园所工作反馈总结和改进。

（4）每学期召开 1 ～ 2 次家长会，邀请专家举办讲座。召开年级家长会、班级家长会、小组家长会，宣传托幼园所的教育思想、改革思路，汇报教育教学情况，给家长传授正确的育儿理念，帮助家长走出育儿误区、解决教育问题。

（5）定期通过家园双通道、家园面对面、微信、短信等方式介绍孩子在园学习情况及生活情况，并要求家长提出意见和建议，家园互相配合，共同对孩子进行教育。

（6）各班定期向家长公开周、月的学期目标及主要学习内容，根据本班孩子的实际情况撰写或摘抄宣传文章。

（7）孩子因生病未到园，老师要打电话问询或去家里探望；孩子缺勤，老师要及时了解孩子缺勤的原因。

（8）每次接送孩子时，托育工作者要适时向家长介绍孩子的情况，以便更好地取得家长的配合。

（9）设立家长意见箱，征集和整理家长意见和建议。

（10）开设园长接待日，接待需要帮助的家长。

视野拓展

家长会

家长会一般由托幼园所或托育工作者发起，面向婴幼儿家长，多为一定时间周期的教育总结或宣布重大事项。家长会有多种形式，如专题讲座型家长会，以家长发言为主的家长会，或者以上各种形式结合的家长会。家长茶话会和家长沙龙是相对轻松的家长会形式，是托育工作者和家长的不同身份、不同角度的思想碰撞，对托幼园所保育教育工作、家庭教育方法提供不同的启发和思考，对家园共育工作提供更丰富的资源，加强托育工作者与家长之间的交流沟通，培植良好的托育园教育文化。

家长会组织步骤：

（1）确定目标：明确家长会的目标，确定希望达到的效果。例如加强家长与托育工作者之间的沟通，赢得家长对托幼园所教育的理解和认同等。

（2）组织筹备：成立筹备小组，确定家长会召开的时间、地点和议程，制作邀请函，明确家长会的形式和内容。

（3）邀请家长：向所有家长发出邀请函，说明家长会召开的时间、地点和议程，邀请他们参加并参与讨论。

（4）筹备材料：准备需要讨论的材料（如教育计划、孩子评估等），以及家长会的宣传资料（如宣传海报、手册等）。

（5）会议实施：托育工作者向家长介绍保育计划、教学进度、孩子表现等，并听取家长的反馈和建议。

（6）后续跟进：家长会之后，需要对家长会的议题和家长的反馈进行整理和总结，并在后续的教学和管理中充分考虑家长的意见和建议。

在组织家长会的过程中，需要注意和尊重家长的意见和需求，充分听取和考虑家长的建议，同时也需要建立良好的家长沟通渠道，与家长保持密切的联系与合作。

4. 家长委员会制度

2012年2月，教育部为贯彻落实《国家中长期教育改革和发展规划2010—2020》，完善中小学和幼儿园管理制度，专门颁发了《关于建立中小学幼儿园家长委员会的指导意见》，要求在中小学和幼儿园建立家长委员会。托幼园所面向0～3岁婴幼儿的保育教育工作更需要家长的配合、理解、参与，因此托幼机构建立家长委员会十分必要。

托幼园所家长委员会是园方和家长进行交流与合作的平台，旨在促进家长与托幼园所之间的沟通与合作，以确保婴幼儿得到良好的托育服务和教育。家长委员会是一个非营利性的组织，其成员一般通过家长选举、老师推荐、家长自荐等方式产生。成员通常会选举出一个主席和其他职位，以协调与领导家长委员会的工作。家长委员会定期开会，讨论和解决与托幼园所有关的问题和事务。

（1）家长委员会主要职责。

1）促进园方管理：托幼园所家长委员会可以让家长在管理和决策中发挥作用，鼓励家长与托幼园所管理层和工作人员合作，为托幼园所提供反馈和建议，帮助改善托幼园所的运营和服务质量，提高托幼园所的教育质量和水平。

2）建立家园合作：托幼园所家长委员会可以建立良好的家园合作关系，组织家长参与活动，加强家长与托幼园所之间的互动和联系，提高家长的参与度和满意度，从而更好地服务于孩子的成长和发展；协助家长和园方进行面对面的交流和沟通，增进双方的了解和信任，加强家园之间的联系，让家长和园方共同为孩子的成长和发展做出努力。

3）推动幼教发展：托幼园所家长委员会可以推广托幼园所的育儿理念和服务，推动托幼园所对婴幼儿保育、教育工作的研究与总结，让家长和园方共同探索和研究幼教的最佳实践和创新方式，推进幼教的科学发展。

托幼园所需要重视家长委员会的建设和管理，建立良好的机制和流程，使家长委员会更好地服务于孩子的成长和发展。

（2）家长委员会的实施要点。

1）确定家长委员会的组成、职责和权利，明确家长委员会在园方决策和管理中的作用和地位。

2）选举家长委员会成员：在家长中进行选举或自荐，选出具有代表性和有能力的家长委员会成员，确保委员会的公正性和有效性。

3）规范管理模式：定期召开家长委员会会议，在托幼园所决策和管理中发挥作用，例如就园方管理问题进行讨论和反馈，提出意见和建议。

4）促进家长参与：通过多种渠道，例如家长会、微信群等，加强家长与家长委员会的联系和沟通，鼓励家长积极参与和反馈。

5）定期总结和评估：家长委员会应该定期总结和评估自身的工作和作用，对委员会的工作进行评估和调整，以提高家长委员会的工作质量和效果。

视野拓展

家长委员会管理制度

为了更好地发挥家长的能力，重视家长意见，让有能力、有意愿的家长献计献策，积极参与 ×× 托育园的管理，特制定本制度。

1. 家长委员会由关心孩子成长、热心孩子教育，自愿加入家长委员会的家长组成。

2. 托育园设两级家长委员会，班级家长委员会和园级家长委员会。家长委员会成员由家长自荐和家长提名推荐产生，每半年至少参加 2 次工作会议。

3. 班级家长委员会成员参与班级的管理，协调托育工作者与家长之间的关系，收集家长对托育园管理及托育工作者保育教育等方面的意见和建议并及时予以反馈。

4. 园级家长委员会成员参与并监督托育园的管理和有关重大决策，协调托育园与家庭之间的关系，努力为托育园营造良好的外部环境，呼吁社会、企业、单位对托育园工作的关心和支持，收集家长对托育园管理及托育工作者保育教育等方面的意见和建议并及时予以反馈。

第二节　19 ~ 24 个月幼儿家园共育

一、19 ~ 24 个月幼儿的发育水平、教养目标和指导要点

19 ～ 24 个月的幼儿感知能力和自我意识迅速发展，对周围环境产生好奇，乐于模仿。此时照护者应该重视和幼儿的语言交流，通过讲故事、唱歌、运动等活动促进幼儿语言发育和大脑协调发展。同时要培养幼儿的生活能力，养成良好的生活习惯，陪幼儿进行适宜的游戏和户外活动等。19 ～ 24 个月幼儿的发育水平和教养目标如表 3 - 6 所示。

表 3－6　19～24 个月幼儿的发育水平和教养目标

月龄	类别	发育水平	教养目标
	生长与发育	体重：11.51～12.89 千克； 身高：82.51～85.77 厘米； 头围：46.76～48.20 厘米； 胸围：47.20～48.87 厘米；	培养左手扶碗、右手拿勺吃饭的技能，并要求孩子安静地坐在桌边吃完自己的饭菜，不妨碍别人吃饭； 培养孩子按时入睡、按时起床及采用正确的睡姿等良好的习惯
	大动作	走路稳，能倒退走和侧方位走； 会蹲下玩； 跑步时能绕开障碍； 能独立上楼梯； 能双足同时跳离地面； 能踢球	引导孩子练习走、跑，双脚原地并跳，上下台阶，举手过肩扔球等基本动作
19～24个月	精细动作	会搭 6～8 块积木； 会折纸、穿珠子； 能模仿成人画圆和竖线； 能逐页翻书	引导孩子练习穿大珠子、垒高小积木、玩 3 片以内的拼图等，学习收拾玩具
	语言	喜欢学大人说话； 能说 3 个字的简单句； 能回答简单的问题； 能背一些儿歌； 会用“你”“我”“他”来表达人称； 开始理解反义词	引导孩子学习用简单句表达自己的需求，说出自己的名字，学念儿歌，经常进行亲子阅读，多讲故事
	认知能力	知道熟悉的人的名字； 能短时间集中注意力看图片、看电视、玩玩具、听故事等； 能记住一些简单的事和熟悉的生活内容； 开始理解事件发生的前后顺序； 能感知并区分方形、三角形和圆形； 认识红色	引导孩子感知、辨认周围生活中常见的人和物，感知物体的形状、冷热、大小、颜色、软硬等明显特征； 引导孩子练习涂涂画画、随意撕纸、折纸，跟唱简单的歌曲，学习跟着音乐做简单的模仿动作，尝试用各种方式表达自己的情感和体验
19～24个月	情绪与社会行为	对陌生人产生好奇； 当教养者离开时会感到沮丧； 当有做不好的或不顺心的事情时，会发脾气； 认识镜子中的自己； 开始与其他小朋友共同参与游戏活动	提醒孩子与他人打招呼，引导孩子逐渐学习与同伴玩耍、游戏，学习遵守简单的规则

二、19～24 个月幼儿的养育建议

（一）营养喂养

这个月龄的孩子，一般每天三餐再加一两次零食，牛奶 400～600 毫升。家长要为

孩子提供均衡的营养，让孩子多吃富含蛋白质、锌、铜等帮助大脑发育的食物和蔬菜、水果，因为这一阶段是孩子大脑发育的关键时期，也是锻炼牙齿和消化系统的重要时期。孩子的饭量会因季节和饮食好恶而改变。如果体重超过 13 千克，家长应该适当控制孩子高热量食物的摄入。

这个月龄的孩子已经能自己尝试用勺子吃饭了，手灵活的孩子超过 19 个月就会拿筷子了，如果孩子习惯用左手吃饭，家长不需要矫正。实际上，多数满 24 个月的孩子都能熟练用勺子独立进餐，少有撒落。家长要做的是坚持培养孩子良好的用餐习惯。孩子厌食、偏食，一部分是由于家长对孩子用餐姿势和卫生习惯的纠正或批评使孩子产生了抵触情绪；另一部分是因为经常强迫孩子吃过量或他不喜欢吃的食物。家长不要因为孩子爱吃某种食物就重复做给他吃，也不能指望每一顿孩子都能吃光碗里的饭菜。

（二）睡眠指导

此阶段的孩子夜晚约睡 12 个小时。白天睡 1 ～ 2 次，每次睡 2 个小时左右，并逐渐过渡到下午睡 1 次，约 2 个小时。随着孩子活动能力的增强，他会拖延上床睡觉的时间，因为对孩子来说睡觉意味着不能玩耍并与大人分开。这时，白天的睡眠时间可适当减少，晚上的活动要尽早安排，并且不要让孩子过于兴奋。安排一个安静的睡眠仪式：盥洗、喝点水、小便、讲个故事、给个亲吻，一切行为都应该安静地结束。

这个月龄的孩子在睡觉时越发黏妈妈，绝大多数孩子钻进被子躺下时，都希望依偎着妈妈。如果被拒绝且被要求独立入睡，可能会用吮吸手指、嚼被角或抱毛巾来获取安全感。

（三）日常护理

1. 如厕

这个月龄的孩子大多白天可以告诉家长要小便了，但夜晚还是要使用尿布。坐便器要选购适合孩子的型号，并且保持圈口温暖舒适而非外观花哨。当孩子发出大便信号时，让孩子坐进坐便器。在坐便器上能顺利大便的宝宝，渐渐小便也会使用坐便器了。如果孩子抗拒，就不要勉强。

2. 户外活动

户外活动对于成长的意义是其他活动不可替代的，因此给孩子安排每天不少于 2 个小时的户外活动非常必要。除了沙池、儿童乐园外，家长应当开发更多符合孩子年龄的户外活动。比如：春天捡花瓣；夏天玩水；秋天捡落叶；冬天铲雪；等等。下雨时，穿上雨靴去踩水是每个孩子都钟爱的游戏。户外活动让孩子在强健体魄的同时，与大自然亲密接触。在户外，接触更多的人和物，孩子的眼界会更开阔，感知觉的发展也会更好。在户外，有的家长紧跟在孩子身边保护着孩子的安全，有的则是坐在一旁玩手机很少和孩子交流，这些都不可取。家长应在孩子需要时给予及时帮助，引导孩子观察新鲜事物，关注活动中的同伴交往。户外活动时，还要注意防晒、补水和增减衣物。

3. 自立和生活习惯的养成

在自立和依赖之间摇摆不定是这个月龄段孩子的一个特征。因此，家长一边要允许孩子在某些事情上依赖父母；一边又要鼓励孩子自己的事情自己做。只有让孩子多次体验自己想、自己做和做事成功之后的喜悦，孩子才能尽快自立。家长要耐住性子，克制住帮忙的冲动。19 个月以后，家长可以为孩子示范正确的洗手方法，鼓励孩子自己洗手，养成饭前便后洗手的习惯。洗澡、睡觉时，尽量让孩子自己脱衣服，家长耐心鼓励，帮他解开扣子即可。

让一日生活充满仪式感是良好生活习惯养成的好方法。如：起床互道早安，等全家人到齐才开饭，睡前故事等，也可以通过建立大扫除日、旅行日、全家健身时段等来培养孩子的规则意识和自理能力。

三、19 ~ 24 个月幼儿的教育内容与沟通要求

（一）教育内容与要求

1. 学习使用工具发展幼儿的精细动作

手是婴幼儿重要的认知器官，孩子通过动手操作进行学习，因此照护者每天要安排一定时间与孩子玩动手游戏，如搭积木、插插片等。游戏时，照护者可以先给孩子做示范，鼓励孩子通过模仿来完成，同时启发他有创造性地玩。对孩子的创造性行为，家长一定要多表扬和肯定，增强孩子的自信心。

2. 鼓励幼儿用双词句表达

幼儿 19 个月以后，语言能力进入词饥期，经常会提问各种问题，如“这是什么？”“那里面有什么？”“在哪里？”等等。照护者要耐心地回答幼儿的问题，满足他的求知欲，并鼓励幼儿用双词句表达自己的意思。此外，这一时期幼儿的记忆力很强，应珍惜这个宝贵的时期，让幼儿学习和累积大量常用词汇。

3. 发展幼儿的想象和直觉行动思维

19 ～ 24 个月的幼儿已经开始出现初步的思维活动，对事物的认识向整体和多面性发展。在日常生活及游戏中，照护者要注意培养幼儿的观察能力，教幼儿去观察不同的事物，在观察中引导他建立大小、上下等概念，使幼儿具备一定的空间分辨能力。随着幼儿记忆力的发展，家长在日常生活中可以有意识地让幼儿记一些东西，并在不同的时候提问，检验和锻炼幼儿的记忆力。还可以训练幼儿感官互相代替的能力，如用听代替看、用触摸的方式猜物，培养感知联想，促进智能发育。

案例展示

早教游戏

一、游戏名称：分色穿珠。

游戏目的：培养孩子记认颜色和手眼协调的能力。

游戏准备：穿珠材料1套。

游戏内容：让孩子按照红、黑、白的顺序，把珠子穿好。看孩子在5分钟内能穿上多少。如果穿得多，可给孩子做一个手镯；如果穿得少，记上成绩，过几天再做，比较一下有没有进步。平时可以先练习单色穿珠，熟练后，再做分色穿珠。

游戏建议：有些孩子认颜色的能力很好，自己先按颜色顺序把珠子摆好，但是手眼协调能力不足，穿不起来；另一些孩子穿珠子的能力很好，但是颜色顺序总是摆错。家长如果发现孩子某一环节做不好，首先练习这一环节，再与另一个环节连接起来，手眼就能协调配合了。

二、游戏名称：贴纸游戏。

游戏目的：能将正确的形状及颜色贴在正确的位置上，训练分类、集合的辨识能力。

游戏准备：红色、黄色、蓝色、绿色的三角形、圆形、正方形贴纸以及一张具有相应图案的纸。

游戏内容：孩子将红色圆形贴纸贴在已画好的红圆图案上；将黄色的三角形贴纸贴在黄色三角形的图案上。依此方法，将所有的贴纸分别贴在相应的图案上。

游戏建议：在贴纸时，先让孩子比对一下再贴上去，但尽量不限制孩子。孩子贴错时，指导其自己发现，让孩子自己撕下来，再重新寻找正确的位置贴上即可。

三、游戏名称：套碗比大小。

游戏目的：能按照由大到小的顺序排列套碗，培养孩子比较大小的能力。

游戏准备：套碗。

游戏内容：（老师事先将9个一套套碗的大小次序弄乱）让孩子先用眼睛大致观察一下，然后按大小次序进行排列。如果不容易分辨大小，就把它们背对背侧放于桌上进行比较，然后按照从小到大的次序依次把小碗套入大碗内摆放好。

游戏建议：目测能力好的孩子不必比较就能看出哪个大，并把小的放入大的内；目测能力差的孩子需要事先把套碗按大小排队，排好后才放得快。

（二）19～24个月幼儿家庭教养需特别关注的内容

1. 跑跳等运动技能

随着运动能力的发展，孩子从自己上下楼梯和台阶开始，到跑跑跳跳掌握平衡能力。家长应该多提供机会和示范，多带孩子到户外走走草坡、玩玩“停停跑跑”的游戏，让孩子在跑动中学会控制速度和协调自己的身体。在草地上分步骤示范跳跃和将球抛出去的动作，鼓励孩子大胆地模仿、尝试。当孩子能自如蹲下和站起时，多创造蹲下捡物的机会，如散步时捡落叶，在家帮忙捡纸屑、收拾玩具等。

2. 初步数理逻辑能力

对于婴幼儿来说，数理逻辑思维的发展是其认知能力发展的一个重要方面，也是其未来学习和发展的基石。家长和托育工作者可以采取以下策略与途径进行培养：（1）从培养孩子自理能力入手，使孩子养成独立思考、自主解决问题的习惯。（2）有意识地培养孩子的归纳及演绎能力。（3）孩子从1岁多开始，空间意识在逐渐增强，可以在生活中利用游戏教孩子一些相对概念，如大和小、高与矮等。（4）1～4岁是孩子的数字敏感期，尽可能利用各种机会教会孩子理解数字与物体之间的关系。（5）鼓励孩子积极思考、主动提出问题，培养孩子的思辨能力及多样化思维。

3. 玩具和游玩场所

孩子的动作和心智发展主要是通过玩玩具来实现的。在这个时期，孩子的个性已经在他对玩具的喜好程度上明显表现出来了。要根据孩子的个性为其选择适合的玩具。一种类型的玩具选择一两件就可以了。每次玩时，仅拿出一件，玩完了放回去再拿另一件。给孩子太多的玩具，不利于孩子专注力培养和爱惜物品的品格教育。可以充分利用生活物品给孩子做玩具，废纸、夹子、纸杯、毛线、吸管、瓶子等都可以变成孩子百玩不厌的玩具，重要的是家长对玩法的开发和用心陪伴。

根据现有的条件给孩子创造一个安全、独立的游玩场所。准备足够的储物格和整理箱，给各类玩具都安个家，并贴上图文标签，教会孩子玩完后将玩具分类收纳，以培养孩子收纳整理的习惯。因为孩子年龄还太小，按照成人常规的分类（如：益智类、建构类），他还理解不了，所以玩具分类最好不要超过3种。

4. 发脾气

发脾气是这个月龄段孩子成长过程中常见的一种行为，孩子需要通过发脾气来释放自己的挫败感，表达自己的需求和愿望。因为自我意识的增强，孩子会有拒绝刷牙、拒绝穿衣服、拒绝梳头发的情况。孩子的情感越来越丰富，他们在与人交往互动的过程中，会变得更加敏感。因此，家长在照顾孩子时，要特别注意与孩子的交流方式，恰当的表扬和鼓励，能给孩子充足的安全感，也能让亲子关系更加和谐。

微课 3－5

宝宝“暴跳如雷”怎么办？

面对暴跳如雷的孩子，家长首先要控制好自己的情绪，不要强迫孩子，以免加剧孩子的抵抗行为。可以记录孩子发脾气的时间、原因、过程，以及发脾气前后的情绪变化等，从中摸清孩子的脾气，减少诱因，从而从源头减少孩子发脾气的情况，然后有针对性地、尽量平和地去引导孩子将负面情绪说出来。对于比较强势的家长来说，在跟孩子互动的过程中，需要适当压抑自己的控制欲望。面对孩子不过分的需求，少用否定的词语，以保证孩子的情绪稳定。如果孩子表现很好，一定要及时夸奖和鼓励孩子。

5. 家长如何配合托幼园所

如果孩子已入托，家长需要明确自己的责任，做好配合工作。

首先，想让孩子适应托幼园所的生活离不开家长的引导。全家要树立孩子入托是值得骄傲的观念，是孩子长大的里程碑事件。家长每天准时而愉悦地接送孩子，中途不探视。用愉快的口吻谈论与托幼园所有关的人和事，经常表扬老师能干和孩子的进步。

其次，正确看待孩子出现的反应。孩子入托初期在情绪、饮食、睡眠、行为及身体方面都会出现一些异常和倒退，这些现象是一个孩子成长所必须经历的。家长要对孩子有信心，对自己精挑细选的机构放心。

最后，做到与园所步调一致。孩子的良好习惯是通过家庭和托育机构的共同努力来培养的，优秀的孩子也是多方面教育的结果。家长要主动了解孩子的在园情况，及时反馈孩子在家的问题和变化。按园所要求给孩子准备好物品，不带零食及其他危险物品，积极配合完成亲子小任务，不能把教育的责任全都推给老师。托幼园所老师普遍反映，过一个双休日，孩子就把一周养成的好习惯都荒废了。因此在家休息时，也要坚持按照园所的规律生活和作息。

总之，要促进孩子健康、全面、自主发展，必须重视家园合作。

（三）19～24个月幼儿家园沟通要点

1. 正确对待幼儿发脾气的行为

19～24个月的幼儿进入自我意识发展的时期，托育工作者应帮助家长认识到幼儿开始有自己的思维、个性和更多的自主行为，指导家长掌握应对幼儿逆反、发脾气的策略。

2. 培养幼儿的是非观念

在与幼儿日常的交往中帮助幼儿建立是非观念，使幼儿初步懂得一些正确与错误的行为，并能在生活和交往中对自己的行为有是非判断。在集体活动中，通过轮流和合作的方式引导幼儿学会等待和尊重。

3. 将幼儿的兴趣与生活相联系

托育工作者应指导家长积极观察幼儿的兴趣点，创建这些兴趣点与生活常识、简单的道理之间的联系，利用生活中的教育契机，鼓励幼儿用语言表达自己的看法。

四、家园共育建议——与家长沟通

苏联教育家苏霍姆林斯基说：“教育的效果取决于学校教育和家庭教育影响的一致性，最完美的教育是学校与家庭的结合。只有学校和家庭志同道合，抱着一致的信念、一致的行动，儿童才能获得全面和谐的发展。”家庭和托幼园所共同承担着幼儿的养育、教育责任，双方相互作用，形成合力，以促进幼儿全面发展为共同目标。在家庭与托幼园所“两位一体”的体系构建中，积极沟通、有效沟通、长期沟通，是家园协作的基石并发挥着重要的基础性作用。

（一）家园沟通的意义

1. 有利于家园教育产生合力

幼儿教育是家庭和托幼园所的共同任务，《幼儿园教育指导纲要（试行）》中指出：“幼儿园应与家庭、社区密切合作，与小学相互衔接，综合利用各种教育资源，共同为幼儿的发展创造良好的条件。”良好的沟通和交流是托幼园所和家庭合作共育的桥梁。

2. 有助于家长了解孩子在园表现，配合托幼园所开展教育工作

家长把孩子送到托幼园所会有这样或者那样的担忧，即使孩子一切都好，家长还是希望能多了解孩子在园所的情况。针对这种情况，很多园所采用了拍摄照片或者视频并放到班级交流平台的方式，以方便家长浏览。但这种方式并不能完全满足家长想获取更多的有关孩子信息的需要。托育工作者需要采用多种方式向家长传递孩子在园所的信息，使家长了解到园所的工作要求和孩子的具体情况，这样家长才能更好地配合园所开展教育工作。

3. 有利于家长走出家庭教育误区，科学地开展家庭教育

很多家长养育孩子的经验比较欠缺。托育工作者作为专业的幼儿教育工作者，可以为家长提供更多的教养孩子方面的建议，有利于家长走出家庭教育的误区。

4. 有助于托育工作者了解孩子的家庭教育环境，提高教育效果

家庭是孩子的第一所学校，家庭环境对孩子成长的影响毋庸置疑。托育工作者可以通过和家长的沟通，如孩子的主要抚养人是谁，孩子是否有兄弟姐妹，家长在家陪伴孩子做游戏或者学习的时间有多少，经常玩些什么游戏等，准确了解孩子的家庭生活环境，并依此开展教育。

（二）家园沟通的原则

1. 尊重和平等原则

托育工作者和家长在沟通的过程中双方是平等的，应该尊重彼此的观点和意见，并试图理解对方的立场和需求。通过合作和协商，双方共同制订适合孩子发展的教育计划，并在必要时进行调整。

2. 长期性和充分性原则

托幼园所和家庭之间的沟通应该是定期、长期的一项活动。通过及时、频繁和有效的沟通，托幼园所和家庭充分交流信息，让对方了解孩子在家庭和托幼园所的情况，这样才能让家庭和托幼园所共同制订适合孩子发展的教育计划。

3. 诚实和保密原则

托幼园所和家庭应该坦诚地表达自己的想法和需求，避免隐瞒信息或撒谎。同时双方需要保护孩子的隐私，避免泄露个人信息。

4. 尊重差异性原则

每个孩子都有自己独特的个性和需求，每个家庭的育儿理念不完全相同，家庭和托幼园所之间的沟通应该尊重孩子的个性差异和家庭的教育理念，制订适合孩子发展的教育计划。

（三）家园沟通的对象

在家园沟通中，托育工作者和家长作为沟通主体进行信息交流，他们既是沟通行为中信息的发出者，也是信息的接收者，双方在平等、友善的前提下，建立互相信任、相互尊重、相互支持的沟通关系。

1. 托幼园所与家庭的沟通

托幼园所与家庭之间进行教育理念的沟通，通过托幼园所的园所介绍、品牌宣传展示园所的教育理念、课程设计、教学成果、师资队伍、环境、安全设施、营养膳食、收费标准等，这些工作一般由托幼园所管理者来做。家庭通过询问、参观、体验的方式加强对孩子在园所情况的了解，以判断托幼园所与家庭在幼儿教育上的共同点与区别点，这些过程一般由家庭照护者进行。托幼园所与家庭有效、良好的信息交流和情感反馈，能帮助托幼园所较好地落实教育理念和开展保育教育活动，能帮助家长准确选择合适的托幼园所。

2. 托育工作者与家长的沟通

托育工作者与家长作为孩子养育和教育工作的共同承担者和具体实施者，沟通的内容包含保育与教育的各个环节，涉及喂养、睡眠、盥洗、心理、动作发展、语言能力等。面对孩子在成长过程中共性、个性的情况和问题时，托育工作者与家长需要及时、深入地沟通，通过家长会、家长开放日、班级一日生活情况介绍等针对孩子共性的情况进行沟通；通过家访、个别沟通等针对孩子个性的情况进行沟通。

（四）家园沟通的常用途径

美国著名管理学家切斯特·巴纳德提出：“管理者的最基本功能是发展与维系一个畅通的沟通管道。”沟通渠道的稳定性、多元化可以保证家园沟通的有效性和专业性。《国务院办公厅关于促进3岁以下婴幼儿照护服务发展的指导意见》指出：加强对家庭的婴幼儿早期发展指导，通过入户指导、亲子活动、家长课堂等方式，利用互联网等信息化手段，为家长及婴幼儿照护者提供婴幼儿早期发展指导服务，增强家庭的科学育儿能力。目前，托幼园所通过定期家长会、亲子活动、家长开放日、家访、网络沟通、家园联系手册等方式建立家园沟通渠道。

1. 家长会

家长会多为托育工作者与家长的互动，是对一段时间内教育成果的展示，加强相互了解，增进彼此交流，同时使双方具有亲近感。家长会有很多种形式，比如专题讲座型家长会是以家长发言为主的家长会。

2. 亲子活动

亲子活动（见图 3－1）是父母与孩子共同参加托幼园所组织的一些有益于孩子成长的活动，以促进孩子与父母之间的关系。亲子双方平等参与，是活动的共同参与者。当然，亲子活动在日常生活中可随时随地进行，托育工作者应关注亲子活动的多样性，进而拓展亲子间沟通的广度和深度。

图 3－1　昆明某托育园中秋节亲子活动——制作冰皮月饼

3. 家长开放日

家长开放日（见图 3－2）是分批分期让家长来托幼园所观摩保育教育活动，目的是让家长深入了解孩子在托幼园所的表现，了解托育工作者的教学能力和保育水平，观察托幼园所的教学管理水平和日常管理秩序，增加托幼园所的管理透明度。家长开放日不仅是展示婴幼儿生活、展示托育工作者才能的机会，也是更新家长观念的机会。在家长开放日活动中，托育工作者以丰富的教学活动形式，展现了新的教育观念，让家长积极参与，寓教于乐，充分体现了家长的主体参与性。活动结束后，向家长发放家长开放日活动反馈表，请家长对活动给予评价，同时也提出意见和建议。

图 3－2　昆明某托育园家长开放日活动

4. 家访

家访是进行个别家庭教育指导的一种常用的有效方式，主要是对婴幼儿及家长存在的教育问题进行单独交流。在自己家里，婴幼儿和家长比较放松、舒适，能较为轻松地进行交流，也有助于托育工作者进一步了解婴幼儿的家庭情况和家庭氛围。

5. 网络沟通

微信订阅号、公众号是腾讯推出的一种公众账号，其官方定位是“对外提供信息”。很多托幼园所也积极推出了自己的园所订阅号或公众号，发布托幼园所教育活动内容和视频，家长作为订阅用户可以在后台进行评论，经过审核后显示在订阅界面，形成多向沟通形式。很多班级也会建立微信群，通过平台及时发送相关通知及婴幼儿生活剪影和视频，让家长能积极参与到孩子的托幼园所生活中。

6. 家园联系手册

家园联系手册是根据孩子的成长轨迹进行设计并记录孩子成长过程的手册，包括：孩子、家庭和托幼园所的基本情况，托育工作者对孩子的观察与评估，家长的观察与想法，还可以记录孩子成长的点点滴滴。家园联系手册是家长、托育工作者和孩子通过书面文字、图画进行交流沟通的一种形式，有利于亲子互动、家园互动、师幼互动。

（五）与家长有效沟通的常用策略及技巧

1. 始终围绕幼儿进行沟通，说有针对性的话题

对家长来说，孩子在托幼园所一天中的细节小事才是最重要的，他们希望了解孩子的具体表现。托育工作者要避免说出“孩子表现还可以”“都还好”之类的话语，这样会让家长感觉托育工作者在敷衍他。在一日活动中，托育工作者要特别注意观察孩子的一举一动，对每个孩子的一日生活情况都了如指掌，以便和家长交流时能言之有物。托育工作者对孩子的特别“用心”会赢得家长的特别“放心”。

2. 向家长及时反映幼儿的表现，先表扬鼓励、后说明情况

托育工作者应该将孩子在园里的日常表现、特殊情况、不良表现等都及时地向家长反映。在反映负面情况的时候，应该先表扬孩子好的方面，再说明不好的地方和需要改进的地方。托育工作者要注意仔细观察孩子的细节，记录孩子的点滴进步，再把这些快乐的成长信息传递给家长，这样家长能在感动中不知不觉地支持、配合托育工作者。

3. 多用第一人称，拉近沟通双方的距离

避免使用“你”“他”这些有距离感的人称代词，多使用“我”“我们”“咱们”等显得亲切的代词来谈论孩子。

4. 多倾听，多征询，诚恳对待家长

与家长交谈时，要表示出诚恳的态度，多听听家长的想法，如使用“您看呢”“您觉得怎样”等协商性的词语来拉近与家长的距离，使家长感受到自己受重视、被尊重，从而更乐意接受托育工作者的建议。

5. 沟通的方式要因人而异

各位家长可能性格迥异，具有不同的文化背景，职业也不尽相同，教育观、文化素养都不同。因此，与不同的家长进行沟通时，要讲究说话的艺术，因人而异，采用不同的沟通方式，以达到最佳的沟通效果。

6. 建立班级公共空间要掌握主动权

建立班级公共空间（微信群、QQ 群等）的人选最好是班级托育工作者，也可以是值得信赖的家委会委员。建立之前应考虑清楚并告知家长相应的规则，如：每个家庭只能有一位家长加入；利用公共空间要做的主要工作是发放通知、信息交流，严禁发表不实言论，或进行产品宣传、投票等。另外，要注意“公私分明”，即：大家的事情在公众平台发布，个人的事情与托育工作者私信交流。

（六）家园沟通注意事项

1. 以诚相待，真心实意

托育工作者和家长的沟通可以根据具体情况选择合适的方式，但真诚是取得理想效果的前提。托育工作者在与家长进行沟通时，首先要面带微笑，微笑的影响力是巨大的。清晨，家长带着孩子来到教室门口，看到托育工作者笑容温和，他们会放心地将孩子交给托幼园所；下午，工作一天的家长到园接孩子，托育工作者微笑着与家长交流，送孩子离园，家长一定会感到安心，认为孩子的一天是愉快的。所以，托育工作者要学会微笑，用温和的态度，诚恳地与家长进行沟通，做到沟通全面、细心细致，沟通及时、勤问勤答，沟通真诚、亲切亲热。这样的沟通态度一定能让家长对托育工作者充分信任，并乐意接受托育工作者的意见和建议。

2. 言辞委婉，平等尊重

任何一位家长都很重视托育工作者对孩子的评价，对自己的孩子都有很高的期望。因此，托育工作者与家长交流孩子存在的问题时要注意语言委婉，不要让家长产生误解，认为托育工作者对他的孩子不满意、不喜欢，因为这样非常不利于进一步交流和问题的解决。在交流过程中，托育工作者可以用委婉的语言描述孩子存在的问题，注意表情和肢体语言，语气不要太过强烈，让家长感受到交流中的平等与相互尊重，这样家长才能更好地接受托育工作者提出的建议。尤其是面对情绪容易激动的家长、袒护孩子的祖父母以及身有缺陷的孩子父母时，托育工作者更要特别考虑怎样说话才能让他们心里舒服，更要懂得采取“退一步”的方法，不让矛盾激化，采取“春风化雨、润物无声”的方法耐心沟通，直至达到理想的效果。

3. 认真倾听，听懂家长的话

许多家长遇到问题，特别是面对孩子之间的小矛盾、小冲突，或是孩子不太适应园所生活时，不便和托育工作者挑明，难以做到“直言不讳”，而是用暗示的方法向托育工作者反映。这时候如果托育工作者没有反应过来，忽视了问题，就会错过解决问题的机会，渐渐地家长就会对托育工作者有意见，信任感降低，甚至产生“积怨”。这就是托育工作者经常遇见的一种现象：家长为了一件小事大发雷霆，甚至要求退费。这种状况其实是很多情绪累积导致的，因此托育工作者要认真倾听，听懂家长的“弦外之音”，及时解决问题。

4. 沟通多渠道、多样化

孩子们来自不同的家庭，有着不同的家长，有交给托幼园所就不管的放任型；有特别关注孩子，小心翼翼的敏感型；有对孩子智力发展要求较高的学习型；有两代人教育观念不同的婆媳不和型；等等。因此托育工作者在做家长的工作时，要根据交流对象的特点选择适宜的沟通方式，除了家长会、家访等形式外，还可以多思考，“因地制宜、因材施教”地采用多渠道、多样化的方式与家长进行交流，确保托育工作者、家长对孩子有更多的认识和了解，进而共同促进孩子健康快乐成长。

本章小结

本章针对1～2岁幼儿的有关家园共育问题，分为13～18个月和19～24个月两节进行讲解。阐释了1～2岁幼儿发育水平和教养目标，重点探讨了家庭教养中的排便训练、生活习惯养成、语言能力训练等的要点和破坏性行为以及孩子发脾气等常见问题，帮助学生提高家庭教育指导的能力，同时，也对家长如何配合托幼园所的问题提供了建议。本章重点介绍了实施家园共育的保障和与家长沟通的方法，提高托幼园所托育工作者与孩子、家长沟通的水平，帮助学生树立正确的托育观。

同步练习

一、判断题

1.（　　）宝宝在便后才会告诉家长尿尿了（拉粑粑了），家长也要及时给予表扬。

2.（　　）零食都是垃圾食品，不能让孩子食用。

3.（　　）只要能够让13～18月龄的宝宝尽早入睡，陪伴、让宝宝吸母亲的乳头或边喝奶边入睡，都是可以的。

4.（　　）家长可以通过宝宝对玩具的喜好推断宝宝的个性，为其选择适合的玩具。

5.（　　）19～24月龄的宝宝每天户外活动时间不少于1个小时。

6.（　　）爱发脾气和破坏性行为都是1～2岁的幼儿正常身心发展的表现。

7.（　　）家长会、亲子活动、家长开放日、家园手册等方式都是托幼园所家园沟通的渠道。

8.（　　）家园共育规章制度是家庭、托幼园所两个方面共同合作、共同育人而建立的一套完整的育人制度。

9.（　　）不要阻止宝宝撕书、摔书，爱阅读、爱绘本是儿童的天性，之所以还有一些不喜欢阅读的宝宝，那是因为家长没有在合适的时机给他们提供良好的阅读环境。

10.（　　）每个家庭的育儿理念不完全相同，托育工作者的职责之一就是扭转家庭的育儿理念，便于托幼园所的统一管理。

二、单项选择题

1. 在主要特征是“假装”的________中，孩子对事物的某些方面做“想象的改造”。

A. 练习性游戏　B. 象征性游戏　C. 结构游戏　D. 规则游戏

2. 给孩子提供游戏材料时必须考虑的首要原则是________。

A. 安全卫生　B. 主题突出　C. 发展适宜　D. 文化多样

3. 学习走路的关键期是________。

A. 10～12 个月　B. 13～18 个月

C. 19～24 个月　D. 28～30 个月

4. 猜动物的叫声（2 岁前）属于婴幼儿游戏中开展的________游戏。

A. 思维　B. 动作　C. 语言　D. 情感

5. 利用吃饭、喝水、盥洗等生活场景中存在的教育机会可以提高孩子的________。

A. 基本的自我服务能力　B. 自我意识

C. 精细动作　D. 大运动

三、简答题

托幼园所的托育工作者与家长有效沟通有哪些常用的策略及技巧？

第四章 2～3岁幼儿家园共育

学习目标

知识目标

1. 熟悉2～3岁各个月龄段幼儿的发育水平、教养目标和指导要点；
2. 了解不同教养方式的家庭特点和家园合作方式。

能力目标

1. 能对不同月龄段的幼儿进行基本评估和简单判断；
2. 能够针对各月龄段幼儿的特点，对家庭养育和教育中的要点进行指导；
3. 能够与不同教养方式的家庭进行沟通。

素养目标

1. 用自立协作、理解关爱的教育观念，指导日常保育教育工作；
2. 把中华优秀传统文化融入日常的教养中，提高民族自信心。

本章导学

- 2～3岁幼儿家园共育
  - 25～30个月幼儿家园共育
    - 25～30个月幼儿的发育水平、教养目标和指导要点
    - 25～30个月幼儿的养育建议
    - 25～30个月幼儿的教育内容与沟通要求
    - 家园共育建议——与不同教养方式家庭的家园合作
  - 31～36个月幼儿家园共育
    - 31～36个月幼儿的发育水平、教养目标和指导要点
    - 31～36个月幼儿的养育建议
    - 31～36个月幼儿的教育内容与沟通要求
    - 家园共育建议——传统文化润童心

案例导入

贝贝，男孩，2岁4个月。刚进托育园时表现非常特殊，时常沉浸在自己的世界里，一会儿走东窜西，一会儿突然大声尖叫，他对托育工作者的指令要求不太理会，也不知道如何与小朋友交往，总是抢别人的东西，爱打人。进园几天后，他喜欢上了乐乐小朋友。如果乐乐偶尔没上托育园，他会一直追问老师："为什么乐乐今天没来？""他到哪里去了呢？"可是乐乐却不喜欢甚至讨厌贝贝，因为贝贝表达喜欢的方式就是时常去打乐乐，他一看到乐乐上厕所就马上也溜到厕所里对着乐乐大声尖叫，把乐乐吓哭。老师注意到这个问题，在日常活动中多留意贝贝的言行，即便这样，贝贝还是经常趁老师和小朋友专注于日常活动时溜过去打乐乐，把他弄哭，自己却"呵呵"直笑。

问题：在每个托育园里都会有几个像贝贝一样特殊的宝宝，这些宝宝为什么会有这样霸道和攻击的性格呢？

第一节　25～30个月幼儿家园共育

一、25～30个月幼儿的发育水平、教养目标和指导要点

幼儿2岁以后的身体发育较2岁前减慢，大脑机能开始发挥作用。该阶段的幼儿能控制大小便并能按照大人的要求控制自己的行为，知道什么可以做，什么不可以做；动作发展进入手指动作发展的关键期，能穿脱简单的衣服鞋袜，玩各种玩具，握笔绘画，还能使用日常生活用具；语言方面，词汇迅速增多，会使用"我""你"等代词，喜欢提问。要求独立完成生活中的小事。情绪不稳定，易激动、易变化，常受外界环境及周围人的影响。25～30个月幼儿的发育水平和教养目标如表4－1所示。

表4－1　25～30个月幼儿的发育水平和教养目标

月龄	类别	发育水平	教养目标
25～30个月	生长与发育	体重：12.04～13.07千克； 身高：88.10～91.20厘米； 头围：47.42～48.7厘米； 胸围：48.40～49.89厘米	培养左手扶碗、右手拿勺吃饭的技能，并要求孩子安静地坐在桌边吃完自己的饭菜，不妨碍其他人吃饭；培养孩子按时入睡、按时起床、采用正确睡姿等良好习惯

续表

月龄	类别	发育水平	教养目标
25 ～ 30 个月	大动作	走路很稳，能跑，能自己单独上下楼梯，能蹲下捡东西； 能踮起脚走； 能在窄道上走； 能单足站立； 会骑三轮车	引导孩子继续练习走、跑、跳等动作，玩简单的运动器械，体验运动的乐趣，培养初步的环境适应能力
	精细动作	会搭 6 ～ 7 块积木； 会穿珠子； 能模仿成人画垂直线和圆圈； 可以拿起细小的物体； 会脱鞋、翻书页； 能解开衣服上的扣子，会开合末端封闭的拉锁	引导孩子用积木搭火车、房子等简单物体； 利用多种玩具材料发展孩子的精细动作
	语言	会用日常生活中一些常用形容词； 会用“你”“我”“他”等代词； 会念简单的儿歌； 会说完整的短句和简单的复合句； 能区分书中的图画和文字	引导孩子学习执行简单的语言指令； 学习用语言、动作等表达需求和感受
	认知能力	对周围的事物或现象感兴趣，爱提问题； 能根据物品的形状、大小、颜色等做简单的分类； 能唱 3 ～ 5 个音节的歌曲； 感知差异比较明显的大小、多少、长短、上下； 能跟着唱数； 游戏时能用物体或自己的身体部位代表其他物体	经常开展亲子阅读、听故事、学念儿歌等活动； 引导孩子感知身边的动植物，探索事物之间的简单关系，学习区分基本颜色、形状
	情绪与社会行为	对陌生人产生好奇； 当教养者离开时会感到沮丧； 当有做不好的或不顺心的事情时，会发脾气； 认识镜子中的自己； 开始与其他小朋友共同参与游戏活动	引导、提醒孩子与他人打招呼； 创设条件多让孩子与同伴玩耍、游戏； 和孩子谈论日常生活中感兴趣的事或行为，引导孩子表达自己的情感

二、25 ~ 30 个月幼儿的养育建议

（一）营养喂养

继续坚持营养均衡和定时定点的进餐习惯。这个月龄的孩子，乳牙基本长齐，咀嚼和消化功能显著提高。因此，粗粮、杂粮应该正式进入孩子的食谱。要根据孩子的体质

和肠胃反应从少到多逐步添加，粗粮细做比较适合这个阶段的孩子。

虽然这个月龄的孩子牙刷使用得还不够灵活，但洗手、刷牙、漱口、独立进餐、家人共餐等生活习惯的培养依然是该阶段孩子的养育重点。

（二）睡眠指导

这个月龄的孩子每天所需的睡眠时长大约是 12 个小时，请坚持做好睡眠仪式。此外，午睡也很有必要，以睡 1 ～ 2 个小时为宜。对于不太愿意午睡的孩子，可适当增加上午的运动量，并固定作息时间，慢慢地孩子就会定时产生睡意了。

（三）日常护理

1. 如厕

这个月龄的孩子一般都能形成排便规律。晚上睡前小便 1 次就能坚持到第二天的情况增多了。夜里要起来尿尿的孩子多半是由于体质的原因。尿床的男孩比女孩多，即使家长调了闹钟定时叫醒孩子小便也不能完全防止孩子尿床，长大些就会自愈了，父母不用过于担心。

2. 电子产品

当今电子产品横行，好多孩子只要一看到电子屏立刻就变得很安静。于是，父母们一边把电子产品当作哄娃“神器”，一边又担心孩子的健康。这个矛盾怎么解决？我们的建议是：家长不能把电子产品当成哄孩子的工具，更不能用它代替自己教养孩子。孩子需要的是父母的有效陪伴。解决孩子常玩电子产品的关键是要控制好孩子看屏幕的时长和频率，要有一个科学合理的规划，内容上也要有所选择。在与屏幕距离合理、光线充足且孩子姿势正确的情况下，让孩子每天看 2 ～ 3 个时长 20 分钟以内的有益于孩子身心健康发展的儿童短片或电视节目是可以的，但对于 2 岁以下的孩子，最好不要看电子屏。为保护视力，还要确保营养均衡和每天至少 2 个小时的户外活动。

微课 4－1

电子产品横行的时代，怎么呵护宝宝健康？

三、25 ～ 30 个月幼儿的教育内容与沟通要求

（一）教育内容与要求

1. 尊重幼儿的自我意识

2 岁左右的幼儿开始有了自我意识，有自己的主见和强烈的好奇心，会寻找能独立自主的方法，能与人交流做出决定，会表达他们的情感和需求，经常抢着帮大人做事，随时把“我”挂在嘴边。家长们最重要的任务就是培养孩子“自己的事情自己做”的习惯，并及时给予肯定和鼓励。

2. 利用工具发展幼儿的动作技能

2 岁以后的孩子能用勺子吃饭，手的控制力和灵活性增强。照护者可以教孩子使用

筷子，锻炼手的精细技巧和自理能力，同时学会分清左右，建立方位感；可以教孩子骑三轮车，培养孩子手足配合的协调能力，同时使他感到通过自己的努力可使车前行的喜悦。

3. 促进幼儿的口语发展

可以扩充孩子的词汇积累，鼓励孩子用句子进行交流，创设语言学习和运用的情景，使他们在理解和运用语言的过程中感受表达的乐趣。2～3岁孩子的语言学习处于掌握口语的阶段，孩子的词汇量会迅速增长，学习词汇的积极性很高。日常生活中，父母要利用孩子穿衣、吃饭、游戏的机会，随时随地指导孩子表达正在发生的事或动作。

4. 发展幼儿的认知能力

孩子到了这一年龄，开始逐步掌握一些对应的概念，可以用一些孩子经常接触的物品，指导孩子通过观察对比，获得大小、多少、长短、上下等概念。同时通过有意识地摆弄玩具，如搭积木、操作拼插玩具，锻炼孩子动手、动脑的能力。

5. 培养幼儿的交往技能

在与同伴的交往互动中，家长引导孩子遵守活动秩序，培养孩子简单的交往技能和良好的人格与品德。在这个年龄段，可教孩子学习与同伴合作玩，比如两个人一起搭一个东西，或把我的东西放在你的盒子里，等等，培养孩子互相合作的意识。在家时，照护者要有意识地让孩子和大人一起做事，从小培养孩子的良好习惯，学会热心为自己和他人服务。

（二）25～30个月幼儿家庭教育中需特别关注的内容

1. 第一反抗期

孩子满2岁了，很多家长发现孩子似乎一夜之间从那个招人疼爱的“小天使”化身为一个令人头疼的“小魔头”，时不时地要起小性子，随时把“我不要”“不行”等话挂在嘴边。出现这种情况，家长不用过分紧张，这是孩子正在迈进心理发展的“第一反抗期”，是儿童心理发展的正常现象。因为动作技能和自我意识的发展让孩子萌发了独立做主的想法，处在“自主对羞愧怀疑”的心理危机时期的孩子就变得逆反、爱搞破坏了。此外，家庭养育中父母的过分保护、包办，使得孩子没有足够的玩耍机会来消耗掉多余的能量以及没有同龄伙伴是强化这一现象的重要原因。

> 微课 4－2
> “可怕”的两岁怎么办?

养育者要尊重孩子的意志，在安全、合理的范围内放手让孩子自己做事，给孩子预留一个可以捣蛋且不设限的空间和充足的玩耍时间。这个时期是培养协作精神的重要时期，每天让孩子和伙伴一起玩耍，可有效弱化叛逆行为，让孩子进入托幼园所过集体生活也是一个好办法。

2. 自控力的培养

自控力强的孩子在以后的人生中表现出情商高、更自信、抗挫折能力更强、学习成绩更好等优秀品格。但孩子的自控力并不是天生的，越年幼的孩子，其自控力越差，并且个体间也存在差异。培养孩子自控力的最佳时期是 2 ～ 3 岁。对于 0 ～ 3 岁的孩子来说，往往要依靠他人来调节。过了 6 岁，大多数孩子已经拥有了自己的性格特征，这时如果再去改变，难度将会大很多。

延迟满足是培养自控力的关键。家庭中，孩子不应享受太多的特殊优先权，愿望和要求也不要轻易满足。可以和孩子共同制订规则，提前商量好奖励和惩罚，并遵照执行。注意引导孩子对成败进行正确归因，从而保护孩子的自信心。还可以进行计划性和诱惑力的训练，通过玩游戏培养孩子听指令、理解规则的能力。当孩子提出无理要求时，提供有限的选择，并告知事情结果，把选择权交给孩子。父母在给孩子约束和规则的同时，不能缺少积极的关爱和鼓励。管教之中需要有智慧的爱相伴，规则之中需要有适度的自由并行。

微课 4－3

如何培养自控力?

3. 让孩子爱上托幼园所

每一位家长都希望孩子能在托幼园所中健康、快乐地成长，也会对孩子的一日生活和感受非常关注。想了解孩子在园所的真实情况，让孩子爱上托幼园所，亲子沟通技巧很重要。

（1）给孩子积极的心理暗示，不问负面问题。想了解孩子的日常，可以这样问：“今天老师带你们玩了什么？”“又讲好听的故事了吧？”“饭菜和零食哪个是你最爱吃的？”“你的好朋友是谁呀？”“老师今天给了你三朵小红花呀？”让孩子回忆美好的人和事，避免问：“今天你哭了吗？”“有没有人欺负你？”“又尿床了吧？”“是不是没吃饱？”这类让孩子难过和有压力的问题。

（2）问题不要抽象笼统，不问为什么。孩子还太小，不能把感受和前因后果说清楚。比如这些问题，家长通常不能得到想要的答案：“今天学 / 吃了什么？”“老师喜欢你吗？”“今天没睡午觉？为什么？”“你最喜欢 ×××，为什么？”

（3）多问一些正面引导性的问题，帮助孩子自立并建立良好的人际关系。如：“今天的衣服 / 鞋子是不是自己脱的？”“你今天有没有对老师说‘谢谢’/‘再见’？”“你有没有帮助老师 / 小朋友？”

总之，多引导孩子回忆开心的事，少点消极的心理暗示，不要仅仅关注孩子的吃喝拉撒，更要关注孩子的感受和进步。从心底相信托育机构能照护好孩子，交流中及时地表扬和鼓励孩子，孩子就会越来越自信和快乐。

（三）25 ～ 30 个月幼儿家园沟通要点

1. 发展幼儿的初期想象力

幼儿的想象力在 2 ～ 2.5 岁的时候开始发展，幼儿在游戏时能把回忆起来的事物的表象附在一些实物上，如用积木搭火车、喂玩具娃娃吃饭，这些都是儿童想象力发展的初期表现。要指导家长抓住这一时期，在游戏和生活中发展孩子的想象力。

2. 发展幼儿的口语表达能力

2 岁以后的幼儿进入口语发展期，他们特别喜欢开口说话，指导家长在与幼儿的交流中多使用简单的完整句，引导幼儿正确地使用词语，形成基本的听说能力。

3. 通过模仿培养好习惯

指导家长关注幼儿的模仿学习方式，在游戏中有意识地引导幼儿观察成人的动作，为幼儿树立良好的榜样，以言传身教培养幼儿良好的行为习惯。

4. 培养安全意识

指导家长逐步培养幼儿的安全意识，利用幼儿熟悉的环境和物品对幼儿进行安全教育，提高幼儿的自我保护意识。

四、家园共育建议——与不同教养方式家庭的家园合作

家庭教育是一种双向的、相互影响的教育活动，父母的教育方式会影响子女的一生。家庭教养方式是指父母在抚养、教育子女的活动中经常性、习惯性使用的教育方法和教育方式，是父母各种教养行为的特征概况，是一种具有相对稳定性的行为风格。每个家庭都有自己个性化的教养方式。托育工作者与家长的良好沟通与互动，是取得家园共育实效的关键。托育工作者在与家长沟通和互动时，必须正视家长的个体差异，每一个家长有着自己不同的生活环境和学习经历，他们在学历、性格、教育观、教养方式等方面有着极大的差异，针对不同类别的家长采用不同的交流方式才能取得良好的沟通效果。

视野拓展

全国首份家庭教育令

这是一个有些令人心酸的真实故事。

8 岁的胡某茜父母为了争夺对她的抚养权打起了官司。原来，2020 年 8 月 10 日，她的生父胡某与母亲陈某协议离婚，双方约定女儿胡某茜由母亲陈某抚养。陈某离婚后再婚，带着胡某茜搬入新的出租屋，致使胡某茜两个星期未能上学。胡某知晓后，给女儿又是找全托、又是请保姆，试图以这种方式履行对 8 岁女儿的抚养与照顾义务，而他未和孩子居住在一起，只是周末将女儿接走。

2021 年 10 月 27 日，长沙市天心区人民法院受理了原告胡某与被告陈某的抚养权变更纠纷一案，胡某请求法院判令将婚生女胡某茜的抚养权变更给自己。

长沙市天心区人民法院少年法庭经过审理，综合多方考虑，依法驳回了胡某的诉讼请求，判决被告陈某继续履行监护责任。但对法定监护人陈某的失职行为依法予以纠正。依据我国《未成年人保护法》《家庭教育促进法》的相关规定，长沙市天心区人民法院依法对失职监护人陈某发出家庭教育令。

（一）绝对权威型

1. 绝对权威型家庭教养方式的特点

父母对孩子管制过多，崇尚“棍棒下出孝子”，在日常生活中更倾向于制定规矩和严格管教，在孩子提出需求时不允许反驳（回嘴），不尊重孩子的爱好、兴趣，对孩子态度简单、粗暴，不能与孩子亲切交流。对于 0 ～ 3 岁的婴幼儿来说，绝对权威型家庭教养方式往往表现为在婴幼儿持续性哭闹、犯小错误时，家长通常会不理睬、嘲笑、指责、责骂甚至轻度体罚。生长在这种教养方式下的孩子，由于对父母绝对服从，自己思考的机会很少，或者说思考了也没有任何意义，则其逐渐失去想象力，创造力也会变得很差。长期生活在这样的家庭中，婴幼儿会有很大的压力、焦虑，很内向、懦弱，不能勇敢表达自己的意愿，甚至出现情绪不稳定、心理脆弱敏感或情感淡漠等状况，与同伴的关系较差，要么过于顺从，要么具有攻击性，不容易与他人建立信任关系。

案例展示

西西，3 岁，爸爸早上送西西到托育园时就嘱咐托育老师：“老师，我们家西西比较淘气，吃饭特别磨蹭，有时候需要大人喂饭，希望老师多照顾西西。”说完话，西西爸爸拿出一张西西日常活动时间表，告诉老师要严格按照时间表的内容进行各项活动，完成后在活动后面打“√”。老师看到西西的日程表，除了吃饭、睡觉、如厕的时间规定外，还列满了每天要学习的知识和内容：英语、识字、音乐、运动……到了进餐环节，老师发现西西吃饭总是小心翼翼。离园后，老师和西西爸爸进行了沟通，了解到西西在家吃饭的时候，爸爸总是嫌西西吃得慢，用小木棍不停敲打桌子，甚至有时候急了直接打西西。西西生活的一切都得听爸爸的安排，如果没有达到爸爸的要求，爸爸就会粗暴地对待西西。

2. 家园合作要点

（1）营造健康的家庭教养环境。通过家园沟通，改变父母的教养方式，在实施教育的过程中充分考虑孩子的自身条件和身心发展需求，父母对孩子的期望应是长远目标和阶段目标相结合，营造个性发展的空间和宽松的教养环境。任何超负荷的压力都会带给孩子消极、胆怯、被动的负面影响。

（2）加强亲子沟通，建立起信任关系。父母同子女的关系，既是长辈和晚辈的关系，又是朋友关系。子女对父母应当尊敬、理解；父母对子女也应当尊重、信任、爱护、帮助。当父母同子女之间意见不统一或产生矛盾时，应在平等、信任的基础上，采用民主协商的方法，耐心启发，动之以情，晓之以理；当子女犯错时，父母应循循善诱，说明是非善恶，解释行为意义，体现出父母对子女的关爱正向教育。

视野拓展

与知识分子家长进行家园合作

父母的文化素质在很大程度上决定着父母的理想、情操、生活方式、职业地位、经济状况，精神条件和物质条件不同的家庭，对子女的教育方式与教育水平也不同。知识分子受过良好的教育，自身拥有较高的学识，其对子女的教育存在一定的优势。但部分家长由于多种因素的影响，导致对孩子的教育也存在一定的问题。

一、与知识分子家长家园共育存在的问题

1.“望子成龙”“望女成凤”，期望过高

部分家长对子女的期望过高，一心想着让他们将来去实现自己未能实现的事业，把自己未实现的理想寄托在子女身上。例如，有的家长在子女刚学说话时，便进行过早的成人化教育，强制灌输知识，不管孩子是否具有这方面的天赋，更不顾孩子是否有这方面的兴趣爱好，甚至无视孩子智力发展的规律，强硬干预孩子的自然成长过程，导致孩子畏惧父母，更丧失了学习的乐趣。

2. 对子女管教过分严苛

有的家长自我意识很强，对子女的教育过分严厉、过多限制、缺少宽容。他们常常要求子女只能成功，不能失败，若达不到要求就训斥、责骂、讽刺、挖苦，甚至体罚，不尊重孩子的爱好、兴趣，对孩子的态度简单、粗暴，缺乏与孩子有效交流的能力。

3. 主张“自然”教育

部分家长主张幼儿教育就是要完全放弃所有束缚，让孩子“自然”生长。这部分家长对孩子教育就是“让孩子撒开来玩”“自由生长”，这一教育理念往往会忽略孩子良好行为习惯、意志力、社会规则意识等非智力因素的培养，这无疑对孩子的成长是不利的。

4. 缺乏家园有效合作

有的家长由于平时精力放在事业上，与孩子缺乏感情交流，对孩子在园所的表现以及心理发展的现状缺乏应有的了解；有的家长则不理会教师的教养指导和建议，一意孤行按照自己的方式去教养孩子；有的家长则与园所保持一定的距离，很少参与园所举办的亲子活动，也很少与教师联系。

二、与知识分子家长家园共育指导建议

1. 积极搭建交流平台

托育机构可以利用自身优势，为家长提供一个交流的平台。如定期举办家长论坛、育儿沙龙、亲子活动等，根据孩子存在的普遍性问题，每次都提供一些可供家长集中讨论的话题，以此激发家长参与的热情，为家长创造更多交流的机会。托育机构的工作人员也可以定期通过网络交流（如微信群、QQ 群）拓展交流平台，实现实时家园互动，激发家长参与孩子教育的热情。

2. 提供专业指导，灵活运用实践经验

托育机构的工作人员可以利用自己丰富的实践经验，给家长以育儿技巧和细节方面的指导与提示。例如，可以利用家长平时接送孩子的时机，根据孩子当天的表现随时进行相关提示；也可以利用“家园联系卡”，详细分析孩子一周的表现，对孩子出现的相关问题进行具体的指导；在开展早期教育活动、亲子活动等集体活动时，可抓住时机，提醒家长关注一些教育细节，引导家长有意识地做到身体力行。

（二）溺爱娇惯型

1. 溺爱娇惯型家庭教养方式的特点

家长给予婴幼儿过度的关爱和交流，以婴幼儿为中心，满足一切需求，对其百依百顺。大多数家长认为 0 ～ 3 岁婴幼儿年龄较小，不能照顾自己，不懂事，且害怕孩子哭闹、生气等影响身心健康，故采用让婴幼儿用自己的方式“自然”生长，家长盲目溺爱、疏于管束。过度的关爱会强化婴幼儿“以自我为中心”的意识，忽视他人的感受，任性自私，不讲道理，陷入“唯我独尊”的狭隘世界，可能会阻碍其未来人际交往和社会性发展。

案例展示

豆豆，2 岁，刚到托育园一周，每天清晨他来到园里都要哭，大吵大闹要找妈妈。上课的时候小朋友们玩游戏，豆豆有时在旁边会跟着一起玩，老师说“豆豆，把你的玩具分享给其他小朋友玩一玩吧”，豆豆就大哭，不愿意把手中的玩具给其他小朋友。一天，玩积木时，豆豆抢了小朋友的积木，在抢积木的过程中，把小朋友的手抓破了一点，还紧紧地抓着积木哇哇大哭。离园时，老师和豆豆的妈妈进行了沟通，以了解豆豆在家时的养育情况。经了解知道，豆豆的父母都是高才生，家庭条件比较好。因为工作的原因，父母都是“老来得子”，对豆豆过度保护和宠爱，豆豆在家里犯了错误，父母多是一笑了之。

2. 家园合作要点

（1）帮助家长走出溺爱的误区。托育老师需要与家长进行沟通，告诉家长溺爱教养的危害。从表面上看，事事为婴幼儿安排好，所有需求都无条件满足，是为家长省事省心。但溺爱将来会使婴幼儿难以培养独立人格。因此，父母要主动去了解0～3岁婴幼儿的身心发展特点，学会拒绝婴幼儿不合理的要求，帮助其分清是非对错，逐渐培养婴幼儿良好的行为习惯。

（2）调适溺爱的心理。教会家长适当地放手。放手不等于纵容。在日常照护中，家长可以手把手地教会婴幼儿生活技能，但不是完全替代他们去完成。在学习某一项技能时，家长可以边做边教，孩子边模仿边学，既能促进亲子关系，又能培养婴幼儿自己动手的能力。

视野拓展

与祖辈家长的家园合作

欣欣的父母因为急着去上班，一大早将欣欣送入托育老师手中后便匆匆离开了，而欣欣的奶奶却不放心，跟在欣欣后面，对托育老师千嘱咐万叮咛："老师，我家欣欣不会穿脱衣服，麻烦老师热了帮着把衣服脱了，冷了马上穿上。""老师，我家欣欣不会穿裤子，等会儿上完厕所后麻烦你帮着穿一下。""老师，我家欣欣有鞋带的鞋子不会穿，麻烦你睡午觉起床后帮他系鞋带。""老师，请给我家欣欣多吃点饭，这孩子在家吃饭都是我喂的。"之后，欣欣奶奶又站在托育园所的大门口，看着晨间活动，看着做操，久久不肯离去，显示出很大的不放心。

案例分析：祖辈家长年事已高，学习能力有限，生活年代、文化背景和性格特点与年轻父母相比差异大，在婴幼儿日常生活习惯、教育观念和教育方法等方面易产生矛盾与冲突。托育老师与他们沟通的时候要礼貌、亲切，指导教育方法时要具体、形象、到位，具有可操作性，尽量不要抽象和空洞的说教。

祖辈抚养是当前一种较为普遍的社会现象，年轻的父母迫于生活、工作等多方面的压力，无奈让祖父母或外祖父母协助抚养婴幼儿。隔代抚养有利有弊：一方面，减轻了家庭压力，特别是平衡了年轻父母在工作生计和教育抚养孩子之间的现实矛盾；另一方面，祖辈对孙辈寄托的情感和期望很高，容易产生"爱的补偿"的心理和行为，容易忽视婴幼儿个性品质的培养。

一、与祖辈家长家园共育存在的问题

1. 教育观念冲突

祖辈家长教育观念往往固守传统，主要以经验来教养婴幼儿，对新观念、新思想比较抵触，或者不愿意去学习和接受新鲜事物。在教养方式上最大的问题是重养育、轻教育，忽视对婴幼儿心理、人格、情绪、社交等方面的培养。有的祖辈家长包办代替、包庇袒护，对婴幼儿的自理能力和独立性缺乏要求。

2. 娇惯溺爱

祖辈家长给予婴幼儿过度的关爱和交流，以婴幼儿为中心，满足一切需求，对其百依百顺。过度的关爱会强化婴幼儿“以自我为中心”的意识，忽视他人的感受，任性自私，不讲道理，陷入“唯我独尊”的狭隘世界，可能会阻碍其未来人际交往和社会性发展。

3. 缺少有效沟通

由于教养观念、年龄、文化背景、语言等方面存在较大差距，托育老师与祖辈家长缺乏有效沟通。在家园沟通过程中，大部分祖辈家长不愿意积极配合，听不进科学合理的育儿建议，态度敷衍、冷漠，在家园共育中形成了一道难以跨越的障碍。

二、与祖辈家长家园共育指导建议

1. 尊重祖辈家长，端正沟通态度

尊重是沟通的必要条件。祖辈家长有着与年轻家长不同的特点：他们溺爱孩子，关注琐碎的生活细节；他们观念陈旧，喜欢以经验代替科学，思想较为保守，不易变通。托育老师与祖辈家长沟通时要以平等的关系对待，不能因为祖辈家长缺少科学教养婴幼儿的知识和方法，就以命令式、居高临下的姿态教育祖辈家长。沟通时要以通俗易懂的语言进行交流，认真倾听祖辈家长在教养婴幼儿过程中所遇到的困难和问题，共同协商解决，以拉近彼此距离，让其感受到被尊重和被理解，形成良好的互动关系。

2. 学会换位思考，采取合适的沟通策略

托育老师学会换位思考，了解祖辈家长的性格特征和教养特点，理解祖辈家长对婴幼儿的感性关爱，肯定祖辈家长的价值和付出，讲究沟通的艺术和技巧，以亲切、沉稳的口吻与他们真诚交流。托育机构可通过家长交流日、座谈会、教养课程培训等活动，逐渐转变祖辈家长重养轻教的育儿观，引导祖辈家长关注婴幼儿的身心发展及人格培养。

3. 丰富沟通内容，提升沟通效果

与祖辈家长沟通时，将婴幼儿在托育机构中的衣食住行、身体情况等作为沟通的重点，以祖辈家长感兴趣、关心的话题为中心，将婴幼儿在园所的日常表现以视频、影像等形式，实时与祖辈家长分享，提升沟通效果，发挥家园合作共育的最大效益。

（三）忽视冷漠型

1. 忽视冷漠型家庭教养方式的特点

家长对婴幼儿的身心发展和情感需求表现出漠不关心的态度，缺少对婴幼儿的教育和爱，对婴幼儿需求和被关注的渴望视而不见，不会对婴幼儿的行为加以引导和控制，同时也不会对其表现出爱和期待，他们一般只是提供食宿和衣物等物质条件，而不会在精神上提供支持。在这种教养方式下长大的孩子，很难有同理心，难以体会其他人的情绪、想法和感受，自控能力差，没有归属感，行为规则意识淡薄，对一切都采取消极的态度，甚至会出现一些人格障碍，比如反社会型人格。

案例展示

甜甜，两岁半，每天早上都是爸爸第一个送她到托育园。甜甜非常乖，学习、活动总是默默跟在最后面，看着其他小朋友玩，和老师互动很少。一次午睡，老师发现甜甜躲在被窝里哭，老师问："甜甜，你怎么了？哪里不舒服吗？"甜甜摇摇头，不出声。离园时，爸爸总是匆匆忙忙接走甜甜，也不询问老师甜甜在托育园中的表现。有一天离园时，托育老师和甜甜爸爸沟通，了解到甜甜是家中的老大，还有个半岁的小弟弟，妈妈是销售员，每天晚上10点下班，爸爸白天上班，家里请了亲戚帮忙照看小弟弟。爸爸和妈妈白天工作，晚上还要照顾小弟弟，根本没有时间和甜甜玩，有时甜甜分享有趣的事情，爸爸只是心不在焉地说"嗯"。

2. 家园合作要点

（1）转变教育观念和态度。0～3岁是婴幼儿与家长建立温暖、亲密又稳定依恋关系的重要时期。家长要积极有效地识别并满足婴幼儿的生理和情感需要，给予婴幼儿一定量的情感互动、共情和持续关注，保持健康的依恋关系。要转变"我工作很忙没时间陪伴，反正已经把孩子送到托育机构了，那就是老师的事情了"的观念。家长要明白家长是婴幼儿的第一任老师。家长应该主动与老师联系并了解子女在园所的情况，并及时利用空闲时间陪伴婴幼儿做游戏、亲子阅读、身体活动等。通过家园合力，促进婴幼儿的身心健康发展。

（2）积极倾听，改善家庭氛围和亲子关系。互动与沟通是人与人、人与环境交互作用的过程。家长应通过肌肤接触、拥抱、微笑、对话等形式对孩子的合理需求做出及时且恰当的回应。多提供孩子说话锻炼的机会，孩子离园后，家长应鼓励孩子表达白天在托幼园所发生的事件，家长充满兴趣、热情、认真地倾听，孩子诉说时不可随意打断或否定，让其体验到表达的快乐和满足。营造温暖有爱的家庭氛围，增加亲子互动的时间，家长可以选择与孩子共同关注一件物品、阅读一本绘本、学习一项技能等。

视野拓展

与单亲家庭的家园合作

诺诺，2岁半，刚入托育园时，乖巧听话，活泼可爱，但过了2个月后，情绪变得非常脆弱，动不动就发脾气、哭。有一次诺诺奶奶来接他，托育老师和奶奶了解到诺诺妈妈和爸爸办理了离婚手续，奶奶当着诺诺的面说："都是他妈妈不好，天天在家吵架，对孩子也不管不顾。”过了不久，爸爸又重新找了一个新妈妈，但诺诺主要还是由奶奶来带。老师发现诺诺开始变得心事重重，闷闷不乐。在托育园上课时，诺诺总是一个人坐在角落，与小朋友交往也不够大胆自信，不和托育老师说话，他现在的性格很敏感、多疑。

案例分析：家庭破裂给孩子的心灵带来的负面影响不可小觑。在离婚后，单亲家庭会暂时出现家庭结构与功能缺失的状态，有的单亲家长难以恢复平常心态，对孩子的教育态度与方法变得非理性和情绪化。比如，有的家长带着补偿的心态溺爱子女；有的家长带着仇恨的心态给孩子灌输“爸爸不是好人”“妈妈不要你了”等偏激的观念；有的家长则因为忙于应对离婚后的新生活，对孩子疏于关心与管教，使单亲孩子的童年生活陷入混乱无序的状态。在托育机构中，托育教师要善于观察、调研、分析与整理，积极与单亲家庭的家长进行沟通，加强家园合作，共同守护婴幼儿的健康成长。

据调查，单亲家庭大致有3种类型：大多以夫妻离异为主；其次是因为丧偶；还有一种较为特殊的类型，非婚生子女与母亲组成的单亲家庭。0～3岁是婴幼儿性格、人生观、价值观形成的重要时期，在这个时期家庭出现变故，家庭结构的不完整，缺少父爱或母爱，性别角色缺失，又没有得到正确的引导，可能会影响婴幼儿品行、心理、学习、社交等方面。有研究发现，早期失去母亲的婴幼儿，且没有代替母亲的人，其身体发育、情绪发展及智力发育等方面会出现长期的缺陷；在没有父亲的家庭中，婴幼儿的情绪易变，自我控制能力差，长大后易冲动，常常做出不符合社会要求的行为，在集体生活中爱违反纪律，与人交往时爱挑起争端、侵犯别人等。

一、与单亲家庭家园共育存在的问题

1. 单亲家庭的家长教育误区

单亲家庭的家长为了抹平家庭破裂时给婴幼儿造成的心理创伤，对婴幼儿的疼爱和关怀无微不至，甚至溺爱，满足婴幼儿的一切物质需求，但缺乏心理方面的安抚。部分家长忙于生计，没时间没精力教育孩子、陪伴孩子，不愿意承担养育子女的责任。

2. 信息主体缺乏互动

多数情况下，托育教师是家园沟通的唯一主体，家长成为信息的被动接收者，缺乏有效的家园互动。单亲家庭的家长很少主动关注到婴幼儿行为、性格、心理健康等方面。

二、与单亲家庭家园共育指导建议

1. 引导家长改变养育观念

作为抚育子女的父亲或母亲，与子女相依为命，把子女看作“私有财产”“附庸物”，对子女是一种畸形的爱。托育老师要指导家长建立正确的育儿观，不要在子女的表现达不到自己期望时就棍棒相加，也不要有亏欠的心理而一味溺爱，将全部心思放在子女身上。家长要时刻注意自己的言行举止，不要在子女面前表现出不良的习性，如说谎、不负责任等。

2. 加强家园合作，营造温暖有爱的氛围

托育老师学会观察和识别婴幼儿的言行、情绪、动作特点，主动与家长沟通，及时向家长反馈婴幼儿在托育园中的表现、行为习惯、心理变化等，积极引导、辅导，采取合理的措施教养婴幼儿。家长也要主动与托育老师联系，了解婴幼儿在园的表现，倾听老师对婴幼儿教育的建议。托育老师和家长要善于发现婴幼儿的优势与闪光点，及时肯定、赏识、培养和引导，多鼓励，多和婴幼儿进行交流和沟通，重视婴幼儿情感方面的需要，提供精神上的支持，培养婴幼儿自尊、自强、自爱、自励、开朗乐观的性格。

（四）民主权威型

1. 民主权威型家庭教养方式的特点

著名教育家苏霍姆林斯基说："父母善良和睦，互敬互爱，互谅互让；父母尊重孩子，理解孩子，与孩子成为朋友。这种民主的家庭拥有天下最大的幸福。"民主型家长能够尊重婴幼儿，平等地将婴幼儿作为一个独立个体看待，给予适度的关爱，又坚持相应的规则和纪律，注重"恩威并施"。0～3岁是婴幼儿性格塑造、行为习惯培养及社会性发展的关键时期，在平等、民主、尊重的家庭氛围中，婴幼儿能够形成正确的自我认知，保持个体独立性，建立良好的同伴关系，促进社会性发展。

案例展示

丽丽，2岁7个月，从进入托育园到现在已经有一年了。丽丽比较独立，生活自理能力比较强，自己吃饭、穿衣服，吃饭弄脏了桌子会自己清理。丽丽对园所的每个老师都很有礼貌，见面就打招呼，老师都很喜欢她。托育老师发现丽丽和其他小朋友都能很好地相处，会分享自己的玩具，有较强的规矩意识。一次离园时，托育老师和丽丽妈妈进行了沟通，了解到丽丽在家里父母很尊重她，当丽丽专注玩玩具时，父母不会打断她，而是和她一起去探索、去发现，哪怕是丽丽把纸撕得满地都是，妈妈也不会责怪她。

2. 家园合作要点

（1）优化家庭教养给予。在家庭教养环境中，从婴幼儿成长的角度出发，婴幼儿也是家庭中的主体，从家庭环境中汲取各种"营养"而获得自身的成长，父母等成为婴幼儿成长的环境，为婴幼儿提供关爱、照护等各种成长要素。当环境提供的各种营养元素和主体的需求相当时，婴幼儿就能顺利成长。因此，家长要及时发现家庭教养中的限制性因素，结合自身情况进行适度调适，降低过量供给，增加不足供给，避免“营养过剩”或“营养不良”，给婴幼儿提供一个合适的有利于其成长的家庭教养环境。

（2）正确理解发展规律，耐心教养。对婴幼儿要合理要求，顺应发展规律。家长始终要使自己处于一个“参谋”的位置，尊重婴幼儿的心理需求，用发展的眼光看待婴幼儿的每一次成长并进行适当鼓励。在婴幼儿犯了小错误时，要主动为婴幼儿找台阶下。如婴幼儿不小心把装热水的杯子打翻了，家长可以说：“妈妈没有提醒你，不全是你的错。”这样的语言比“你毛手毛脚的，真笨”的斥责更能使婴幼儿接受。

视野拓展

与多子女家庭的家园合作

随着二孩政策的推行及人们生活水平的提高，许多家庭开始迎接第二个宝宝的降临。在家庭结构的变化中，二胎家庭中头胎儿童相比于其他家庭成员，其角色变化是最大的，头胎儿童的心理感受往往负面多于正面。二胎家庭存在的问题如下：

（1）父母对子女的教育误区：有些父母本身就对家庭教育不太重视，其原生家庭的亲子关系不融洽。随着二胎子女的到来，大多数父母忙于照顾二胎，疏于关心家庭中的老大，甚至有时不能公正地对待头胎子女，过多强调“以大让小”，对头胎子女缺乏情感沟通，家庭中偏爱行为较为明显。

（2）家庭关系不和谐或较混乱：多子女家庭经常会出现家庭关系不和谐甚至较为混乱的局面。对于婴幼儿而言，家庭关系直接影响婴幼儿日常生活能力的培养，以及个人素养与品质的建立。家庭关系不和谐或较为混乱容易使婴幼儿产生不良的心理状态以及心理问题，对婴幼儿的身心发展产生不利影响。

（3）家园沟通单向性、合作意识淡薄：在家园合作活动中，家长较为依赖于对头胎的教养经验，对托育教师反馈的婴幼儿信息不以为然。家长认为把婴幼儿送至托育机构，一切问题就由“专业人员”负责了，忽视了家园合作与交流。托育教师和多子女家长很难进行高效的交流，不利于良好合作的开展，不能激励家长与托幼园所合作的积极性，这种止于表面的家园合作，对婴幼儿的身心发展及成长将会产生不利的影响。

第二节　31 ~ 36 个月幼儿家园共育

一、31 ~ 36 个月幼儿的发育水平、教养目标和指导要点

31 ～ 36 个月的幼儿生理发展处于相对较慢的生长期，但心理发育的速度快，幼儿会表现出有自己的意愿和主张，会出现反抗行为；运动技巧日益成熟，两手也更加灵活，能玩些带有技巧性的玩具；兴趣爱好广泛。这个时期是培养幼儿生活自理能力的重要阶段，照护者可以训练幼儿在学会自己洗脸、洗手的基础上，使用完盥洗室后要把物品摆放回原位等，具体发育水平和教养目标如表 4 - 2 所示。

表 4 - 2　31 ～ 36 个月幼儿的发育水平和教养目标

月龄	类别	发育水平	教养目标
31 ～ 36 个月	生长与发育	体重：12.97 ～ 14.04 千克； 身高：92.00 ～ 95.00 厘米； 头围：48.00 ～ 50.30 厘米； 胸围：49.20 ～ 50.60 厘米	引导孩子自己上床睡觉，醒后不影响别人，养成良好的睡眠习惯； 引导孩子不挑食，吃各种食物，主动喝水，养成进餐时的卫生习惯； 引导孩子学习自己用肥皂洗手、用毛巾擦脸，学会主动上厕所； 继续指导和帮助孩子学习穿脱衣服、鞋袜
	大动作	会单脚跳、拍球、踢球、越过障碍、走 S 形路线； 能一步一级扶栏杆下楼梯； 能跳过 15 厘米左右的障碍； 能举手过肩投球； 能接住 1 ～ 2 米远投来的球； 能登上三层的攀登架	引导孩子继续练习钻爬、上下楼梯，学走小斜坡、平衡道，促进走、跑、跳跃、投掷等基本动作的发展
	精细动作	会画圆形和方形； 会写两个以上的数字和汉字； 会画 2 ～ 4 个人体的部位； 能用剪刀把纸剪成条形	引导孩子玩智力玩具，比如搭积木、穿珠子、叠纸、捏橡皮泥等，提高手指的灵活性和手眼的协调能力
	语言	能说出自己的名字和年龄； 能背几首儿歌、唐诗，会讲简单的故事； 知道一些礼貌用语，并知道何时使用这些礼貌用语	引导孩子学习用语言和大人交流，表达自己的要求，乐意执行成人简单的语言指令； 经常开展阅读活动，引导孩子学习讲述简单的事情和故事，唱儿歌，听音乐，跟随音乐做模仿动作

续表

月龄	类别	发育水平	教养目标
31～36个月	认知能力	能区别红、黄、蓝、绿等常见的颜色； 能按用途将常见物品分类； 认识不同的职业； 理解 8～10 种反义词； 能拼 4～8 块的拼图； 认识 4～6 种形状	引导孩子在生活中感知常见的动植物和简单的数量，区分大小、多少、长短、上下、里外等，给物体归类
	情绪与社会行为	基本情绪为哭、笑、恐惧、依恋等； 易冲动、不稳定、外露； 道德感、理智感开始萌芽； 会使用“谢谢”“再见”等礼貌用语； 会和同龄的小朋友分享同一件事，学习等待、轮流等； 会使用一些新的社交技巧以获得他人的喜爱、夸奖	引导孩子用声音、动作、涂画、粘贴等多种方式表达自己的感受和对事物的理解； 引导孩子多与同伴玩耍、游戏，学习礼让、同情、关心和安慰别人，对人有礼貌

二、31～36 个月幼儿的养育建议

（一）营养喂养

这个月龄的孩子大多喜欢颜色鲜艳、味道鲜美的食物。养育者在为孩子提供均衡营养的同时，还要照顾孩子的心理特点，用食物的色、香、味来增进孩子的食欲，防止挑食、偏食。对于孩子不喜欢吃的蔬菜，比起强迫和讲道理，改变烹饪方式是更明智的办法，比如把胡萝卜打成汁或切成细丝做鸡蛋烙饼，把芹菜做馅儿包成饺子等，也可以寻找营养替代品，比如把芹菜换成韭菜，照样能让孩子获得膳食纤维。为幼年的孩子提供品种越丰富的食物，孩子长大后对各类食物的接受程度就越高，越能享受美食的乐趣。

（二）睡眠指导

这个月龄的孩子与两岁半前相比，睡眠习惯的差异明显显现出来了。白天运动量不够或午觉睡得太久，以及玩得太累、睡前太兴奋都是造成孩子难以入睡的原因。睡前仪式和陪伴孩子入睡仍然有必要。

（三）日常护理——自理能力培养

这个时期的孩子，对世界充满好奇，有了强烈要求“我自己来”的独立愿望。满两岁的孩子能够自己如厕，独立用小勺吃饭，用杯子喝水，也能自己洗手；脱衣服、刷牙等生活自理能力也逐渐发展起来。两岁半以后，孩子的自我服务能力越来越强，开始挑战一些更难的事情，比如叠被子，穿脱衣服、鞋子等组合动作。他们总想抢着做一些家

务活，比如帮妈妈拿鞋子、抢扫帚、剥豆子等。他们喜欢模仿成人的举动，但常常好心办坏事，因此，常被贴上“调皮捣蛋”“不听话”的标签。

事实上，只有让孩子养成所有的事情都自己做的习惯，妈妈才能真正轻松起来。一位好妈妈并不需要给孩子无微不至的照顾，而是要考虑如何才能让孩子学会自立。首先，建立科学的一日常规和作息，每日规律作息；其次，多提供机会，让孩子体验；再次，营造宽松氛围，学会耐心等待，不要催促和训斥孩子动作慢或做不好。很多时候，是因为孩子小肌肉发展不好，能力不允许。养育者要多理解并加强精细动作训练。自理能力的培养，同时也是孩子独立自主的习惯和独立思考的意识的培养。托育工作者和家长都需要不断地为孩子创造锻炼的机会与条件，循序渐进，反复练习，及时鼓励。

微课 4－4

如何培养自理能力？

三、31 ～ 36 个月幼儿的教育内容与沟通要求

（一）教育内容与要求

1. 通过游戏和生活中的小事发展双手配合能力

创造条件让幼儿参加复杂的运动游戏，通过完成生活中的小事如洗袜子、刷牙等发展双手的协调配合能力。31 ～ 36 个月的幼儿基本上已经掌握了所有的基础动作，在日后的生活中要通过不断反复做动作来熟练地运用这些动作技能。

2. 发展自理能力，做好入园准备

通过养成良好的生活习惯，培养幼儿的自理能力，为入园做准备。两岁半以后是培养和锻炼幼儿生活自理能力的重要阶段。生活自理能力对幼儿的性格形成具有深远的影响。入园前教会幼儿安静独立地吃饭、学会穿衣穿鞋、养成饭前便后洗手的习惯，培养他的自理能力，能够使幼儿更快地适应托幼园所的集体生活。

3. 提高幼儿的语言理解和表达能力

在幼儿熟悉家庭成员的前提下，通过和幼儿进行语言类的模仿动作游戏，训练幼儿回答问题的能力，例如提问幼儿家庭成员的名字、职业等，或是让幼儿说出常见物品的用途等，以提高幼儿的语言理解和表达能力。

4. 对幼儿进行性别意识的教育

这个阶段，教养者要在幼儿与家人、与同伴的交往中引导幼儿从衣着、发饰等方面注意到自己和别人的不同，男孩和女孩的不同，帮助幼儿形成对性别的正确认识。

（二）31 ～ 36 个月幼儿家庭教育中需特别关注的内容

1. 规则意识与违规

父母会发现，对于这个月龄的幼儿，制定的各种规矩他们都无法遵守，说多少遍都没用。宝宝常常违规的原因：一方面因为根本没有形成规则意识，还不能理解

规则或自控力比较弱；另一方面，和家庭成员对待遵守规则的态度不一有关。

微课 4－5

宝宝总是违规，怎么办？

怎样对待宝宝的违规行为呢？首先，要用宝宝听得懂、能明白的语言帮助他理解规则；其次，亲子共同参与制订规则，制订规则的目的是帮助宝宝养成良好习惯，规则一旦制订，就需要全家人一起维护；最后，在同一时间段内只重点培养宝宝的某一个行为习惯。

2. 撒谎

微课 4－6

宝宝常说“瞎话”怎么办？

接近 3 岁的宝宝说话越发滔滔不绝了，还经常说瞎话。当家长发现宝宝开始撒谎时，不解、惆怅、愤怒……各种坏心情难以言说。这正常吗？其实，在幼儿期，宝宝像讲故事那样说“瞎话”的现象十分常见。他们总是“无中生有”，记忆不够精确，会把想象和现实混淆在一起，宝宝说的这种谎言是一种“无意谎言”，并不是为了欺骗他人。家长和老师不要责备宝宝，不要给宝宝贴上“说谎”“骗子”等标签。多一点耐心，去想想宝宝为什么会出现这样的行为，然后进行正确引导。

3. 同伴交往

研究表明，幼儿同伴交往有着与成人交往所无法替代的特殊作用和重要性，同伴关系不良不仅会影响现时的发展，还会影响儿童后期的社会适应性。家长应尽可能为宝宝创造与同伴相互交往、自由交谈和玩耍的良好机会，每天至少保证一次。

提高宝宝的语言表达能力是前提，鼓励宝宝学会和运用口头语言和肢体语言和同伴进行交流。鼓励宝宝与邻居一起玩，允许宝宝随身带上一些小玩具去找伙伴玩；多带宝宝外出，以扩大交际圈、锻炼胆量；去公共区域玩大型玩具；积极参加社区、园所组织的活动；还可以利用合作游戏、角色游戏等培养宝宝交往的策略，为宝宝社会性的良好发展打好基础。

4. 入园焦虑

每年 9 月的托育园或幼儿园都要上演一场“妈妈不要离开我”的催泪大戏。对年幼的宝宝而言，初入托育园或幼儿园是他们人生中一次大的挑战，他们将面临重大的环境改变，要离开熟悉的家长，进入陌生的环境，接触陌生的小朋友和老师，这会强烈激发宝宝的分离焦虑，这是正常的，但家长的过度保护和焦虑会加剧宝宝的分离焦虑。

微课 4－7

如何缓解入园焦虑？

家长可以在宝宝进入托育园或幼儿园之前，帮助宝宝建立对园所的积极预期，最好是带宝宝提前到园区进行参观、游玩，提前熟悉环境。同时，在家提前练习分离。在宝宝正式入园时，家长要用冷静和轻松的心态，一个人送宝宝入园。在宝宝开始托育园或幼儿园的生活后，要配合园所帮助宝宝适应。父母只有放手，才能让宝宝长大、自立，去创造属于自己的美好未来。

（三）31～36个月幼儿家园沟通要点

1. 从幼儿的行为表现协助家长指导幼儿

面对幼儿发脾气哭闹的情况，引导家长和幼儿沟通时要保持耐心，理解幼儿不良情绪的原因，帮助幼儿尽快恢复平静。

2. 帮助家长了解幼儿发展的规律

幼儿在发展的过程中有自己的特点和优势，很多家长会在幼儿的对比中产生焦虑的情绪，此时要引导家长接纳并尊重幼儿在活动中表现出来的差异，尊重幼儿的个性与发展特点。

3. 指导家长帮助幼儿度过焦虑期

指导家长在集体亲子游戏的基础上，常带幼儿到将要入园的托育园或幼儿园玩耍，观察老师和小朋友在园的生活，激发幼儿上托育园或幼儿园的渴望，帮助幼儿尽快度过分离焦虑期。

4. 帮助家长培养幼儿的性别身份认同

在生活中引导幼儿通过发现男孩、女孩在行为、能力、兴趣爱好等方面的差异，尊重自己和他人的性别身份。如果发现男宝宝喜欢洋娃娃，女宝宝喜欢小汽车，不需要特别纠正，不要急于贴上“性别标签”。可以这样引导：尽量为幼儿提供多样化，不以性别分类的玩具，比如积木等；通过绘本或模仿游戏，比如：职场妈妈、在家带娃的爸爸、男护士、女警察等，让幼儿了解多元化的性别身份。不带性别偏见的教育才能帮助幼儿形成“性别平等”和健康客观的性别意识。

四、家园共育建议——传统文化润童心

我国著名早期教育专家冯德全教授认为，儿童早期教育是人生性格基础养成的教育。养育环境对婴幼儿的认知启蒙和个性发展有长远的影响，在现代信息社会背景下，受到各种文化的影响，家庭养育容易出现“重物质养育，轻精神养育”和“重智力培养，轻德育教育”，很多家长认为早期教育就是学习科学文化知识，没有重视婴幼儿德育教育和道德品质的培养，这样的教养方式不利于婴幼儿德智体美全面发展。

我国不但有灿烂的文化，还拥有许多优秀的传统美德。优秀传统文化不仅是中华民族的血脉，也是人类文明的智慧精华。早期教育是人生教育的开端，0～3岁是婴幼儿认知发展与道德养成的关键阶段，在这个阶段的婴幼儿具有强大的学习能力和模仿能力，更容易接受和学习新鲜事物。我们要将优秀传统文化融入早期教育中，让婴幼儿在中华优秀传统文化中被滋养，感受、欣赏和体验文化精华，培养他们宽阔的视野、博大的情怀，初步形成良好的品德行为规范。

家园共育的目的就是将家庭教育与园所早期教育有机结合，尊重婴幼儿的身心发展规律，充分发挥家园合作的力量，让家长参与到传统文化的教育中来，促进婴幼儿的个性发展。

（一）传统文化融入早期教育的价值

中国传统文化中有大量优秀经典，包含多元的文化形态和不同的形式，如经典古诗、传统节日、民俗礼仪、民间游戏、经典童谣等，其中蕴藏着丰富的教育资源。刚出生的婴儿还懵懵懂懂，要有养成的教育，就要从小养成正确的思想观念，引导他的善心、善言、善行，扎好德行的根基，这是世间最伟大的功业。早期教育应注重“德育优先”，挖掘优秀的传统文化教育资源，让婴幼儿在传统文化中滋养内心，了解中华民族的精神和美德，萌发民族意识和情感，形成健全的人格。

1. 丰富多元化情感

中华优秀传统文化是人类文明中积淀的宝贵精神财富。这些传统文化的精髓，承载着中华民族的思想观念、风俗习惯、情感表达，包含着丰富的道德理念和规范，能够塑造婴幼儿的优秀道德品格，强化对社会主义核心价值观的认同。引导家长重视传统文化教育活动，促进家园共育，充分挖掘中华优秀传统文化中所蕴含的情感教育，并有机地融入婴幼儿的早期教育中，培养婴幼儿动手、动脑、动眼、动口的能力，潜移默化地萌发婴幼儿的积极情感，促使婴幼儿的个性健康发展。

2. 增强民族认同感

每个国家都有其独特的文化，不同文化的国家有不同的民族和不同的生活方式，在理解和尊重各种文化的基础上，中华优秀传统文化能为家园共育提供行之有效的教育理念和科学实用的教育方法。婴幼儿认识和探索世界的最主要方式就是用眼睛去观察，在实践中，可以选取贴近现实生活、符合婴幼儿喜好、促进身心发展的优秀传统文化资源，融入早期教育中，在婴幼儿时期进行传统文化的渗透和传承，增强婴幼儿对民族文化的认知和认同感，提升文化自信。

3. 促进个人的全面发展

人的全面发展既包括智力和体力的充分、统一的发展，也包括人的才能、志趣和道德品质的多方面发展，主要体现在思想道德素质、科学文化素养和健康素质等方面。传统文化的学习可以陶冶情操，拓展思维的宽度，净化和升华婴幼儿的心灵。

（二）传统文化家园共育的模式

1. 创设传统文化环境

人的性格、情绪情感、道德修养与其生活的环境息息相关。创造安全、温暖、信任的成长环境，通过感受和体验让婴幼儿获得内化的行为，培养良好的情感，潜移默化地影响婴幼儿的性格养成。

（1）营造精神环境氛围。

在养育和教育环境中注重营造和谐的精神氛围，让婴幼儿在耳濡目染中受到传统文化的浸润。在婴幼儿一日生活中，托育工作者和家长要抓住一切机会，采取生活化、场景化、戏剧化的形式，在行动中践行中华优秀传统文化，在践行中感悟中华优秀传统文化。托育工作者和家长的行为举止、说话方式、待人接物的态度以及穿着打扮，都在有意无意地教育着婴幼儿。托育工作者和家长可以利用日常生活中的各个环节，如洗手、饭前、午睡前、饭后，讲中华传统节日、读唱古诗、咏诵传统童谣等，尽可能地满足婴幼儿在活动中对传统文化内容的好奇心与探索欲，从情绪情感上获得愉悦感与满足感。图4－1所示绘本《团圆》，就是关于春节家人团聚的故事，深受幼儿喜爱。

图4－1 绘本《团圆》

（2）创设物质文化环境。

1）家庭环境创设：富于审美性和可操作性的家庭环境，能够丰富孩子的审美感受与体验，激发孩子对传统文化的认同和喜爱，吸引孩子关注。例如：春节期间，家长可以和孩子共同布置家居环境，悬挂灯笼、贴春联等，如图4－2所示。充满传统节日氛围的环境可以有效吸引孩子的注意力，实现与环境的对话，激发孩子对传统节日的探究兴趣。

图4－2 贴春联

2）园所环境创设：巧妙利用托育机构中活动室内外、门、窗、墙面、走廊等空间，创设具有中国风的环境，通过传统节日环境布置（如图4－3所示）、民族艺术活动等对孩子进行传统文化的启蒙教育。例如，活动室整体装饰风格是青花瓷、山水画；吊饰是京剧脸谱、灯笼；园所门口和走廊悬挂亲子剪纸、泥塑、彩陶、草编、中国结等手工作品；在阅读区提供古典文学的图画书、具有中国风元素的图画等；创设“皮影戏小剧场”“传统小吃坊”“民间工艺专卖”等游戏区域，让孩子感知传统文化的丰富和多样。

图 4－3　某托育园为冬至节气进行的环创

2. 传统文化与早期教育的有机融合

（1）传统文化与教育活动相结合。

在托育机构中，托育工作者组织关于中国传统佳节方面的主题活动，从不同节日习俗入手，以婴幼儿认知的特点与发展为依据展现各活动的意蕴，如图 4－4 所示。

图 4－4　某托育园端午节举办的包粽子、赛龙舟主题活动

（2）传统文化与一日生活相结合。

陶行知先生认为：生活即教育，教育是来源于生活的。在托育机构中，可将传统文化教育渗透在婴幼儿的一日生活中。一日生活是指从婴幼儿入园到离园的一天时间里发生的全部经历，包括晨检、餐前活动、区域活动、户外活动等环节。实际上，一日生活的每个环节都蕴含着传统文化教育价值，托育工作者可以用不同的方式进行渗透。采取

生活化、场景化、戏剧化、案例化的形式，紧密结合婴幼儿的生活，通过老师和婴幼儿的表演，以及婴幼儿在园所和家庭中的具体言行，在行动中践行中华优秀传统文化，在践行中感悟中华优秀传统文化。在家庭中，家长则通过一些亲子活动、谈话活动、户外体验活动等引导婴幼儿了解传统文化，实现家园合作共育。

（3）传统文化与户外实践活动相结合。

婴幼儿是天生的探索者，他们喜欢在实践中学习，喜欢看得见、摸得着的东西。他们是以具体形象思维为主的，而户外实践活动也是他们最喜欢的活动之一。在户外实践活动中，婴幼儿可以身临其境地学习，在互动中探究传统文化。

（4）传统文化与亲子活动相结合。

亲子活动中渗透着传统文化教育，使传统文化教育逐步情景化、生活化与长效化。家园共育中要注重营造传统文化学习氛围，如家长可以与婴幼儿一起在家开展传统诵读及学习“传统美食”“传统家风”“传统礼仪”等活动，从生活点滴做起，加强婴幼儿对中华优秀传统文化的了解与感受，促进婴幼儿社会性情感的发展。

3. 挖掘精神文化资源

精神文化资源是指自发的精神文化、经验性精神文化和社会文化心理等的总和。充分利用地区资源优势，结合时代的背景和社会的发展形势，挖掘本地文化特色和民族传统文化精神资源，在托育机构中开展以民族特色和传统文化为主题的特色课程，让婴幼儿潜移默化地受到优秀传统文化的滋养，健康成长。

本章小结

本章针对2～3岁幼儿的有关家园共育问题，分为25～30个月和31～36个月两节进行讲解，讲述了2～3岁幼儿的发育水平和教养目标，重点围绕自理、自控、社会性发展、第一反抗期等家庭教养中的要点和电子产品、同伴交往、违规、说谎、入园焦虑等问题进行了探讨，并对家长如何进行家园配合提出了建议。通过学习本章内容，可以了解2～3岁幼儿的行为密码，探究家庭教养方式对幼儿的影响，学会与不同类型的家庭实现沟通与合作，并了解把中华优秀传统文化融入家园共育的方法。

同步练习

一、判断题

1.（　　）3岁的宝宝开始说谎，养育者要及时制止和纠正，以防不良品德养成。

2.（　　）为防止宝宝挑食偏食，家长可以变换菜肴的烹饪方式，用色香味来增强宝宝的食欲。

3.（　　）幼儿的同伴交往有着其与成人交往所无法替代的特殊作用和重要性。

4.（　　）绝对权威型的家庭教养类型是最佳的类型，家园合作的难度最低。

5.（　　）培养孩子自控力的最佳时期是2～3岁。

6.（　　）只有建立父母的权威和更严格的管教才能应对宝宝的“第一反抗期”。

7.（　　）3 岁的宝宝可以开始吃粗粮、杂粮。

8.（　　）进行有效亲子沟通，多给孩子积极的心理暗示，是孩子爱上托幼园所的重要方法。

二、单项选择题

1.________，开始具备快速奔跑的平衡能力，能够安全地做跳跃运动，会单脚跳，会两脚交替上下楼梯，会骑脚踏三轮车。

A. 13 ～ 18 个月的幼儿　　B. 19 ～ 24 个月的幼儿

C. 25 ～ 30 个月的幼儿　　D. 31 ～ 36 个月的幼儿

2. 幼儿的想象力在________的时候萌发。

A. 1.5 ～ 2 岁　　B. 2 ～ 2.5 岁

C. 2.5 ～ 3 岁　　D. 3 岁以上

3. 抓握、手眼协调配合、拇指与食指对捏这一类动作属于________。

A. 粗大动作　　B. 精细动作

C. 遗传动作　　D. 手部动作

4. 随着自我认知的发展，孩子在与家人、与同伴的交往中开始从衣着、发饰等方面注意到自己和别人的不同、男孩和女孩的不同，此时要注意对孩子进行________教育。

A. 自我意识　　B. 他人互动

C. 性别　　D. 兴趣

三、案例分析题

案例一：

小丽是 27 月龄的小女生，刚到托育园大班，老师发现小丽和同龄的幼儿相比，对指令的接受能力和动手能力都较弱，无法自己穿脱鞋子，吃饭也要等待老师帮助，参加活动时融入性不强，对上托育园也渐渐有了抵触情绪。

沟通观察：通过和家长沟通，得知小丽在家由祖父母照顾，日常穿衣、吃饭等事宜都需祖父母协助。托育工作者观察发现小丽因无法和同年龄段幼儿完成同样事宜，经常需要老师帮助，所以她渐渐对参加活动有了畏惧心理，自信心受挫。

问题：请根据案例分析针对小丽的情况，应该如何开展家园共育。

案例二：

安安 28 个月，在托育园大班，活泼好动，喜欢老师，和小朋友相处融洽，但是不喜欢午睡。每到午睡时间安安都不想躺到床上，很兴奋，有时还会带动其他幼儿，托育工作者午睡管理特别困难。

沟通观察：通过和家长沟通，发现周末时安安会在家和父母一起睡懒觉，中午外出玩耍，傍晚会小睡一会儿，晚上再早睡觉。托育工作者观察发现，安安是一位精力很旺盛的小男孩，到午睡时间还毫无睡意。安安在班级有一定的影响力，在意托育工作者和小朋友对他的评价。

问题：请根据案例分析针对安安的情况，应该如何开展家园共育。

四、实践训练

请选取中华优秀传统文化的任一种形式或内容，设计一份家园共育的活动方案。

五、思考题

在家园共育中，如何做好中华优秀传统文化的教育？

第五章 0 ～ 3 岁婴幼儿家园共育指导专题

学习目标

知识目标

1. 了解新手父母可能出现的情绪问题；

2. 了解 0 ～ 3 岁婴幼儿隔代养育的主要问题，掌握 0 ～ 3 岁婴幼儿隔代养育问题的解决策略；

3. 了解婴幼儿多宝家庭容易出现的问题，并掌握婴幼儿多宝家庭家园共育的指导策略；

4. 了解 0 ～ 3 岁婴幼儿预防接种方式，掌握 0 ～ 3 岁婴幼儿疾病防控的主要解决策略；

5. 掌握保育师一日工作流程中需要掌握的安全工作内容；

6. 掌握指导家长家庭生活应具备的安全照护知识；

7. 掌握“互联网 + 家园共育”的内涵；

8. 了解特殊需要儿童的种类及基本特征。

能力目标

1. 能够帮助新手父母应对出现的各类情绪问题；

2. 能对 0 ～ 3 岁婴幼儿隔代养育的不同问题进行分析并给出有针对性的指导策略；

3. 能对婴幼儿多宝家庭容易出现的问题进行分析并给出有针对性的指导策略；

4. 能对 0 ～ 3 岁婴幼儿正确指导预防接种；

5. 能提前预防并及时处理托育园一日工作中的安全隐患和事件，并能指导婴幼儿学会规避安全风险和处理不同场景下的风险；

6. 能够利用互联网平台开展家园共育活动；

7. 能够识别特殊需要儿童，并对特殊需要儿童提供家园共育指导策略。

素养目标

1. 了解隔代养育在 0 ～ 3 岁婴幼儿养育中的重要价值，促进家庭和谐幸福；

2. 学习婴幼儿多宝家庭家园共育方法，宣传国家多胎生育的政策；

3. 遵守“安全无小事”的职业守则，同时指导家长树立安全育儿意识；

4. 坚持融合教育的理念，树立为不同需要儿童提供平等教育的意识。

本章导学

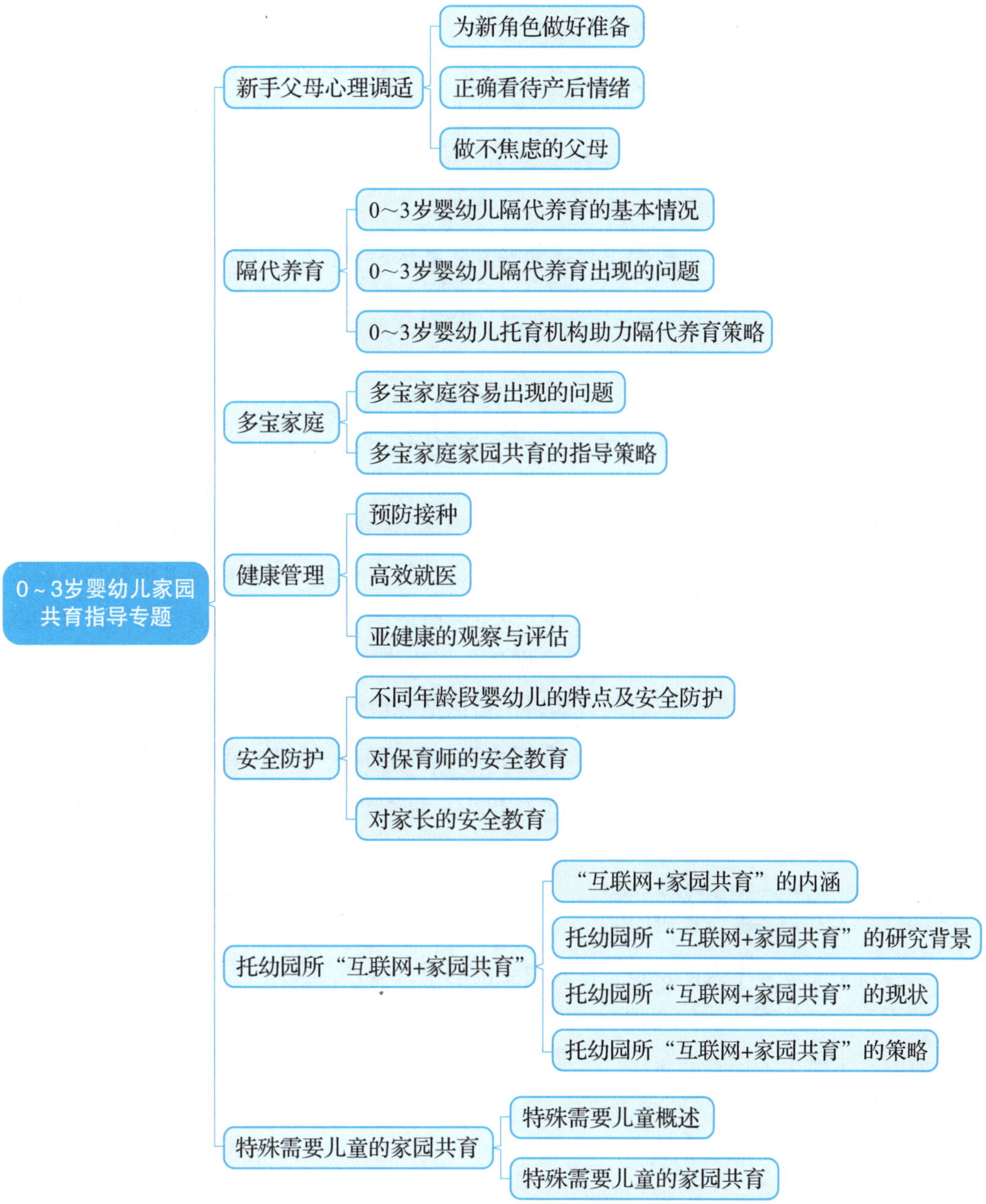
0～3岁婴幼儿家园共育指导专题
新手父母心理调适
为新角色做好准备
正确看待产后情绪
做不焦虑的父母
隔代养育
0～3岁婴幼儿隔代养育的基本情况
0～3岁婴幼儿隔代养育出现的问题
0～3岁婴幼儿托育机构助力隔代养育策略
多宝家庭
多宝家庭容易出现的问题
多宝家庭家园共育的指导策略
健康管理
预防接种
高效就医
亚健康的观察与评估
安全防护
不同年龄段婴幼儿的特点及安全防护
对保育师的安全教育
对家长的安全教育
托幼园所“互联网+家园共育”
“互联网+家园共育”的内涵
托幼园所“互联网+家园共育”的研究背景
托幼园所“互联网+家园共育”的现状
托幼园所“互联网+家园共育”的策略
特殊需要儿童的家园共育
特殊需要儿童概述
特殊需要儿童的家园共育

案例导入

婆婆照顾孩子　媳妇装监控

默默出生后，奶奶从老家来帮忙照顾默默。但是默默妈妈不让奶奶抱孩子，说孩子太娇嫩，成人身上细菌多。默默开始添加辅食后，有一次米粉吃剩了，奶奶怕浪费，端起默默的碗吃掉了。默默妈妈看到后说："你怎么能用孩子的碗？这得多脏呀！成人嘴巴里的细菌是最多的！"说完，把碗顺手扔进了垃圾桶里。后来，默默妈妈又说要给家里装个监控，默默奶奶不同意。默默妈妈说："我上班了，你一个人在家里照顾孩子我不放心，我就是想随时能看见孩子，没有其他意思。"

问题：默默妈妈的做法对吗？应该如何安抚默默奶奶？应该如何跟默默妈妈交流？

第一节　新手父母心理调适

孩子的到来是上天赐予父母最好的礼物。当你第一次抱起这个小生命的那一刻，你的世界就开始变得广阔和丰富了。作为新手父母，陪伴一个小生命成长，将会获得各种各样的人生体验，有惊奇、兴奋、快乐，但也会有迷惑、疲惫甚至焦虑。新手父母会经常与睡眠不足、压力和压倒性的责任感做斗争，也会时常怀疑自己是否能成为称职的父母。当这些负面情绪产生的时候，如果不做出适时恰当的调整，必然会对父母的心理健康造成影响。在本节中，我们围绕如何指导父母适应新角色，如何正确对待产后情绪，如何做不焦虑的父母等几个问题展开讨论，帮助新手父母更好地应对为人父母的挑战。

一、为新角色做好准备

成为新手父母对个人而言是一件改变生活的重大事件，会让个体感受到兴奋以及对未来的不确定性。在成为父母之前，你的角色是儿子或者女儿，当伴随着那一声啼哭，新生命的到来赋予了你新的身份——父亲或母亲。新角色带来新挑战，所以新手父母们必须采取措施，为成为父母所带来的挑战和喜悦做好准备。

（一）积极寻求信息及教育

为新角色做准备不是婴儿降生之后才开始的，而是从你决定要孕育一个新生命起，就应该从心理上逐渐进入父母这一新角色了，为未来迎接一个新生命的到来做好准备。这个过程需要你不断地去搜寻信息进行自我教育。

你可能已经花了不少时间去观察自己的父母和其他家庭，或者你有照顾过其他孩子的经验，或者是自己的一些本能反应，这些都可以帮助你成为足够好的父母。但是仅仅有这些并不能帮助你水到渠成地做好父母，你需要获取更多信息，学习更多知识来帮助自己在新环境中更好地解决育儿问题、角色问题。

去积极寻找有关育儿的信息及可能的教育，从孕期的准备，到如何照顾产妇、如何照顾新生儿，再到制订新的生活计划。你可以通过阅读书籍或者参加分娩课、育儿课程等途径来学习为人父母的知识。当然，你也可以向有经验的父母、医生、家庭教育指导师等寻求建议。你还可以与周围和你一样正在学习如何成为父母的家庭进行交流，分享学习心得。这些都将构成你独特的学习网络，帮助你顺利克服为人父母过程中的困扰和挫折，从而更好地适应新角色。

（二）建立一个支持体系

对于新手父母来说，一个新生命的到来，除了带来兴奋和喜悦外，随之到来的还有紧张和手足无措。因此，一个强大的支持体系对新手父母十分重要。这个支持体系中可以包括家人、朋友和专业人士。拥有这样一个支持系统可以使新手父母不会轻易感到孤立无援，在需要帮助的时候可以及时提供支持。所以，为了更好、更快地适应新手父母的角色，不要忘了建立你的支持体系，勇敢寻求支持。

（三）为未来生活做好规划

一个新生命的到来让二人世界变为三口之家，家庭结构的改变也会给新手父母造成压力。所以每一对新手父母都应该花点时间为未来的三口之家做规划，你需要考虑到养育孩子后你们的家庭财务、职业以及生活方式的改变。及时和伴侣进行沟通，对未来的生活设置目标并做出规划调整，这可以帮助新手父母做出明智的决定，为成为父母所带来的挑战和变化做好准备。

（四）照顾好自己

每一对夫妻在得知自己即将为人父母时，注意力都会被这个新生命吸引。你会开始学习如何更好孕育宝宝的知识，妈妈该吃什么、听什么、如何做胎教，等等，周围的家人、朋友聊天的话题也都离不开宝宝。当婴儿出生后，新手父母更是将所有的注意力都集中在照顾婴儿上，这时，往往会忽视自己的需求，从而给自己的身心带来疲惫和倦怠。为了防止这种情况的发生，新手父母在迎接新生命的到来以及照顾婴儿的过程中，都不要忘了照顾好自己，给自己留出一些时间，关注自己的身心需要。你可以去做喜欢的运动，去阅读或者与朋友聚会共度一段美好时光。这种自我关照能够帮助新手父母减轻压力，提高心理能量水平，并对整体情绪有所改善。

（五）积极的心态

“我会是一个好妈妈 / 爸爸吗？”这一定是一个萦绕在新手父母脑海中的问题。无须争辩，养育子女是一件极具挑战性的事情，但是它也一定会是一段有益的经验。在养育子女的过程中，你获得了成长、学习的机会，你会发现原来一个生命的成长是那么的奇妙，原来父母的话语应该这样说才有力量，原来你是这样足够好的妈妈 / 爸爸。所以，新手父母请多专注于为人父母积极的方面，用积极的心态去面对成为父母这件事，用积极的心态去养育婴幼儿，把每天的事做好并给自己一个积极的反馈。这能在很大程度上提高新手父母的生活满意度并降低压力。

二、正确看待产后情绪

经过怀胎十月的辛苦和期盼，当婴儿从妈妈子宫里出来以后，整个家庭都开始为之兴奋和忙乱。当然，同时到来的还有新手父母的手足无措和焦虑紧张。

你们可能会因为宝宝第一次呛奶而吓得魂飞魄散；也可能会因为宝宝的哭闹而烦躁不安；还可能会因为照顾宝宝日夜颠倒而心力交瘁。婴儿的出生带来的不仅是为人父母的幸福，还有压力，妈妈往往会更多地感受到这些负面情绪，而这又是极易被我们忽略的部分。所以不少家庭在这个过程中出现了争吵、矛盾，让原本新生命带来的幸福感大打折扣。我们该如何去应对这些产后的情绪呢？

（一）新手妈妈可能存在的情绪问题

第一，角色转变带来的焦虑。婴儿的到来赋予了她们“妈妈”这一角色，由此引出了焦虑，这些焦虑可能是关于孩子的，也可能是关于家庭的。她们可能会担忧：我能养好我的孩子吗？我会是个好妈妈吗？我怎么平衡工作和家庭？我的身体是否可以恢复如初？我的丈夫还会像从前一样爱我吗？随之而来的是神经紧张、烦躁不安，甚至是害怕。

第二，情绪不稳定。新生儿出生后，80% ～ 85% 的新手妈妈都会经历一个情绪波动的阶段。她们可能会感到心情压抑，莫名其妙地想哭，特别挑剔也特别容易发火，一点风吹草动就非常紧张和担心。

第三，持续存在的抑郁情绪。一部分妈妈会在经历过一段情绪不良后开始好转，而另一部分妈妈的抑郁情绪会持续存在。此时，身体病痛、极度劳累、缺乏支持以及生活压力大都会形成刺激源，增加发展为产后抑郁症的风险。

（二）情绪产生的原因

（1）生理因素。一方面，生产后妈妈体内的激素水平会迅速发生变化，身体来不及适应，从而产生不良情绪；另一方面，由于生产带来的身体上的疼痛会给妈妈带来不良情绪，哺乳的疼痛也是不良情绪产生的诱因。

（2）心理因素。成为妈妈后将面临一个全新课题——角色转换。此时亲子关系、夫妻关系、婆媳关系等一系列问题扑面而来，这对妈妈而言都是巨大的压力，并且会给妈妈带来担忧、紧张和烦躁不安的情绪。

（3）家庭因素。照顾婴儿是一件几乎 24 小时不间断的工作，如果得不到足够的帮助，新手妈妈会十分疲惫和焦虑。即使有人帮忙，缺乏精神和情感支持也会使无助感加深。婴儿出生后，全家人都在关心婴儿需要什么，而忽略了妈妈也需要被关爱。新手妈妈表达自己的情绪时甚至不会被理解，而此时妈妈的情感十分脆弱，如果没有得到足够的关心和支持就容易产生不良情绪。①

（三）产后不良情绪应对

不良情绪产生后，我们不要感到害怕和恐慌，家人也请对新手妈妈多些理解，重视妈妈的情绪，不要单纯地认为是妈妈矫情或者脆弱。如何应对这些不良情绪呢？

1. 给妈妈们的建议

亲爱的妈妈们，你产后有情绪是正常的，不用恐慌也不用自责，请尝试按照如下的方法去做。

（1）学会放松。温尼科特曾说过："照顾宝宝是妈妈天然就会做的事情，你自然而然就知道该怎么做，而且做起来得心应手。"所以，不用时刻紧绷，每天抽出一小段时间让自己放松，听听喜欢的音乐，瑜伽冥想也很好，好好地洗个澡也很放松。

（2）多休息，适当做些运动。可以试试能够改善顺产后盆底功能的凯格尔运动、散步等。

（3）不和别人比较。每个家庭的情况都不相同，不和他人比较，尤其是媒体上的榜样妈妈。

（4）寻求支持。找合适的对象倾诉，寻求情感支持，家人、朋友都是不错的选择。但抑郁情绪无法得到缓解时，一定要寻求专业人士的帮助。

2. 给爸爸们的建议

（1）关注宝宝的同时多给妈妈一些理解和关心。

（2）不指责，当妻子想和你交流时，做一个倾听者，并且和她坦诚沟通。

（3）照顾好你自己。其实不只新手妈妈会面临情绪问题，新手爸爸同样会感受到压力，这时，你也需要让自己放松，做一下调整再重新出发。

3. 给家人们的建议

（1）给予新手父母以支持。对新手父母而言，最好的支持是给予他们需要的东西，而不是你认为他们需要的东西。比如，在妈妈想要休息时接手婴儿就是对她的帮助。

（2）减少对新手父母的打扰。如果新手妈妈处在脆弱和疲惫中，并不适合接待客人，不熟悉的环境或人会带来很大压力，作为长辈请多尊重新手父母的生活节奏。互相支持才会让情况好转。

三、做不焦虑的父母

养育焦虑是每个家庭、每位父母在养育孩子的过程中都会存在的焦虑情绪。当我们用"新手父母"作为关键词在网络上检索，大量关于新手父母如何避免焦虑的话题跃然

① 陆虹，郑修霞．初产妇社会支持与产后抑郁关系的探讨．中华护理杂志，2001，36（10）：3．

眼前。其实，养育焦虑并不是洪水猛兽，也不是某些新手父母特有的情绪，而几乎是所有的育儿家庭都会经历的，所以我们没有必要用如临大敌必须将其消灭的心态来看待养育焦虑。心理学家罗洛·梅在《焦虑的意义》中指出："面对焦虑一直都是人类的生存课题"①。在生活中，焦虑也随处可见，考试前会有焦虑，面试心仪的工作时会有焦虑，焦虑并非总是带来负面影响，它也有其存在的价值，用恰当的方式应对焦虑并与之相处，焦虑带来的压力会变为推动你进步的动力，带来创造力。

我们虽然在讨论"做不焦虑的父母"，但必须明确一个前提：完全不焦虑的父母是不存在的。从决定要为人父母开始到孕育生命直至其诞生，身为父母，就拥有了对孩子浓厚的爱和责任感，希望孩子能够健康、快乐并获得成功，也正是因为这份期盼和保护子女的责任，父母会有不可避免的顾虑和担忧，而这份焦虑也成为推动父母成长的动力。所以，养育焦虑本身无害，做不焦虑的父母就是为了让新手父母正确看待养育焦虑，调整自己的焦虑程度，管理好情绪，更好地去应对养育中的困难与挑战，为婴幼儿提供一个良好的家庭成长氛围。

（一）承认和接纳情绪

新手父母在面对一个嗷嗷待哺的新生命时，无论前期是否已经做了准备，当婴儿的啼哭声传来，总会感到手足无措而焦虑不安，这种养育焦虑在刚经历生产的妈妈身上尤为明显。当这种焦虑情绪来临时，不要被它吓倒。先深呼吸让自己平静下来，我们要意识到：

第一，养育中遇到的所有问题并不是只有你在经历，这是一个普遍存在的现象，它不可怕，不要沉浸在情绪中，而是要积极地去解决眼前遇到的问题。

第二，要提醒自己，养育中遇到焦虑、压力和挫折都是不可避免的，产生这些情绪不代表我们存在问题。养育焦虑是每个育儿家庭都会经历的，你们不是个例，更不用自我怀疑和自我否定，接纳自己遇到了困难，从而有战胜焦虑的信心。放下自我苛责，每一位父母为养育子女的付出都值得尊敬和称赞。

第三，养育中的挑战和苦难并不是生活的全貌。在经历了对婴儿的哭闹手足无措到能够快速哄睡，你们应该为自己的成长和进步感到骄傲。在养育孩子的过程中，有更多积极的一面值得你去关注，比如，在你们的精心照顾下婴儿健康地成长，婴儿每一次的变化都是你们养育的勋章。

（二）树立科学育儿理念

婴幼儿时期是个体人生中最重要的发展阶段之一，在这个时期，婴幼儿的身体、认知、情绪情感以及社会交往等方面都将得到显著发展，为其未来的发展奠定重要的基础。因此，父母树立科学的育儿理念对婴幼儿的成长非常重要，同时，科学的育儿理念

---

① 罗洛·梅. 焦虑的意义. 朱侃如，译. 桂林：广西师范大学出版社，2010：160.

指导新手父母顺利解决育儿过程中的困难并应对挑战，也会帮助他们减少育儿焦虑[①]。

对父母而言，科学的养育首先应该关注婴幼儿的身体健康，保障婴幼儿能够获得充足的营养和睡眠，做适当的身体锻炼，同时，确保婴幼儿生活环境的卫生和安全。

其次，父母还需关注婴幼儿认知、情感、社会能力的发展。婴幼儿时期大脑处于高速发展的阶段，此时儿童的大脑更容易接受来自外界的刺激并接收信息，父母需要给婴幼儿提供充分丰富的刺激和机会，促进其发展。另外，在婴幼儿的成长过程中，父母应该为其营造一个温暖与被保护且能够得到回应的环境，让婴幼儿能够获得来自抚养者的爱、温暖和亲情，以促进婴幼儿与父母形成安全依恋关系，为其未来社会性发展打下良好基础。

最后，接受每个孩子发展的独特性和差异性。在养育婴幼儿的过程中，父母要警惕攀比心理，每个孩子都是独立的个体，有自己的发展速度和特点。有的婴幼儿会在某些方面比同龄孩子发展得慢，而在其他方面会比其他孩子发展得快。作为父母，要学会接受这些差异，尊重婴幼儿自己的发展特点，避免给孩子施加过多压力，减少父母自身的焦虑情绪。

（三）构建压力应对机制

养育孩子需要耗费大量的时间和精力，父母很多时候还需要平衡工作和生活，所以压力是难以避免的，那么建立一个属于自己的压力应对机制就很重要。压力应对机制是为了帮助你管理压力而做的事情，当你感到压力时，你可以按照自己的方式去处理好它们，最大限度地减少压力带来的负面影响。你的压力应对机制可以是散步、正念练习、听音乐、吃美食或者是和朋友与家人交谈，学会自我放松，保持良好的生活习惯。任何可以让你放松下来并减少压力的方式都可以纳入你的压力应对机制中。

（四）寻求专业人员帮助

作为新手父母，在养育婴幼儿的过程中，不可避免地会遇到一些难题，比如如何哄睡？怎样添加辅食才确保营养均衡？如何面对孩子“可怕的”2岁？这时候，我们可以去积极寻求专业人员的帮助，避免因为知识盲区或过度焦虑给婴幼儿和自己带来不良影响。你可以咨询儿科医生或者育儿师，了解婴幼儿的身体和心理健康情况；参加托幼园所提供的育儿课程，了解育儿技巧和方法；参加家长会、亲子活动等，与其他父母进行经验分享和交流。

无论你如何养育，孩子都会慢慢长大。你会有焦虑，那意味着你在意你的孩子；你会有情绪，但不用自责，那是自然发生的事。相信自己，也相信孩子，用责任心、爱心、细心、耐心、关心、童心陪伴孩子成长，你们会是最优秀的父母！

微课 5－1

新手妈妈：
有情绪，别自责！

① 陈忻．整体养育．北京：中信出版社，2020．

第二节 隔代养育

一、0～3岁婴幼儿隔代养育的基本情况

随着老龄化程度的不断加深，2016年1月1日国家正式实施全面“二孩”政策，2021年8月20日，国家提倡一对夫妻可以生育3个子女。目前，我国婴幼儿托育以家庭照料为主，托育机构辅助。而家庭照料以“隔代养育”为主，其占比高达48.17%[①]。隔代养育对于祖辈来说，幸福感和自我价值认同感会提升（见图5-1和图5-2）；对于孙辈来说，婴幼儿身心安全得到了充分的照顾，增进了祖孙之间的亲密关系；对家庭和社会来说，节约了家庭育儿成本，有利于维持家庭生活的和谐有序，创造了极大的社会价值。

图5-1 外公外婆充满慈爱地看着满百日的宝宝

图5-2 小米是外公的开心果

二、0～3岁婴幼儿隔代养育出现的问题

（一）生长发育

祖辈对婴幼儿的身体生长发育最为重视，会给婴幼儿他们认为最好的饮食生活照顾。但由于有些祖辈自身的科学育儿认知局限，对婴幼儿各个阶段的身体机能的发展状况不甚了解，会给婴幼儿的身体发育带来一些不良影响。如会影响婴幼儿神经心理行为的发育[②]，从而使婴幼儿的大运动、精细动作、适应能力、语言及社交行为均落后于父母养育的婴幼儿。

① 石智雷，刘思辰．大城市3岁以下婴幼儿照护方式及机构照护需求研究．人口学刊，2020（5）：18-29.
② 张月芳．隔代抚养对婴幼儿体格及神经心理发育的影响．中国婴幼儿保健杂志，2015（10）.

多项研究显示，隔代养育会影响婴幼儿的睡眠质量。调查显示，婴幼儿睡眠障碍的发生与祖辈看护相关，85.2% 的隔代养育的婴幼儿不能与家长分床睡眠。当祖辈充当临时看护人时，婴幼儿睡眠障碍发生率高，且睡眠时间短。隔代养育的婴幼儿，其睡眠时长短于父母养育的婴幼儿。婴幼儿睡眠障碍影响能量代谢，可能会导致肥胖或超重，进而影响婴幼儿的身体健康。

此外，关于 0 ～ 3 岁婴幼儿的身体运动方面，研究发现，隔代养育的婴幼儿的体育参与程度较低、参与行为较少、参与时长更短、质量更差。隔代养育的婴幼儿在活动多样性 / 游戏参与度等维度的得分均低于亲代教养的婴幼儿，而且张月芳等的研究显示，随着年龄的增长，隔代养育的婴幼儿，其大运动和精细动作能力日渐落后于非隔代养育的婴幼儿。身体活动水平影响着婴幼儿身体能量的摄入与消耗持续而高效的平衡，低水平的身体活动会打破平衡，影响婴幼儿的生长发育。

（二）营养与喂养

祖辈养育婴幼儿主食摄入比例偏高，而蛋白质、蔬菜、维生素、矿物质摄入比例不足，营养搭配不够合理，导致肌肉含量较少，从而出现营养不良等问题。研究发现，我国 2 岁以下婴幼儿的低体重率、生长迟缓率、消瘦率分别达到 8.91%、9.12% 和 5.69%。在物质相对丰富的当下，婴幼儿的营养不良与营养性疾病往往是由于养育者缺乏科学的营养配餐知识引起的。

此外，由于祖辈较为注重婴幼儿的主食摄入量，也导致婴幼儿出现单纯性肥胖问题。研究发现，祖辈一方肥胖、文化程度低、进食速度快、高热量食物摄入大于 2 次 / 周、水果或蔬菜摄入不足、不容易接受新事物、睡觉晚、不主动学习喂养知识是婴幼儿发生单纯性肥胖的主要原因。祖辈抚养的婴幼儿出现饮食问题较多，包括过度进食、不吃早餐、挑食和偏食、偏爱零食、进餐不专注等。祖辈采用多种方式满足孙辈的进食要求，导致婴幼儿过度进食，还有不愿吃蔬菜水果，睡前吃零食，偏爱吃快餐等。

（三）交流与玩耍

在交流与玩耍方面，祖辈重身体照护、轻心理安抚，重方言交流、轻标准发音，重智力教育、缺自由游戏。隔代养育对婴幼儿认知发展的影响主要体现在早期智力的开发、语言理解能力方面，祖辈往往缺乏对婴幼儿心理发展特点的正确认识，通常只是通过年龄的大小来判断婴幼儿是否具备学习能力，这种思维阻碍了婴幼儿正常的学习。祖辈由于自身生理和心理特点，阻碍了对孙辈早期智力的开发，导致孙辈智力的总体水平较同龄婴幼儿偏低；而语言理解与智力发展的一致性，也间接阻碍了语言理解的发展，加之重男轻女的思想，导致隔代养育的女童的语言理解能力差于男童。大部分祖辈认为 0 ～ 3 岁婴幼儿智力开发以数数、识字、背诗、听故事等文化知识学习为主，因此，基本上认为刚出生的孩子是不能进行智力开发的，要在会说话或懂事后才能进行。

在科学育儿观念方面，祖辈参与和引导婴幼儿游戏的意识淡薄，儿童的游戏以独自游戏为主。给孩子一堆玩具，只要不出危险，就让孩子自己玩，有时孩子不爱玩了，就给他换点别的玩具。并且出于安全考虑，祖辈会限制孩子探索尖锐的物品，限制到厨房、卫生间活动，一定程度上限制了婴幼儿感觉运动方面的自由活动，剥夺了婴幼儿通过直接感知、亲自操作来进行学习的机会，进而影响婴幼儿智力的发育。

在稳定依恋关系建立方面，隔代养育的婴幼儿由于缺乏稳定的亲子交往而有很强的焦虑、失落、害怕等负面情绪，情绪控制和调节能力差。赵振国的研究显示，隔代养育的婴幼儿在情绪调节中会采取更多的消极策略。婴幼儿早期的依恋模式与后期适应性的发展密切相关，安全型依恋能促进婴幼儿早期社会性情感的发展，在日常生活中充满自信，对陌生环境的适应能力强。但隔代养育不利于婴幼儿安全型依恋情感的发展。隔代养育的婴幼儿安全型依恋比例低于一般婴幼儿，逃避混乱型比例高于一般婴幼儿。

（四）生活照护

祖辈们比较重视婴幼儿睡眠习惯、饭前便后洗手、不喝生水、水果要洗净再吃等卫生习惯的养成，但对婴幼儿就餐地点没有强制要求，2 岁的孩子吃饭时四处走，祖辈跟在其后追喂的现象仍很常见。有超过半数的老人没有纠正婴幼儿这种不良习惯的办法，只能通过连哄带骗、不断督促、强制吃完、追着喂等方法让孙辈吃饭。

祖辈舍不得放手让孩子做事的现象也较为突出。大部分祖辈没有培养婴幼儿劳动习惯的意识，也没有意识到让婴幼儿做某些力所能及的事情的重要性，而是认为婴幼儿太小，什么事情也做不好，还是自己代劳为宜。0 ～ 3 岁婴幼儿自控能力较差，行为习惯的形成并非一蹴而就，而且大多数祖辈教养孙辈时，感性强于理性，对孙辈的某些正确要求有时很难做到坚持；加之祖辈培养婴幼儿某些行为习惯的意识不强，这些因素阻碍了隔代养育中 0 ～ 3 岁婴幼儿良好行为习惯的养成。因此，指导祖辈重视培养孙辈的良好行为习惯，尤其是提高自身遵守公共道德的意识，注意自己的榜样示范作用，是隔代养育中应该给予重视的一个方面。

在家庭业余生活方面，祖辈的生活方式在很大程度上影响婴幼儿的健康。祖辈会忙于家务且喜欢太极拳、下棋、钓鱼、写字等传统业余活动或广场舞、走步等大众健身项目，其生活方式较为安静和舒缓，而孙辈更喜欢追逐等剧烈的大动作且互动较多的活动。祖辈和孙辈在生活方式上存在较大差异，使得家庭活动难以开展，一定程度上会影响婴幼儿运动参与程度，进而影响婴幼儿的健康。

微课 5－2

隔代育儿≠矛盾育儿

在家庭关系方面，祖辈较父辈更易采用溺爱和放养的教养方式，极易导致婴幼儿易暴易怒的脾气和自私个性的形成，阻碍婴幼儿社交能力，并且隔代养育也会对婴幼儿的亲子关系产生不良影响，尤其是在外公外婆隔代养育下婴幼儿的亲子关系更差。此外，在隔代养育条件下，婴幼儿不良的亲子关系会增加行为问题的出现。有研究表明，隔代养育婴幼儿的行为问题检出率和不良行为发生率高于父母代养育。此外，隔代养育对婴幼儿行为问题的影响存在性别和年龄差异，隔代养育方式下男童行为问题的得分高于女童①。

三、0～3岁婴幼儿托育机构助力隔代养育策略

（一）托育机构举办“祖辈家长学校”

托育机构可以举办面向祖辈家长的“祖辈家长学校”，每个月为祖辈讲一次课，教授“家长行为规范”“教育孩子要爱与严相结合”等，并和祖辈家长现场交流讨论，让祖辈家长了解正确教育孙辈的方法。教育内容可以包括：有关儿童心理发展规律和特点的知识，主要告诉祖辈家长不同年龄段的婴幼儿的身体发育、心理发展方面应该注意什么；如何关爱婴幼儿的心理健康、如何对婴幼儿进行感觉统合训练、如何培养婴幼儿的行为习惯、如何促进婴幼儿正确发音及敢于表达、如何培养婴幼儿自主性等。

关于婴幼儿的交流与玩耍方面，可以通过给祖辈家长示范游戏的玩法，告诉祖辈家长如何利用家中的常用物品开展游戏活动，如小椅子、纸张、小木块、纸盒子、小瓶子、树枝、树叶、空饮料瓶子、遥控器、沙子、水甚至买来的蔬菜、水果等都可以当成婴幼儿的玩具；还要鼓励祖辈家长把自己的生活故事讲给婴幼儿听，讲述婴幼儿父母的成长故事，带婴幼儿去公园观察大自然、去商店买东西、去邻居家串门等，以提升交流玩耍的质量。

（二）托育机构为祖辈家长提供免费咨询和讲座

托育机构可以利用自身师资优势，与社区合作，给附近社区的老人提供咨询服务，举行一些讲座，这样既能提高托育机构的知名度，有助于保证托育机构的生源和有利于托育工作者水平的发展，又能使祖辈也获益匪浅。托育机构可派出一些业务能力较强的托育工作者，到附近社区对教养0～3岁婴幼儿的祖辈家长进行调查，看他们最需要哪方面的知识，有什么育儿问题，然后选择他们感兴趣的问题，如：怎样给儿童添加辅食；怎样保证儿童一日饮食的营养；儿童任性的原因有哪些，如何处理；怎样培养儿童自理能力，培养儿童自理能力对其发展有什么作用等，将它们纳入咨询和讲座之中。

（三）成立以“五老”为核心的祖辈家长委员会

祖辈主要生活圈在社区，因此，可以利用社区地域优势，成立以“五老”为核心的祖辈家长委员会，包括：离退休的老干部、老战士、老专家、老托育工作者、老模范。他们一方面能够用自己的亲身经历带动其他老年人学习科学育儿知识，另一方面文化程度较高，较易改变陈旧的教育观念，接受新观念，用科学的方法进行隔代养育，可以起到典范作用。祖辈家长委员会可通过举办“社区隔代教育学习班”，宣传科学的早期教

---

① 蒋启梦，周楠．中国隔代教养和幼儿健康关系的研究进展．中国学校卫生，2020，41（12）：1912－1915．

育，进行家教咨询，解答隔代养育中常见的问题，澄清一些祖辈家长的教育误区，也可走街串户上门指导，带领其他祖辈家长学习科学育儿知识，在社区营造重视 0 ～ 3 岁婴幼儿隔代养育的氛围。

（四）父辈与祖辈优势互补，建立家庭教育中的“统一战线”

隔代养育和父辈养育共存是当前城市家庭中非常普遍的现象。祖辈和父辈有不同的生活经历、价值观，如果形成了较为一致的教育观念，两代人就会更好地互补，形成教育合力，提升家庭教育质量。第一，对于祖辈行之有效的经验和意见，年轻父母应尊重和接受；对于一些不妥的做法，应侧面提醒，切不可横加指责、言词粗暴、断然全盘否定。同时，父辈可以给祖辈买些理论不深且操作性强的儿童智力开发、儿童营养学等方面的书籍，更新、充实祖辈的育儿知识，同时鼓励祖辈参加托育机构或社区举办的教育讲座。第二，对于祖辈在育孙过程中的科学教育行为，尤其是祖辈没有意识到的科学教育行为，年轻父母如果发现，应给予表扬，这样一方面会极大促进祖辈科学教育孙子（女）的热情，另一方面祖辈以后会注意自己教育孙子（女）的方法，有意识地思考自己的教育方法和教育行为是否对孙子（女）的发展有益。

（五）加强大众传媒对 0 ～ 3 岁儿童隔代养育的正确导向功能

中国有近半数的 0 ～ 3 岁儿童是由隔代家长教养，大众传媒对此现状的忽视，在一定程度上也使参与隔代养育的祖辈对自己的工作重视程度不够，使他们学习科学育孙缺少行动指南。可以利用网络媒体开辟网上隔代家长学校，传播科学育儿知识。比如利用祖辈使用率较高的当下较为流行的“抖音”“快手”等 App，宣传针对婴幼儿的科学育儿知识，并对祖辈隔代养育给予更多积极的指导宣传，给予祖辈更多的关爱和人际支持，从而使祖辈能更欣然接受照顾孙辈的工作。

总之，只要处理好问题和矛盾，隔代养育的家庭中定会充满欢乐，共享天伦，如图 5－3 所示。

图 5－3　祖孙三代一起玩“老鹰捉小鸡”游戏

第三节 多宝家庭

多宝家庭，也被称为多孩家庭、多子女家庭，是指在数量上由两个及两个以上的子女组成的家庭。[①] 伴随“二孩”政策、“三孩”政策的开放，多宝家庭已经成为一种趋势。孩子的增加给家庭带来欢乐的同时也会引发一系列的问题，每个孩子的性格和主观感受都不同，而父母往往难以平等地满足每个孩子的心理需求，怎样才能让家庭里的每个孩子身心健康、快乐成长成为当前社会讨论的热点。家长在养育多子女的过程中，极易出现手足无措的情况，家庭教育理念亟待更新。为此，家长要多途径学习新的家庭教育理论，托育机构也要承担起宣传家庭科学教育知识的社会责任。本节主要从家庭、托育机构两个主体出发，来探讨如何做好多宝家庭的家园共育问题。

一、多宝家庭容易出现的问题

（一）事先未与大孩沟通要二孩及二孩以上的计划

有学者对 350 名二孩父母们就“在打算要二胎前是否和头胎子女做过沟通？”这个问题做过访谈，结果如图 5－4 所示。大多数父母坦言，确实没有听取过孩子的想法，认为生育二胎只是夫妻双方的事情。[②] 家庭新生命的降临对于大孩来说是一次心理危机，父母提前与大孩沟通，会给大孩被尊重的感觉，让大孩知道自己的地位是稳固的。如果父母积极地去引导大孩做好迎接弟弟妹妹的心理准备，并教导他们如何与新生儿相处，就能使大孩平稳地度过这次心理危机，如图 5－5 所示；反之大孩就会感受到父母的爱被夺走，觉得“被遗弃”，进而用更激烈、更尖锐的方式去争夺父母的关注。

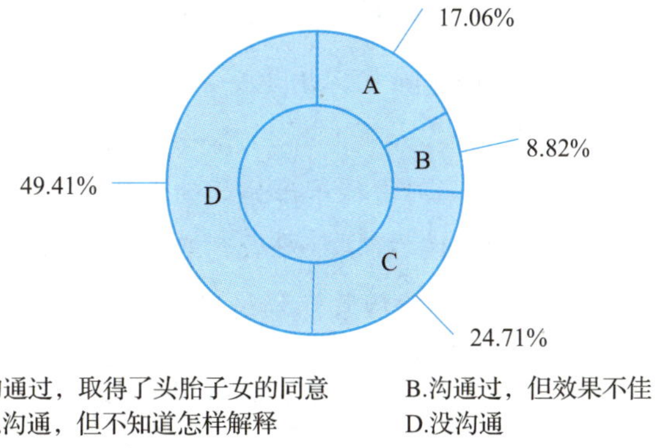

图 5－4 生育二胎时，与头胎子女沟通与否的调查结果

① 石叶叶．“大孩”家庭教育存在的问题及原因分析．中小学心理健康教育，2022（3）：74－77．
② 张琼．二孩家庭教育存在的问题与对策研究．大连：辽宁师范大学，2018．

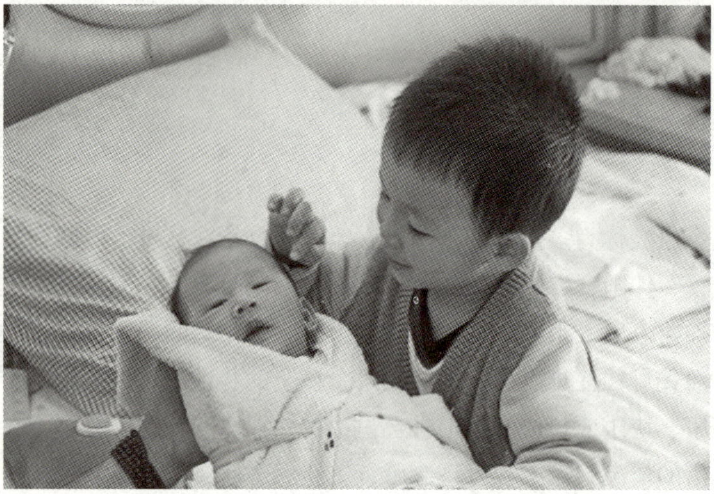

图 5-5 哥哥欣喜地看着刚出生的弟弟

（二）情感投入不均，容易忽视较大孩子的心理需求

对于多宝家庭来说，大多数家长正处于事业的上升期，由于时间、精力、经济等因素的制约，面对家里二宝或三宝的降临，会将大部分的时间和精力花在较小的孩子身上，特别是双职工家庭，每天和孩子接触的时间少，很多家长会认为大孩（本书中的大孩指家庭中非最小的孩子，如三孩家庭中的大宝和二宝都称为大孩）已经长大了，其独立自理能力也得到了一定的发展，就减少了对大孩的关注。父母对大孩情感投入减少，会使大孩产生不良情绪甚至是心理问题，不利于大孩的身心健康以及家庭的和谐，被忽视的大孩容易出现一些反常和极端行为来引起父母及重要亲人的关注。同时，被忽视的大孩会将父母对自己的变化归因于弟弟或妹妹的出生，可能会对小生命产生排斥或抵触的情绪。

案例展示

乐乐妈妈正在哄 3 个月的妹妹睡觉，乐乐要求妈妈陪着自己玩一会儿。乐乐妈妈说："妹妹在睡觉啊，自己玩一会儿去。"

思考：面对这样的场景，你如何看待乐乐妈妈的做法？

在面对两个孩子都需要妈妈时，确实很难做到两全，案例中的妈妈没有较好地回应乐乐需要她陪伴的需求。面对这样的场景，妈妈可以邀请乐乐一起陪妈妈哄妹妹睡觉，等妹妹睡着了再陪乐乐一起玩。如果乐乐拒绝了邀请，也可以尝试告诉乐乐："妈妈现在需要哄妹妹睡觉，你先和爸爸一起玩，等妹妹睡着了妈妈就来和你们一起玩。"

（三）无法公正对待多子女，容易将他们做比较

"世界上没有完全相同的两片叶子"，孩子亦如此。在多宝家庭中，孩子与孩子之

间自出生起就存在个体差异，例如兴趣、爱好、个性、发展情况等，父母如果经常将家里的孩子进行比较，会伤害处于弱势孩子的自信心，同时也会伤害孩子之间的感情。例如“你看姐姐（哥哥）像你这么大的时候已经会自己吃饭了。”“你看看弟弟（妹妹）都做得那么好，你为什么这么大了还不如弟弟（妹妹）呢？”这些典型的带有比较口吻的话语会时不时地伤害孩子幼小的心灵，导致孩子产生自卑甚至怀疑自己能力的心理。

微课 5－3

妈妈，为什么你更喜欢小妹妹 / 弟弟？

（四）过分强调“大让小”，忽略较大孩的感受

在家庭中需要互相谦让，尤其是多宝家庭，但需要注意的是，谦让是个体从内心自发产生的行为活动，是自愿的而非强迫。“你是哥哥（姐姐），你要让着弟弟（妹妹）”这种典型的“大让小”的教育理念在很多多宝家庭中经常出现。“让着小的”实际上就破坏了公平原则，这是最容易引发孩子间矛盾的原因。如果家长过分强调让大孩让着弟弟妹妹，一方面会让大孩因被迫谦让而受委屈，使得大孩的心理诉求无法得到重视，这些负面情绪长期积压在心里会不利于大孩身心的健康发展，同时，可能由此让大孩对弟弟妹妹产生敌意；另一方面，较小孩子长期受到父母的偏袒，容易变得骄纵自私，常常做出无理取闹的举动。每个孩子都需要被平等对待和被尊重，大孩也希望自己的情感和需求能够得到父母的重视和满足。

视野拓展

“大宝”可能产生的心理问题

1. 容易产生委屈情绪；
2. 容易产生嫉妒心理；
3. 容易产生自卑、逆反等心理问题；
4. 大宝对于家庭中弟弟妹妹的到来并不理解。

二、多宝家庭家园共育的指导策略

（一）家庭

1. 给大宝心理预知，顺利渡过心理危机

为了帮助大宝知道、理解并接受家庭结构的变化，需要提前让大宝知道将有弟弟妹妹到来和理解妈妈在待产时会有短暂的分别，帮助大宝做好心理上的过渡。首先需要真诚、自然、简单地与大宝交流会有弟弟妹妹这件事，如果处于备孕期可以告诉大宝：“我们家以后还会有一个孩子，你会有一个弟弟或妹妹”；已经怀孕了可以直接告诉大宝：“我们家现在又有一个孩子，你就快要成为哥哥或姐姐了。”在沟通过程中避免刻意

强调、刻意商量，如：“爸爸妈妈担心你一个人太孤单，我们再要一个弟弟或妹妹可以吗？你不用担心，有了弟弟妹妹爸爸妈妈也一样爱你。”过度铺垫和强调反而容易给大宝带来负面的暗示。除此之外，可以给孩子读《小弟弟要来了》这一类主题的绘本以给孩子心理预知，如果父母有兄弟姐妹也可以从自身出发，给孩子讲自己与兄弟姐妹之间的故事，帮助大宝进一步了解和理解有弟弟妹妹的好处。如果在这个过程中大宝出现抵触情绪，需要认同和接纳孩子的感受。孩子抵触是因为他担心有了弟弟妹妹以后，爸爸妈妈就不爱自己了，只是没有表达出来。父母可以站在孩子的立场上，帮助他把心里的想法表达出来。比如妈妈可以说：“弟弟妹妹有时候会很好玩，有时候会很麻烦，他会哭，会尿床，妈妈要给他洗、喂他吃奶，你可能会觉得妈妈不管你了、不爱你了，但妈妈不管怎样都非常非常爱你，当你有这样的想法时，一定要告诉妈妈，妈妈会给你一个大大的拥抱，就像现在这样，所以你不用担心，你会知道妈妈爱你。”让孩子知道并相信即使有了弟弟妹妹，父母也依然爱他。

妈妈即将入院待产这件事也需要给孩子心理预知，建议在产前 2 ～ 3 个月就开始做铺垫，尽可能多地告知大宝一些生产的信息和知识，体现对大宝的尊重和关注。可以通过读绘本、周末产检带上大宝、将妈妈去医院待产直到回家的场景通过角色游戏的方式演绎出来以帮助大宝更好地理解和接受。

2. 父母尽早帮助孩子之间建立感情联结

最好从孕期就开始帮助孩子之间建立情感联结，这样大孩更容易适应弟弟或妹妹的到来，在今后的相处中孩子之间也更融洽。除上述提到的陪检、读相关绘本外，还可以在日常生活中带大孩感受弟弟或妹妹在胎儿期的成长变化，例如，让大孩用自己的小手感受胎动，告诉他此时此刻弟弟或妹妹的生长状态，让他逐渐关注胎儿的成长。也可以鼓励大孩参与到弟弟或妹妹的照顾中，如给胎儿期的弟弟或妹妹讲故事、起小名、准备小宝宝的用品，等等。同时，还可以将这些有爱的瞬间记录下来，等弟弟或妹妹长大后，把这些照片拿出来告诉弟弟或妹妹，哥哥或姐姐是多么地爱你，也可以让大孩拿着这些照片给弟弟或妹妹讲讲照顾他们时的做法和感受。

3. 及时关注大孩情绪，合理配置关爱

待产前、妈妈刚刚生产完回家、家里来客人时，这 3 个关键时刻尤其需要注意大孩的情绪和感受。一是待产前，孕期妈妈随着胎儿月龄的增加，行动越来越不方便，容易疲劳，陪伴大孩的时间自然就会减少，从而导致大孩情绪低落。父母要敏锐地洞察大孩的情绪，发现他有情绪时，可以给他安慰加拥抱，如孩子因为妈妈没陪自己玩而不开心，可以告诉孩子：“妈妈很爱你，很想陪你玩，只是现在有些累，你有没有什么办法可以让妈妈陪着你，又让妈妈不会太累呢？”或者拥抱他一会儿，让他确认妈妈对自己的爱没有改变，他就会心满意足地去玩耍了。注意在待产前不宜让大孩经历太多变化，如换看护人、搬家等，建议在待产前几个月把大孩交由爸爸来照顾，比如爸爸陪孩子玩游戏、哄睡、讲故事等，让孩子慢慢适应。二是在妈妈刚刚生产完回家时，这时候家里

人的关注点都在刚出生的小宝宝身上，可以在回家的那一刻让爸爸抱着小宝宝，妈妈给大孩一个大大的拥抱，然后带着他去看弟弟或妹妹，而不是对大孩说“别碰他，他在睡觉”，或者“不行，你会弄醒他”。三是家里来客人看望小宝时，父母可以用态度和言语引导客人关注到大孩，也可以提前跟客人沟通好，请对方稍微配合你一下，比如当客人进来时，可以说“看看我们的哥哥，他现在是哥哥了，他的小妹妹看起来非常喜欢他。”当客人夸小宝可爱时，你可以说：“哥哥小时候也这样可爱。”如果大孩在这个时候突然尿床、打人、咬指甲、变得黏人等，那是因为孩子感到焦虑，是想通过这样的方式引起大人的关注。针对这种情况，可以在日常生活中多给予孩子一些拥抱、陪孩子玩游戏，适度满足大孩的需求，增强他的安全感。

4. 正确应对孩子间的冲突，不盲目归因

当孩子间发生矛盾时，先分析矛盾的源头，根据具体情况进行处理。一是当大孩挑起冲突时，首先，父母需要表达对大孩的理解，化解他的情绪，比如“刚才你很生气，所以打了妹妹，是吗？我能感觉到你的情绪现在特别不好，你很不舒服也很不开心。”其次，父母要告诉孩子面对这样的情况应该怎么做，同时父母自身做好榜样示范，或者通过角色扮演来教孩子学会正确应对。二是当小宝挑起冲突时，需要从大孩和小宝两个方面入手，面对小宝，转移他的注意力，并做出示范；面对大孩，先表达理解和认可他的情绪，接着通过换位思考，帮他理解小宝，最后父母多做示范多练习，教大宝保护自己。父母也可以同孩子一起制定家庭规则来避免冲突的发生，创造有仪式感的家庭联结，时刻增加彼此间的感情。

（二）托育机构

做好家园联合，共同协作。苏联教育家苏霍姆林斯基说：“两个教育者——学校和家庭，不仅要一致行动，要向孩子提出同样的要求，而且要志同道合，抱着一致的信念，始终从同一原则出发，无论是在教育的目的上、过程上，还是在手段上，都不要发生分歧。”家园共育要遵守一致性原则，家长、学校双方共同努力守护孩子的身心健康。当孩子出现不良情绪或与家人发生矛盾时，托育工作者要走进孩子的内心，理解并接纳孩子的情绪、困惑，为孩子提供专业的心理疏导，同时要针对孩子的问题与家长深入沟通交流，传递科学的教育策略。孩子在园期间，托育工作者与孩子的接触较多，可以运用零碎的时间与孩子谈心，及时帮助孩子排解不良情绪，化解孩子与父母或与兄弟姐妹之间的矛盾，也可以通过主题教育活动、游戏、心理剧、故事等方式引导孩子学会尊老爱幼、换位思考、学会沟通，以及当自己出现不良情绪的时候能用合理的方式进行宣泄。同时，托育机构也可以通过家庭讲座、个别指导、家庭互助小组、工作坊等形式提供家庭教育指导。作为家长，需要关注孩子的情绪，对孩子情绪的变化要有敏感性，并给予回应性支持，例如：与孩子交流，认真倾听孩子的想法，多陪伴，及时消除孩子心里的不平衡感，引导孩子用合理的方式处理与兄弟姐

妹之间的冲突。可以选择合适的绘本与孩子共读，让孩子明白父母深爱着他们每一个人。

第四节　健康管理

一、预防接种

（一）儿童预防接种的疫苗

1. 疫苗的类型

疫苗有活菌疫苗、死菌疫苗、类毒素 3 种。

（1）活菌疫苗。减毒活菌苗作为疫苗用，如小儿麻痹、麻疹、卡介苗（BCG）等的疫苗。接种活菌疫苗时，会发生轻微的感染，但免疫力长久持续，所以不用数次追加免疫。

（2）死菌疫苗。杀死病原体，只留下能够产生免疫力的毒素作为疫苗，如百日咳、乙脑、流行性感冒等的疫苗。接种死菌疫苗后可在血液中产生抗体，以杀死入侵的病原体。死菌疫苗无法像活菌疫苗那样在体内增殖，所以必须经常追加接种，以强化免疫。

（3）类毒素。取出病原体的毒素，加以削弱毒性而进行无毒化，如白喉疫苗、破伤风疫苗。与死菌疫苗相同，不具有持续力，必须经常追加接种。

2. 预防接种疫苗的种类

（1）卡介苗（BCG）。接种卡介苗能预防结核菌感染。足月健康新生儿应在出生后的 24 小时内进行接种，如因某种原因错过接种时间，应在宝宝 3 月龄内进行补种。如宝宝在 3 月龄到 3 岁进行补种，则需要先做结核菌素试验。如果结核菌素试验阴性，可在 2 个星期内接种卡介苗；如因身体不适，这期间未能接种，待欲接种时，接种前仍需做结核菌素试验。如果结核菌素试验阳性，则不用补种。4 岁及 4 岁以上的宝宝无须补种。如果家中没有传染源，早产儿最好在出生 6 个月后再接种卡介苗，但如果半年内体重超过 2 500 克，经医生检查发育正常的，也可接种。宝宝在出生时就接种卡介苗的，3 个月后要到接种点复查，以了解接种是否成功，如果不成功需要重新接种。卡介苗的接种方法是在左上臂三角肌处皮内注射，接种后 2 ～ 3 个星期会局部红肿，大约 4 个星期结成疮痂，有时呈脓痂，不要用力摩擦，轻轻擦拭直到自然剥落为止。

（2）脊髓灰质炎疫苗：主要用于预防小儿麻痹症。脊髓灰质炎疫苗有两种：

1）口服脊灰减毒活疫苗（OPV）：共接种 4 剂次，具体时间为 2 月龄接种 1 剂次，3 月龄、4 月龄和 4 周岁各接种 1 剂次。

2）注射脊灰灭活疫苗（IPV）：共接种 4 剂次，具体时间为 2 月龄接种 1 剂次，3 月龄、4 月龄和 18 月龄各接种 1 剂次。

（3）百白破三联疫苗（DPT）。这是百日咳、白喉、破伤风 3 种混合制剂的预防接种。宝宝需要在 3 月龄开始接种百白破疫苗，共 4 剂。第一次、第二次、第三次分别是在宝宝的 3 月龄、4 月龄、5 月龄时接种 1 剂基础针；第四次是在宝宝 18 月龄时，接种 1 剂加强针。此种混合疫苗经常会使婴幼儿发热或出现其他副作用。第一次接种如宝宝发生高热，第二次接种时应告诉医生，采取适当措施，如减少接种剂量。发热多发生在接种当天或第二天，有时发热可长达 3 天，接种后高热时可酌情用退热药。若孩子正患感冒等疾病，须延缓接种，不妨碍免疫效果，第一次与第二次可间隔 2 个月，第二次与第三次可间隔 6 个月。特别提醒，如果已经给孩子接种了自费的五联疫苗或四联疫苗，就不需要再接种百白破疫苗。

微课 5－4

宝宝的疫苗接种对了吗?

（4）肺炎双球菌结合疫苗（PCV13）。所有 2 ～ 24 月龄的儿童都建议接种此疫苗。

（二）预防接种的一般注意事项

1. 接种前应注意的问题

每一种疫苗都有一定的禁忌证，因此父母和园所要如实地向医务人员反映宝宝的健康状况，必要时要进行体格检查，检查合格才可接种。接种时应注意的问题如下：

（1）接种的剂量。一般情况下，免疫力的强度与接种的剂量成正比，若剂量过低，便不能引起机体产生足够的免疫反应，而达不到免疫效果。但是剂量过大可能引起异常的接种反应，也不能达到应有的免疫效果。因此，必须按照规定的剂量接种。

（2）接种的次数。父母都希望接种一次就能获得免疫成功。然而，从目前制剂的质量来看，只有一些活菌疫苗接种一次即可达到免疫效果，如卡介苗、麻疹疫苗等，而一些死菌疫苗、类毒素等需进行多次注射才能达到免疫效果，如百白破三联混合疫苗、乙型脑炎灭活疫苗等。因此，应按照规定接受初种和加强接种。

（3）两次接种的间隔时间。不同种类制剂均有最适宜的接种间隔时间，主要是根据每种制剂的性质、产生免疫反应的快慢以及注射后机体吸收的快慢来决定。所以，接种完毕后应主动询问医务人员下次接种的日期及疫苗名称。

2. 接种注意事项

（1）接种前的注意事项：

- 接种前的 2 ～ 3 天检查健康状况（需要父母和园所配合观察）；
- 尽量避免外出，保持清洁；

- 测体温；
- 带好预防接种手册和有关疾病挂号本；
- 让宝宝穿宽松的衣服；
- 尽量由妈妈陪伴。

（2）接种后需注意：

- 留观时间：接种完毕后，需在接种点留观30分钟，以便及时处理可能出现的不良反应。
- 注射部位护理：接种当日要保持注射部位干燥，并注意个人卫生。
- 饮食与生活习惯：接种后一周内应清淡饮食、多喝水，避免剧烈运动和过度劳累，保证足够的睡眠和休息。
- 全身反应：接种后24小时内可能会出现红肿、疼痛、发痒等局部反应，全身性反应可能有轻度发热、无力、头痛、眩晕等症状。如果出现持续的发烧、接种部位红肿等现象，应及时就医。
- 洗澡时间：接种后24小时内不宜洗澡，尤其是接种局部，以免污染注射部位。

3. 不宜接种的情况

一般情况下，宝宝必须按时进行预防接种，但因每种疫苗接种到人体后都会产生不同程度的反应，为了避免给宝宝带来严重反应，以下几种情况暂缓接种或不宜接种。

（1）暂缓接种。

- 急性传染病。如急性肝炎、伤寒、活动性肺结核、消化道溃疡发作期或严重疾病并发热时，不宜接种，待病情缓解、热退后再接种。
- 近6周内曾注射过丙种球蛋白或免疫球蛋白的，需待6周后才可接种。
- 有急性传染病密切接触史（如肝炎、结核病人等），待该疾病最长潜伏期过后再接种。如乙型肝炎最长潜伏期为180天，那么宝宝应在接触乙肝病人180天后再接种。

（2）不宜接种。

患有免疫缺陷或正在进行免疫抑制剂（如肾上腺皮质激素、放射疗法、抗代谢化学疗法等）治疗的宝宝，或患有严重的慢性疾病（如心脏病、高血压、肝肿瘤、慢性迁延性肝炎等）的宝宝都不能接种任何疫苗。

（三）预防接种的异常反应

个别孩子在接种后出现一些异常反应或并发症，有时较为严重，必须及时处理。

1. 晕针

注射后突然晕厥，轻者只感到心慌、恶心或手足发麻等，短时间即可恢复正常；重者脸色苍白，心跳加快，出冷汗，甚至突然失去知觉。晕针与空腹、疲劳、室内空气不好、精神紧张或恐惧有关，是由刺激后出现的反射性周围血管扩张引起的一过性脑缺血造成的。

2. 无菌性脓疡

因吸附剂（氢氧化铝或磷酸铝）被完全吸收或接种部位不准，引起局部组织坏死、液化而形成。一般于接种后 24 ～ 48 小时前后发生，可见注射部位有较大的红晕或浸润，2 ～ 3 周后局部出现硬结，伴有疼痛，肿胀可持续数周或数月，随之发生脓疡、破溃，不易愈合。遇到这种情况应去医院处理。

3. 过敏性皮疹

较常见，皮疹多种多样，以荨麻疹最常见，一般在接种后数小时到数天发生，接种活菌疫苗在 1 ～ 2 个星期内发生，重者可给予抗过敏药，预后良好。

4. 过敏性休克

个别孩子预防接种后会发生休克，多在接种后数分钟至半小时内发生，表现为烦躁不安、面色苍白、发绀、四肢凉及出虚汗等症状，重者神志不清、血压下降、大小便失禁。遇上这种情况应立即送往医院儿科。家长应在孩子接种疫苗后，在现场观察半小时无过敏症状再离开。

微课 5－5
宝宝总是过敏怎么办?

5. 血管神经性水肿

个别孩子在接种后 1 ～ 2 天内，注射部位红肿范围加大，皮肤发亮，重者水肿可扩大至整个上臂及手腕。处理方法是局部热敷，口服抗过敏药物。

6. 全身感染

多为孩子免疫缺陷，接种后引起全身感染。处理时应注射特异性免疫球蛋白或输血。

（四）各种疫苗接种注意事项

1. 口服脊髓灰质炎疫苗的注意事项

（1）给宝宝服糖丸时，可以用汤勺将糖丸压碎用冷开水溶解后服用。较大小儿可直接吞服，切忌用热开水或其他饮料送服，以免杀死疫苗，服后无效。如果口服疫苗后出现呕吐则应补服。

（2）对哺乳期的宝宝，不要在哺乳后 2 小时内服用，因母乳中可能有抵抗脊髓灰质炎病毒的抗体存在，会影响疫苗的效果。

（3）如有特殊原因，宝宝当时不能服用，一定要把糖丸放在冰箱冷藏室内，3 个月以内服用。

2. 接种麻风腮疫苗的注意事项

麻疹、风疹和流行性腮腺炎都是急性呼吸道传染病，分别由麻疹病毒、风疹病毒和腮腺炎病毒引起，而且主要都是影响儿童。这 3 种疾病均具有高度传染性，并且可能导致严重并发症以至于死亡，所以接种麻风腮疫苗至关重要。

宝宝接种完麻风腮疫苗后需要在接种医院停留 30 分钟，在此期间，请注意观察宝宝是否有异常反应，在确保一切正常后再离开。回家后宝宝最好适当休息，多喝水，注意保暖，同时避免进行剧烈的活动。

如果宝宝已经得过上述 3 种病中的任何一种，那么他的体内就已经存在针对此病毒的抗体了，家长需要根据情况选择其他两种联合疫苗或单种疫苗给宝宝接种。

宝宝在接种第一剂麻风腮疫苗前，多半已经接种过麻风疫苗或是麻疹疫苗。不管接种过哪种疫苗，麻风腮疫苗的接种时间最好间隔一年。如果宝宝的麻风疫苗或麻疹疫苗接种时间推迟了，至少也要间隔半年，并在宝宝满 2 岁前接种完成。

权衡麻疹、风疹和腮腺炎疫苗接种与接种后的复方危险，血小板减少加剧的危险。大多数情况下，接种的益处远大于潜在的危险，尤其是考虑到麻疹和风疹发病后易发生血小板减少的情况。

3. 接种乙肝疫苗的注意事项

乙型肝炎疫苗（简称乙肝疫苗），目前为基因工程疫苗，接种于上臂三角肌内。新生儿亦可接种于大腿上外 1/3 处或臀部肌肉内。注射前应将疫苗摇匀，接种量根据情况会有所不同。

正常孕妇（乙肝表面抗原阴性）所生的新生儿应接受乙肝疫苗的接种。分别于出生后 24 小时内、1 个月后和 6 足月接种（即 0、1、6 个月），种满 3 针为全种，否则会影响免疫效果。每次接种剂量均为 10 微克。

乙型肝炎表面抗原阳性的孕妇所生的新生儿，也应接种乙肝疫苗，其接种方法和剂量目前暂定与正常孕妇所生新生儿的接种方法和剂量相同。不过同时应在新生儿出生后 12 小时内和出生后 1 个月肌注乙肝免疫球蛋白（HBIG）。

对于一般易感者（包括儿童及成人）和曾与乙型肝炎患者有密切接触的小儿，为了预防感染乙型肝炎，也应接种。接种方法和剂量与正常孕妇所生新生儿的接种方法和剂量相同。

凡有过敏体质、严重湿疹和免疫功能不全，发热及急、慢性严重疾病的小儿应禁止接种。乙肝疫苗较安全，接种后反应轻微，只有极个别小儿会发生过敏反应。

4. 接种甲型肝炎疫苗的注意事项

甲型肝炎（甲肝）是儿科较常见的肠道传染病，是由甲肝病毒引起的。甲型肝炎疫苗是以甲型肝炎病毒 HMI75 株，经培育用甲醛灭活、氢氧化铝吸附后制成灭菌悬液。

（1）接种方法。2 ～ 18 岁初种，接种剂量为 0.5 毫升，间隔 6 ～ 12 个月后加强 1 次，以维持长时间的抗体滴度，接种部位为三角肌，采用肌肉注射。在特殊情况下可以与其他疫苗同时接种，例如可同时口服脊髓灰质炎疫苗或注射乙肝疫苗、流行性乙型脑炎疫苗等。

（2）接种反应。甲肝疫苗具有良好的耐受性，接种反应轻微，一般在注射后 24 小时即可消失。宝宝注射甲肝疫苗后 14 天即可产生抗体，且抗体至少可维持 1 年。在 6～12 个月加强免疫后，抗体可维持 20 年。此外，若宝宝感染甲肝病毒，处于甲肝潜伏期，接种该疫苗后可减轻症状。

我国目前生产的甲肝减毒活疫苗，是用甲肝病毒株，经人二倍体细胞培育制成，适用于 2 岁以上甲肝患者，接种后可获得 4 年以上的保护期。

5. 接种水痘减毒活疫苗的注意事项

水痘是一种传染性很强的出疹性传染病，由一种特殊的水痘病毒（水痘－带状疱疹病毒）引起。主要通过唾液飞沫传染，亦可因接触水痘病毒污染的衣服、玩具、用具等而得病，多发生于 1～5 岁的宝宝。水痘减毒活疫苗是由减毒水痘－带状疱疹活病毒 OKa 株在 MRC5 人二倍体细胞上培养繁殖而获得的疫苗制品。接种对象是 1 周岁以上的健康宝宝，接种方法是对 1～12 周岁儿童进行皮下注射 0.5 毫升。13 周岁以上需接种 2 次，每次剂量亦为 0.5 毫升。两次间隔时间为 6～10 周。经观察水痘病毒活疫苗接种后，血清阳转率大于 98%，接种后的反应是极轻微的。疫苗接种 6 周内，尽量避免使用水杨酸制剂。水痘减毒活疫苗尚未列入我国常规的计划免疫接种项目。疫苗接种后，很多孩子都会发烧，注意观察体温并做好物理降温是非常重要的。

二、高效就医

（一）如何选择医院

目前，医疗市场发展迅速，各类私营性小医院、小诊所遍布城乡各个角落，为广大患者就医买药提供了很大方便。许多家长认为，宝宝生病一般都是小毛病，到大医院去费时费力，随便到小诊所治疗就行了。这种做法是否可取呢？我们应从以下几方面进行分析、考虑。

（1）选择的诊所是否有专业的儿科医生。

俗话说“隔行如隔山”，虽然都是医生，但如果不是儿科专业医生，在一些儿科疾病的诊断、治疗方面还是存在较大障碍，宝宝年龄越小，困难就越大。在临床上曾经遇到过这样的情况，一些儿科常见病在诊所或医院非儿科医师那里不能被正确识别，或在用药的选择、用量上出现失误。①

究其原因，主要有两方面因素：

第一，患儿不能准确表达。古代称小儿科为“哑科”，就是因为宝宝在生病时不能准确表述，诊断时在很大程度上依靠医生的经验，而非儿科专业的医生在这方面可能会有所欠缺。

---

① 方光光，曾春英，王雪莱．婴幼儿常见问题及指导．北京：西苑出版社，2020：65－70．

第二，医生经验欠缺。医学是一门经验科学，经验的积累需要有大量的临床实践才能实现，有些诊所医生一个月所接触的小儿患者可能不及一个大医院儿科医生一天所接诊的宝宝多，在临床经验积累方面肯定有所差别。

（2）选择的诊所是否为正规的医疗机构。

正规的医疗机构应具备以下几个条件：

- 有卫生行政部门颁发的行医执照；
- 诊所的从业人员是拥有《执业医师执照》的正规医生；
- 诊所的医疗设备相对齐全，消毒严格，卫生条件良好；
- 诊所的从业人员在从事治疗活动时能按照无菌原则进行；
- 肌肉注射、静脉点滴时使用合格的一次性注射器和输液器。

具备了上述条件，才能给就诊者提供相对安全的医疗服务，保证基本的医疗质量。

（3）选择的诊所是否能以病人为中心。

个别诊所的医生受利益驱使，宣称“只要到诊所来的病人我都能治”，这是不切实际的。一个人的诊疗水平终究是有限的，如果是一个以病人为中心的医生，他会做到“能治则积极治疗，不能治则及时转诊”。宝宝生病时病情变化快、进展迅速，尤其应该注意这一点。

（二）大医院就诊的优缺点

1. 到大医院就诊的优点

（1）有专门的儿科医生，专业分类精细，由于常年从事儿科临床工作，接诊患儿数量大，大多具有丰富的儿科临床专业知识，对儿童疾病的诊治把握性大；

（2）在遇到疑难杂症时，如有必要，可进行全院范围的综合会诊，对于跨专业的疾病诊断非常有帮助；

（3）大医院有大量精密仪器，必要时可加以利用，有利于对疾病的诊断，误诊和延误诊治的发生率低；

（4）大医院在无菌操作和医疗用品的使用方面安全性更高。

2. 到大医院就诊的缺点

（1）病人多，挂号、候诊、检查、取药、治疗等手续复杂；

（2）有时，由于众多患者的接触，存在患儿之间交叉感染的可能；

（3）经济负担相对高一点。

综合上述几方面，我们不难得出正确结论——如果您的居家附近有正规的诊所，诊所有专业的儿科医生，并且能以病人为中心，那么当宝宝生病时可首先到那里就诊。若为轻微的疾病，一般与到大医院没太大区别。

（三）就医指导

很多家长都觉得带宝宝看病很简单，就是带着宝宝到医院挂号、就诊、检查、取药、治疗。其实不然，带宝宝看病还是很有学问的，应该注意以下几个方面的问题。

1. 就诊准备

（1）婴幼儿就诊时应带好奶瓶、水、换用的尿布、一两件宝宝平日喜爱的玩具，以使宝宝在舒适的条件下就诊，避免宝宝因饥饿、口渴、尿布不洁、紧张等而引起哭闹，影响就诊效果。

（2）腹泻患儿就诊前，家长应为宝宝准备好大便标本，以备化验时用。因为每一个腹泻患儿就诊时都需要进行大便常规化验，如在家中没有准备好标本，而宝宝又不能按需排便，只能等待，有的家长因等待时间过长，只好放弃化验。但不化验大便，医生在治疗上就存在一定的盲目性，影响治疗效果。留取的大便标本应尽量新鲜，最好是排出1小时以内的，并且必须用不吸水的东西留取、存放，如塑料袋、小瓶子等，一定不能用卫生纸或直接放在尿布上带到医院，因为大便标本中的水分丢失后，就无法进行准确化验。

（3）发热的宝宝就诊前应先测体温，然后服用退热药物。这样既可避免就诊过程中宝宝因高热引起抽搐，又可在就诊时将宝宝真正的体温情况告诉医生，有利于医生做出正确诊断。

（4）有水肿或尿路方面异常的，就诊前应留出尿液标本（最好是早晨起床后的第一次尿），用小瓶盛好带去，以方便医生化验尿常规。夏天尿液标本应避免放置时间过长。

（5）带齐病历资料。以前看病的病历可供医生参考，并可避免重复检查、化验等。有的家长不愿接受以往的诊断结论（如血液病、癫痫等），故意隐瞒原来的诊断结果和检查报告，这样会延误诊治时间，增加宝宝的痛苦。

2. 选择合适的陪同人

宝宝就诊时，应由最熟悉宝宝情况的人陪同前往，因为这个人可以详细、准确地向医生反映宝宝发病时的情况，有利于医生对宝宝进行迅速、准确的诊断及处理。如由其他人带宝宝就诊，应注意以下问题：

（1）就诊前情况。呕吐、腹泻的宝宝就诊前，应了解宝宝最后一次或两次就餐时的饮食情况；如宝宝呕吐、腹泻时自己不在场，应把宝宝呕吐、腹泻时的情况询问清楚，如呕吐、腹泻次数，呕吐物是什么样的，大便性状等，发热的宝宝应知道其就诊前的体温变化情况，抽搐的宝宝应了解抽搐发作时的情况等，以便就诊时向医生说明。

（2）就诊前治疗。不论宝宝患什么病，如在就诊前已服用了某种药物或者已到诊所或其他医院治疗过，家长应详细了解宝宝所用药物的种类、剂量，并告诉医生，以便医生在治疗中进行药物选择，避免重复用药而使药物过量，对患儿造成肝肾损害。

（3）陪诊人数。陪同宝宝就诊的人数以两人为最佳，以方便处理就诊过程中的问题。陪诊人数过多，易造成就诊秩序的混乱，影响医生对患儿的检查和治疗。陪诊者应是有准确表达能力的人，过量饮酒者和年龄过大的老人应尽量避免前往。

3. 注意事项

（1）避免交叉感染。候诊室是病人集中的地方，应在指定地候诊，不要随意走动。患儿最好分散些，不要集中在一起，更不要让患儿互相接触、嬉戏。腹泻患儿的粪便不要排在地上，以免传染其他患儿。

（2）准确诉说病情。要把宝宝的主要症状和各症状发生的时间、伴随症状、诊治过程、用药情况等详细、准确地告诉医生，既不夸大病情，也不掩盖病情，以协助医生做出正确的诊断和治疗方案。

（3）遵照医嘱。按照医生意见做好护理及治疗，看完病，家长应弄清如何护理、服药和观察病情。对于暂时诊断不清或病情不稳定需在门诊观察的患儿，家长应配合，等病情允许后再离院回家。

4. 就诊科室的选择

现在有这样一种现象，不论宝宝得了什么病，只要是宝宝，统统到小儿科就诊。造成这种现象的原因是家长对小儿科不了解。通常说的小儿科指的是在综合性医院中的小儿内科，它只能解决宝宝内科方面的问题，有关宝宝外科、口腔科、眼科、耳鼻喉科、皮肤科的问题小儿科都不能解决。如果选择科室不恰当，往往造成就诊时间延长，有时甚至会使患儿失去抢救的最佳时机。

（1）外科就诊：宝宝从床上掉下来摔了头；宝宝活动时受到外伤如扭伤、皮肤破损、骨折、脱臼、头外伤等；宝宝不幸遭遇车祸；宝宝身上长了疖子、疮、皮肤化脓性感染等。

（2）耳鼻喉科就诊：宝宝耳朵疼；宝宝声音嘶哑；考虑宝宝有过敏性鼻炎；想为宝宝进行扁桃体摘除；鱼刺卡喉或有异物进入耳鼻。

（3）口腔科就诊：宝宝受到外伤碰掉了牙齿；宝宝牙龈红肿、疼痛；宝宝牙疼或牙齿上有黑洞、黑斑；宝宝乳牙退掉后长时间没有牙齿萌出；宝宝舌系带过短。

（4）眼科就诊；宝宝身上出现皮疹但不伴发热的，应到皮肤科就诊。

5. 就诊医生的选择

有目的地选择专业医生是就诊时非常关键的一步。由于现代医学的发展，临床专业设置逐渐趋向细化，规模越大的医院在这方面做得越突出。专业分工的细化，使得各专业的医生对本专业的学术问题有更深入、更全面的研究，处理本专业的问题得心应手，而对专业以外的问题相对生疏。因此，家长在带宝宝就诊时应选择相应的专业医生，不要一味地去找年龄大或名气大的医生，而忽略了专业的选择。如有熟悉医院情况的人给予指点，那是最好的。

在临床工作中，常遇到患儿家长通过电话询问宝宝病情的，希望医生能给宝宝做出诊断，提供处理意见。那么，电话就医可行吗？用电话向医生问诊虽然很方便，家长心里会感到有依靠，但实际中却难以得到正确的诊察，很易发生误诊，一般情况下医生都不能接受。

中医诊断疾病的步骤大家比较熟悉，那就是“望、闻、问、切”，其中“望”就是看，看患者的表现，如面色、皮疹、精神状态等；“闻”是闻气味；“问”是询问病史，即发病情况、以前患过什么病等；“切”是诊脉（即把脉）。综合上述这些结果，医生才能对疾病做出正确的判断和处理意见，缺一不可。西医在诊断疾病时基本与中医相似。除了问病史外，还要进行“视、触、叩、听”，即进行体格检查，必要时还需通过相关化验、检查才能对疾病做出诊断及处理意见，而这一切都要在患者亲自就诊时才能做到。

以下情况可以通过电话问诊：

（1）询问某种药物的使用；

（2）咨询宝宝护理方面的常识性问题；

（3）咨询某些儿童保健方面的问题；

（4）咨询某种已明确诊断的慢性病；

（5）在治疗过程中出现的异常现象及药物应用。

微课 5－6

宝宝生病了，家长怎么办？（如何高效就医）

另外，家长在进行电话咨询时应该注意以下两个问题：首先，要确认医生当时有没有接诊患者，否则，您的咨询电话可能会增添其他患者的困扰，医生也不可能跟您耐心交谈；其次，打电话时应尽量用简洁的语言表达出自己的意思，不要喋喋不休、反反复复地说起来没完没了。

三、亚健康的观察与评估

孩子也有亚健康，只不过很多家长没有意识到，例如，口臭、磨牙、腹疼、大便不正常、乏力、夜眠不安、夜惊、小便黄、脾气暴躁，等等，这些都是亚健康的表现，表现在身体上的体征包括：面色萎黄或有白斑、黑眼圈、头发不润滑、腹胀、口唇发红、牙齿生长不好、手足心热脱皮、多汗、皮肤粗糙或发痒、指甲白斑脆薄、消瘦等。孩子的亚健康状态不容忽视。孩子长期的亚健康状态会影响生长发育和免疫功能，还会导致孩子的身高、体重不达标，容易感冒、长期咳嗽、反复扁桃腺炎、哮喘反复发作等。

（一）亚健康的起因

（1）脾胃不和，即肠胃功能不好。家长以为常给孩子吃大鱼大肉就是爱孩子，其实这些肥甘厚味及饮食的不规律恰恰是引起孩子亚健康状态最常见的因素。因为孩子的脾胃功能尚未完全发育成熟，长期不健康的饮食会加重孩子的脾胃负担，造成小儿脾胃功能紊乱。

（2）急慢性病后期。某些急慢性病后期也是亚健康期，特别是感染急慢性疾病，病后初愈，此时孩子身体的正气、脾胃尚未完全恢复。

（3）抗生素过度使用。反复使用多种抗生素药物，虽然病好了，但人体正气已伤，尤其会伤脾胃之气，造成脾胃不和。

（4）外感六淫之邪。中医认为，外感六淫之邪会伤及脾胃，使身体处于亚健康状态，表现出一种脾气失和状。

（5）体质原因。有的孩子先天脾胃虚弱。孩子长期处于亚健康状态可引起反复上呼吸道感染，而反复的上呼吸道感染又反过来使孩子经常处于亚健康状态，二者形成恶性循环。

（二）评估亚健康

1.“九看一摸”判断法

（1）看笑容。不论是婴儿还是大一些的孩子，爱笑代表身体内部的平和与协调。身体内气血两亏、寒湿重，身体总会有这儿或那儿不舒服，婴儿只能用哭声来表达，动不动就哭的孩子身体可能有问题，大一些的孩子也很少能准确表达身体哪里有不舒服。所以，只要吃饭、睡觉能保质保量，而且整天都很开心、爱笑，这就是孩子身体健康的标志。如果一个爱笑的孩子慢慢变得不爱笑了，说明这个孩子最近身体出现了不适，父母就要注意了。

（2）看眼神。气血充足的孩子眼睛明亮、有神，眼神专注；眼睛不明亮、目光散乱的孩子说明气血不足。

（3）看皮肤。健康孩子的皮肤应该是淡淡的粉色，富有弹性、光泽，这是气血充足的表现；如果孩子脸色发暗、发青、发黄、发白，则代表孩子身体内寒湿重，胃肠功能差，消化不良，贫血等。

（4）看头发。健康的孩子头发乌黑、浓密、柔顺；头发稀少、发黄、直立、不服帖，则说明孩子气血不足或营养失衡。

（5）看耳朵。耳朵形状圆润，摸上去肉多骨少、柔软，代表孩子先天肾气足，而耳朵的形态看上去不太漂亮、骨多肉少、较硬的孩子则先天不足，说明母亲在怀孕期间身体内气血两亏、寒湿重。

（6）看指腹。手指指腹扁平、薄弱或指尖细细的，都代表身体内气血不足及寒湿重；而手指的指腹饱满、肉多，有弹性，代表身体健康，气血充足。

（7）看青筋。鼻梁上出现青筋或眉尾出现青筋的孩子体内寒重，消化不好，气血不足。

（8）看睡眠。入睡快、睡眠沉、呼吸均匀无声响，一觉睡到天亮的孩子气血充足。那些入睡困难、易惊易醒、睡不安稳、翻身频繁、夜尿多、呼吸深重或打呼噜的，多是气血不足的孩子。

（9）看锻炼。运动后胃口大开、食欲大增的孩子气血充足；反之，运动后不想吃饭、食欲变差的孩子则气血不足。

（10）摸小手。气血充足的孩子，小手时刻都应该是温暖的；那些整天小手冰凉的孩子则气血不足、身体内寒湿重。

2. 脸色的判断

一个人的脸色与身体健康有着密切的关系，医生也经常以观看患者的脸色作为判别疾病的参考。因此，家长要学会察“颜”观色，如果宝宝的小脸蛋红润，表示身体健康；倘若脸发黑、发黄、苍白等，则要注意了。

（三）远离亚健康的日常调理

1. 饮食调理

饮食调理首先是饮食要有节制。一是指进食的量；二是指进食的时间。所谓饮食有节，即进食要定量、定时。定量是指进食量要适中，恰到好处，则脾胃可以承受，消化、吸收功能正常，人体可及时得到营养供应，可以保证生理活动所需；定时是指饮食应有较为固定的时间，有规律地进食，可以保证饮食在机体内有条不紊地被消化、吸收。此外，饮食要全面均衡，儿童食物要多样化、荤素搭配，保证蛋白质供给，同时摄入充足的维生素，适当补充脂肪和碳水化合物。家长要培养儿童良好的饮食习惯，避免偏食、厌食。

2. 睡眠调理

睡眠是消除疲劳、恢复体力的主要方式，又是调节各种生理功能的重要环节，也是维持生命的重要手段。良好的睡眠可以消除疲劳、保护大脑、提高免疫力。对于婴幼儿来说，他们很多的时间都是在睡眠中度过的，保证良好睡眠不仅可以帮助身体的各项指标发育健全，还能使身体各项机能得到充分休息，是保障孩子健康的前提。

3. 慎用抗生素

当孩子出现反复感冒等疾病时，不要追求快点治愈而随意、过多地使用抗生素。要尽量提高孩子自身的免疫力，以调和脾胃、消食清热的原则进行治疗。家长可以选择婴儿健脾散、止咳消积口服液等中成药，也可以使用小儿推拿、艾灸或者中药外治的健脾贴等。

4. 身体锻炼

生命在于运动，运动是人类生命活动过程中的一种重要形式。但运动也要遵循以下几个原则：因人而异、因时而异、循序渐进、持之以恒、防意外伤。适度的体力劳动和体育锻炼有助于气血的流通，从而增强免疫力和提高抗病能力。另外，还需让孩子定期进行户外活动，呼吸新鲜空气，增强体质，调节神经系统。

（四）亚健康状态改善方法

如果孩子长期处于亚健康状态，最好找专业医生或者专业机构进行系统的调理，如推拿（见图 5－6）、艾灸（见图 5－7）、药浴（见图 5－8）、中药外治敷贴（见图 5－9）等。

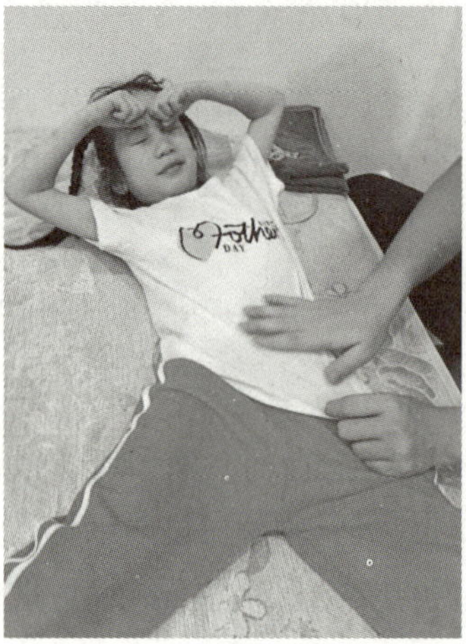

图 5－6　推拿

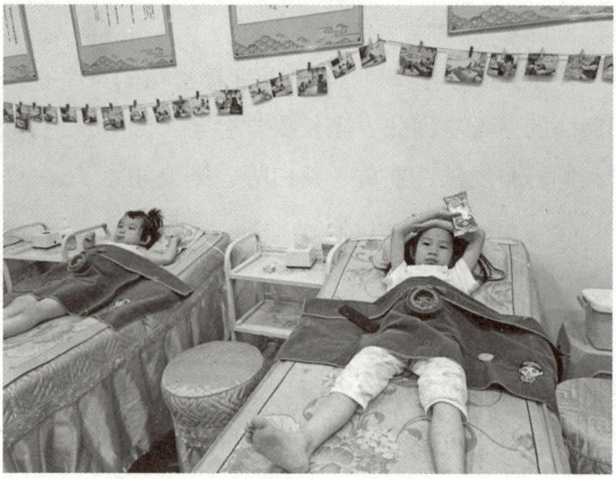

图 5－7　艾灸

图 5－8　药浴

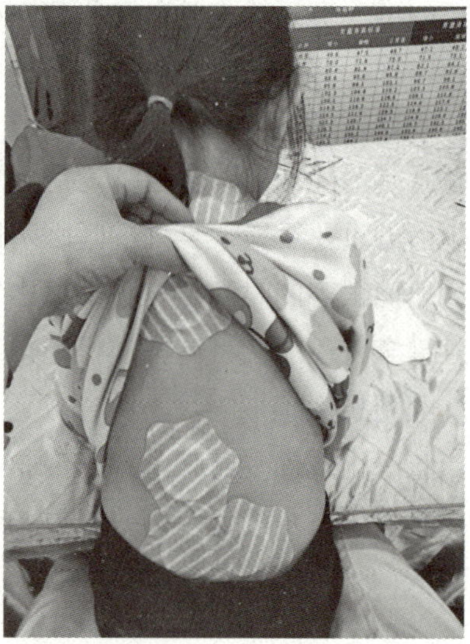

图 5－9　中药外治敷贴

1. 小儿推拿

小儿推拿，又名小儿按摩，在遵循中医基础理论的前提下，通过轻快柔和、平稳着实的手法作用于小儿体表特定部位（头面、四肢、胸腹、背部）以达到扶正祛邪、疏通经络、调节脏腑、平衡阴阳以及治疗与保健的双重目的。[1]

---

① 梁繁荣．针灸推拿学．北京：中国中医药出版社，2009：76－98．

小儿推拿作为纯绿色疗法，可适当替代化学药物的使用，降低化学药物的毒副作用，改善且增强小儿体质，治疗保健效果明显，被医生、家长所推崇，且其不打针不吃药，无痛苦，不会激发小儿恐惧感，易被小儿和家长接受。家长们自己也可以学习一些简单手法。图 5－10 所示为中医馆开设的家庭推拿培训班操作演示。

图 5－10　中医馆妈妈推拿班教学现场

小儿推拿常见适应证：发热、感冒、咳嗽、厌食、腹泻、便秘、腹痛、呕吐、滞颐、夜啼、汗症、遗尿、鼻窒、鼻渊、五迟五软五硬、小儿脑瘫、婴儿湿疹、荨麻疹、抽动症、小儿肌性斜颈等症的治疗和调理；气虚质、阴虚质、阳虚质、痰湿质、湿热质、气滞质、血瘀质等小儿常见体质的保健调理。

2. 艾灸

婴幼儿艾灸是一种传统的中医调理方法，通过燃烧艾草产生的热能和烟气刺激皮肤，从而达到治疗和保健的效果。艾灸可以有效调理婴幼儿的气血瘀滞，驱除体内的寒凉之气，改善体质，缓解因气血不畅导致的不适症状，具有健脾益肾的功效，有助于增强婴幼儿的身体素质。然而，婴幼儿的皮肤较为娇嫩，对外界刺激的敏感性较高，因此在进行艾灸时需要格外小心。

婴幼儿使用艾灸需要注意：

（1）年龄限制：一般建议 7 岁以上的儿童在专业指导下进行艾灸。对于 5 个月以下的婴儿，由于皮肤娇嫩，艾灸可能会造成水疱甚至烧伤，因此不推荐使用。

（2）特殊部位：某些穴位如足三里不宜进行艾灸，因为它会导热下行，夺脏腑的热，不利于脏腑的发育，还可能伤害眼睛。

（3）温度控制：艾灸时要注意温度不能过高，以防烫伤。使用可控温的艾灸仪或艾条进行温和灸，可以减少烫伤的风险。

（4）时间控制：婴幼儿的艾灸时间应控制在安全范围内。例如，5 岁以下的儿童保健灸不超过 30 分钟，5 ～ 10 岁的儿童不超过 1 小时，每个穴位 10 ～ 15 分钟。

（5）避免饱饥状态：艾灸前应确保儿童不是过饱过饥的状态，以免影响效果。

3. 药浴

婴幼儿药浴是一种常见的中医外治方法，通过温热的药液泡洗，可以达到多种保健和治疗效果：

（1）增强免疫力：药浴可以提高血液中某些免疫球蛋白的含量，增强机体的活力和抗病力。

（2）疏通经络：药浴有助于疏通腠理、温经活络，从而祛风发表，将病邪祛除体外。

（3）预防疾病：药浴可以有效预防感冒等疾病。

（4）调理脾胃：艾草等药材具有温经止血、祛寒除湿、调理脾胃等功效，通过药浴的方式让孩子的身体充分吸收药效，从而达到调理脾胃的目的。

药浴对于改善婴幼儿食欲不佳、睡眠浅等情况有一定的疗效。

4. 中药敷贴

婴幼儿中药敷贴是一种传统的中医外用治疗方法，通过将中药直接敷贴在特定的穴位上，以达到调理身体、治疗疾病的效果。这种方法简单易行，毒副作用少，且对婴幼儿来说更为安全和方便。

婴幼儿中药敷贴具有以下特点：

（1）适用于多种小儿疾病，如腹泻、感冒、咳嗽等。

（2）敷贴方法简单，家长容易学习和掌握，且不需要服药或打针。

（3）某些中药敷贴还可以帮助婴幼儿生长发育，如春季生长贴可以健脾益肾、扶助气血。

在使用中药敷贴的时候需要注意：

（1）皮肤刺激：由于婴幼儿的皮肤较为娇嫩，中药敷贴可能会引起皮肤过敏、红肿、发痒等不适症状。

（2）年龄限制：一周岁以内的婴儿不建议进行中药敷贴。年龄越小，皮肤越娇嫩，敷贴时间也应相应缩短。

（3）选择药物需谨慎：使用中药敷贴时，必须确保药物的选择正确且无刺激性。

第五节　安全防护

安全是人类发展之基，是婴幼儿成长之根本。《国务院办公厅关于促进3岁以下婴幼儿照护服务发展的指导意见》（国办发〔2019〕15号）中指出："按照儿童优先的原则，最大限度地保护婴幼儿，确保婴幼儿的安全和健康。"可见，安全无小事，安全教育是婴幼儿教育的重中之重。家长和保育师在婴幼儿成长过程中起着重要的监护作用，家长和保育师的安全意识和安全知识直接关系着婴幼儿的安全和健康，因此对保育师和家长的安全教育至关重要。

一、不同年龄段婴幼儿的特点及安全防护

（一）0～3月龄婴儿特点及安全防护

1. 抱宝宝细节

新生儿脊柱完全是直的，3个月能抬头时，脊柱会出现第一个生理弯曲。这一阶段的宝宝骨中无机盐含量少，有机物多，因而其骨柔软、弹性大，但由于其脊柱周围的肌肉、韧带很弱，容易导致脊柱和肢体骨骼发生变形、弯曲。因此，在抱宝宝时，一定要格外小心。

抱宝宝的方法：当宝宝还不能主动把头抬起时，首先用一只手托住宝宝颈部，另一只手托住宝宝屁股，双手一起用力将宝宝抱起，然后进行调整，使宝宝的头颈部刚好躺在臂弯里。

2. 防止鼻堵窒息

新生儿的鼻腔和鼻道部位比较狭窄，鼻黏膜部位有很浓密的毛细血管分布，如果受到刺激则容易出现鼻塞的情况，且新生儿没有自理能力，不能用手把盖在脸上的物品拿开。因此，在宝宝周围不能放置任何东西，要把床单翻转到床垫下，把床单铺平，小被子不能盖在脖颈处，要盖在宝宝腋下。

3. 防止高处坠落

如果家中购买了换尿布、穿衣用的操作台，切不可让宝宝躺在操作台上睡觉，家中使用母子床的，注意床之间的空隙，在移动时注意安全，防止宝宝坠落于两床之间。

4. 洗澡安全细节

给宝宝洗澡时，一定要准备全所需物品，以免洗澡途中去寻找物品而发生意外，如果遗漏了物品，身边又没人帮助，一定要用浴巾把宝宝裹好并抱在怀中再去取所需物品。

给宝宝洗澡时，建议把澡盆放在地上，不要把澡盆放在操作台或高的台子上，以免宝宝从高处坠落。

澡盆中的水位要适宜，刚好没过宝宝大腿即可。涂擦沐浴液后皮肤会很滑，所以不要一次性涂擦宝宝全身，要分部位涂擦，保证您抓握的部位没有肥皂泡。

宝宝出水后，要即刻放在浴巾上并把宝宝包裹起来，把头擦干。

（二）4～12 月龄婴儿特点及安全防护

这一月龄段的宝宝大动作能力飞速发展，翻身、独坐、爬行、站立甚至行走都集中在这段时间，另外手部动作也发展得很快，抓握能力以及好奇心都有很大的发展，喜欢把东西放在嘴里。因此这一时段既是给父母带来惊喜，又是安全隐患增加的时段。比如：从床上、楼梯口滚落下来；从高脚椅、窗台等高处坠落；磕在家具角或其他尖锐物体上；刀剪等尖锐器具的割伤；未被保护的电源插座导致的电击伤；热水热饭的烫伤；燃气灶、火柴、蜡烛、烟头等导致的烫伤；玩具零部件、坚果豆子等可放入口中的物品导致的气管异物卡喉；还有学步车、溺水、易碎器皿等导致的意外伤害；等等。对于这一阶段的婴儿，家长要加强看护，防止意外情况发生。

（三）1～3 岁幼儿特点及安全防护

1 岁以后的幼儿大动作和精细动作能力发展迅速，能够自由翻滚，爬过各种障碍物，独立行走，这些都让幼儿获得了极大的活动自由，幼儿成为名副其实的“探险家”。因此，这一阶段要注意以下几点。

1. 防止溺水

宝宝天生喜欢玩水，但是缺乏安全意识。为了防止宝宝溺水，家中浴盆、脸盆、洗衣机及各种可盛水的容器在任何时候都不要存水，防止宝宝把脸埋在水中而发生窒息。

2. 家庭生活用品安全防护

（1）宝宝登高，需要大人监护；

（2）带孔物需要防护，可使用防护罩；

（3）药品、化学用品要收纳好，以防宝宝拿到；

（4）尖锐的桌角、楼梯、台阶需要加装防护角和防滑条，要告诉宝宝不要进入厨房，煤气灶开关等要装防护罩。

二、对保育师的安全教育

（一）接送交接安全教育

婴幼儿接送的交接环节是人员最多最复杂、婴幼儿情绪波动最大的环节，也是保育工作中最容易出现安全隐患及安全事故的环节。因此，要明确婴幼儿接送交接安全工作的任务，指明安全隐患所在，提出解决或排除不安全因素的方法，促使保育师树立安全责任意识，从而保证婴幼儿接送交接安全。

1. 入园晨检

晨检的主要内容是一问、二看、三摸、四查、五登记。

（1）问。询问家长前一晚孩子在家的情况，有无不舒服、患病等情况。

（2）看。看孩子的精神、面色、皮肤有无异常，扁桃体是否肿大，身上有无出疹等现象。

（3）摸。摸摸孩子有无发热、淋巴结肿大。

（4）查。查孩子的手指甲和双手是否干净卫生，有无带危险物品入园，衣着是否整洁。

（5）登记。对带药入园的孩子，请家长登记。

2. 工作中应注意的问题

（1）个别迟到或有特殊情况未来园的婴幼儿，务必坚持按照安全工作要求逐项进行检查、询问和记录。

（2）多名婴幼儿同时来园时，各项安全工作要坚持有序、全面、细致地开展，防止慌乱、忙碌中出现安全隐患。

（二）游戏活动安全教育

游戏活动是孩子在园所一日生活中安全事故高发的环节，也是保育师需要保持高度的警惕心和责任心、积极配合主班托育工作者保证孩子安全的环节。下面从自主游戏活动、教学游戏活动和户外游戏活动3个方面详细列举游戏活动环节容易出现的安全隐患，提出预防措施及安全教育要点，为保育师做好此环节的安全教育工作提供参考。

1. 自主游戏活动安全教育

（1）指导孩子安全使用美工区材料：①提醒孩子使用绘画材料时，不能将材料放入口中，以防中毒；②使用手工材料时不能打闹，以防划伤自己或他人；③细小的材料不能放入口中或耳朵中，以防发生危险；④提醒孩子使用美工区材料时要与同伴保持一定的距离，避免碰伤他人。

（2）密切关注孩子的活动。自主游戏活动时，孩子可能不在同一个区域。此时，保育师要和托育工作者一起关注每个孩子的活动，在不同区域巡查，时刻提醒孩子不要争抢、打闹、推搡、拉扯及过度奔跑，防止在自主游戏或更换区域过程中出现绊倒、摔伤等事故。

（3）定期对自主游戏活动区域的学习材料进行清洗、消毒，保证学习材料卫生安全；要经常检查孩子自主游戏活动区域的学习材料是否完好无损，如发现有破损，应及时进行修补或报修，避免孩子使用时被划伤、碰伤。

2. 教学游戏活动安全教育

（1）指导孩子正确使用学习材料：①孩子常喜欢手拿此类文具走动或挥舞。保育师应告诉孩子，手拿铅笔等尖锐物品时不要用笔尖指向自己或他人，不要手拿铅笔挥舞，更不要把笔尖含在口中；要把笔尖朝下（指向纸面或桌面），以防扎伤自己或他人。②指导孩子使用剪刀、铅笔、筷子、叉子等尖利物品时要与同伴保持一定的距离，不能打闹，用后要及时放回原处，以防发生危险。

（2）关注教学活动过程中的安全：①根据活动内容，合理地摆放活动座位。例如，动态活动尽量按圆形排列座位；讲述活动尽量按半圆形排列座位；操作活动尽量按U形排列座位。这样便于孩子安全、有序地参与教学活动。②提醒孩子不要将椅子举过头顶，以防伤及自己或同伴。③提醒孩子坐在椅子上的时候不要过度向后仰，以防翻倒；不要左右晃动椅子或把手，以防摔倒、摔伤。④提醒孩子不要将手指放在椅子或把手间隙，避免挤伤。

3. 户外游戏活动安全教育

（1）活动前安全教育。活动前，清理活动场地，清除危险物及障碍物，排除安全隐患。排查活动器材、大型玩具是否存在安全隐患。检查孩子着装是否符合户外活动的安全要求。

（2）活动中安全教育。保育师与托育工作者相互配合关注每个孩子，保证每个孩子的活动都在托育工作者、保育师的视线范围内。提醒孩子不要将手、头伸入较小的洞口、缝隙或栅栏中，以防出现孩子扭伤、挤伤事故。

（3）活动后安全教育。活动后，检查孩子手、口袋中是否携带了小树枝、小石子等危险物品。

4. 工作中应注意的问题

游戏活动环节是孩子安全事故的高发环节，保育师要保持高度的警惕心和责任心，时刻关注每个孩子的活动情况。

（1）在游戏活动过程中，要照顾和保护体质较弱、动作不灵活及有特殊疾病的孩子，防止发生意外。

（2）在游戏活动过程中，发现任何安全隐患都要立即进行处理，排除安全隐患，保证孩子游戏活动的安全。

（三）饮水、盥洗、如厕安全教育

饮水、盥洗、如厕是孩子每天重复最多的生活环节，也是孩子最容易发生磕碰、摔伤、划伤的环节。针对以上3个环节孩子的活动特点，保育师应明确安全教育工作的任务及要求。

1. 饮水安全教育

（1）打回开水后，要放到孩子触及不到的地方，以防孩子被烫伤；

（2）检查孩子饮用水或牛奶的温度，避免过凉或过烫；

（3）提醒孩子喝水时要专心且保持安静，防止呛水；

（4）提醒孩子喝水时不打闹、不跑动；

（5）提醒孩子不能玩热水和饮水机。

2. 盥洗安全教育

（1）检查孩子是否按照正确的方法洗手，保证卫生、安全；

（2）提醒孩子要用小水流洗手，防止水花四溅，以免在湿地上滑倒，伤到自己或同伴。

3. 如厕安全教育

（1）孩子如厕前，检查卫生间地面是否干爽，如发现水渍应及时处理；

（2）允许孩子随时如厕，提醒孩子不能憋尿；

（3）提醒孩子便后要及时洗手；

（4）及时帮助遗尿或遗屎的孩子更换、清洗衣物；

（5）协助托育工作者帮助自理能力差的孩子安全如厕；

（6）观察孩子大小便情况，并及时反映给家长或保健医生。

4. 工作中应注意的问题

（1）如厕、盥洗时，孩子会分散在活动室、盥洗室、卫生间等多处。保育师要与托育工作者相互配合，关注每个孩子的活动，保证每个孩子都在保育师的视线范围内，以保证孩子的安全。

（2）保育师要协助托育工作者组织孩子有序进行盥洗，提醒孩子不要拥挤、打闹，不要玩水。

（3）做好孩子盥洗用具（如水杯、毛巾等）的清洁和消毒工作，保证孩子用具安全；做好盥洗室、卫生间地面的清洁工作，及时清理水渍，保持地面干燥，避免孩子滑倒、摔伤等；做好盥洗室及卫生间地面、墙面瓷砖有无开裂等破损情况的检查工作。如有发生，及时通知维修，以防孩子被划伤、摔伤、碰伤。

（四）用餐安全教育

用餐是孩子在园所一日生活中最重要的生活环节。下面结合保育师的工作职责，针对餐前准备、进餐保护和餐后整理 3 个环节，明确工作中应注意的问题，为保育师做好孩子用餐安全工作提供帮助。

1. 餐前准备安全教育

（1）对孩子所用的餐具、餐桌进行清洁、消毒；

（2）备餐过程中要与孩子保持 2 ～ 3 米的距离，将食物盆或桶放在餐桌附近的安全位置，避免孩子撞到，造成伤害；

（3）要将食物的温度控制在 40℃左右（夏季散热，冬季保暖），保证孩子进食时温度适宜；

（4）为孩子盛饭菜时，不能从孩子头顶或其身体上方传递，以防汤汁溅到孩子身上，发生意外。

2. 进餐保护安全教育

（1）指导孩子食用各种饭菜，以及安全使用餐具的方法。

（2）提醒孩子吃饭时不能乱跑、打闹，要坐稳、保持安静、专心进食。嘴里有饭菜时不能说话，防止食物进入气管而发生意外。

（3）告诉孩子不能拿着餐具走动、打闹，不含、咬餐具。使用餐具时，不能将餐具较为尖锐的一端（如筷子尖端）指向自己或他人。

（4）提醒孩子将口中的最后一口饭菜咽下后再离开座位去做别的事情，以防被食物噎住。

（5）随时在孩子餐桌间巡视，关注每个孩子的用餐过程，不可远离孩子或坐在椅子上休息。

3. 餐后整理安全教育

（1）孩子全部进餐完毕，保育师要及时整理餐桌，回收餐具，清理、清洁餐桌及活动室地面，防止出现油污、水渍、细菌等安全隐患。

（2）饭后不要让孩子马上睡觉，要走一走、动一动，防止积食。

4. 工作中应注意的问题

（1）要根据季节调整分餐时间及进餐时间。

（2）不能将孩子带入厨房等不安全场所，以防瞬间意外事故的发生。

（五）午睡安全教育

午睡环节是孩子一日生活中最容易被忽视安全隐患的环节。下面从孩子睡前、睡中及起床时 3 个方面进行阐述，以帮助保育师排除隐患，预防安全事故的发生。

1. 睡前安全教育

（1）提前开窗通风，保持睡眠室内空气新鲜。午睡前要关上窗户，拉上窗帘，避免睡眠室光线过强或有空气对流，为孩子营造安静舒适的睡眠环境。

（2）检查孩子午睡所需用的床铺和被褥是否干净、有无异物，去除安全隐患。

（3）提醒孩子睡前不要追逐、打闹，不要站在床上穿脱衣服，不能在床上蹦跳，以防孩子摔伤、碰伤。

（4）对孩子进行睡前常规身体检查（如观察孩子的神态、抚摸孩子的额头等），检查孩子是否有发病症状。

（5）对孩子进行睡前常规物品检查。例如，检查孩子的手、口、鼻中是否有异物；检查孩子是否将皮筋或线绳缠绕在手指或手腕上；检查孩子口袋中是否有豆类、珠子、小刀、饰品、扣子、钉子、线绳类等尖锐、坚硬、细小的危险性物品。同时，午睡前要将女孩的发卡等小物品统一保管。

2. 睡中安全教育

（1）保育师要坚守岗位并定期巡查：观察睡眠中孩子呼吸是否正常；有无发热等异常现象；纠正孩子的不良睡姿（如趴着睡、蒙头睡等）；帮助没有盖好被子的孩子盖好被子。如果发现异常要及时处理。

（2）对于午睡中途起床如厕的孩子，保育师要始终注视或陪同，直到孩子返回床铺。冬季要提醒孩子如厕时披上衣服。

（3）关注患病孩子在睡眠中是否出现体温升高、呼吸不畅或惊厥等异常情况，如果发现上述情况，则要及时联系保健医生，并及时通知家长将孩子接走。

3. 起床安全教育

（1）提醒孩子按时起床，避免拖延；

（2）指导孩子穿好衣服、鞋子，叠好被子；

（3）提醒孩子起床后不要在床上跑跳，不要站在被褥上，以免扭伤、摔伤；

（4）注意穿衣服较慢的孩子的安全；

（5）关注孩子起床后的情绪、面色、体温是否有异常，检查孩子衣着是否整齐。

4. 工作中应注意的问题

（1）孩子入睡或起床环节场面比较混乱，会出现孩子分散在盥洗室、卫生间、睡眠室等多个地方的情况；会出现孩子跑跳、打闹、玩耍等多种活动状态的情况；部分孩子还会出现情绪不稳定的情况；等等。保育师要与托育工作者进行分工协作，关注每个孩子的活动，保证孩子的安全。

（2）保育师在孩子午睡环节要保持高度的责任心，时刻关注每个孩子在睡眠中是否出现异常情况，要有能够预见危险的意识和解决问题的能力。

（六）日常服药安全教育

保育师要掌握基本的用药常识。例如，不同性状药品的服用方法；药品与饮食要求是否存在冲突；服药后要多喝水，某些药物服用后不能立即喝绿豆汤；不用茶水、牛奶、果汁等服药，以保证孩子服药安全。

1. 核对

仔细核对服药登记表上的孩子姓名、药品名称、药品用量、服用方法、服用时间，确认无误后方可让孩子服用。

2. 检查

检查药品是否超过保质期，如发现过期药品，要与家长取得联系。

3. 放置

药品应存放在孩子触及不到的固定的药袋中。内服药和外敷用药分开存放以防拿错用错。

4. 观察

服药后要注意观察孩子有无面色潮红、身上出现皮疹、口唇颜色发紫、睡觉时盗汗等异常状况。如有异常，要及时与保健医生联系并进行处理。全天密切观察服药孩子是否出现异常，离园时要和家长进行信息反馈。

5. 清理

孩子离园时，要请家长带回孩子当天服用的剩余药品，保育师要及时清药袋。

（七）班级环境创设安全教育

班级物品整洁、安全、有序地摆放，是孩子在托幼园所一日安全生活的基础和保障。

1. 洗消用品的放置

孩子生活卫生及洗消用品要按照园所统一要求放在孩子触及不到的安全且固定的位置。在洗消用品上要制作不能触碰的标志，以提醒孩子注意。不能用饮料瓶盛装洗消用品，以防孩子误食、误伤。

2. 危险物品的放置

开水壶、暖水瓶、保温桶、切水果用的水果刀要放置在孩子触碰不到的安全位置（如封闭的柜子或班级外面的固定位置），防止烫伤、划伤孩子。

3. 定期检查，及时更换

定期检查班级中孩子能够触碰到的物品，如柜子、桌椅、玩教具及辅助材料是否有损坏。如有损坏，及时清理更换，避免划伤孩子。

4. 用电器安全

将班级的一些电器设备（如多媒体、计算机、录音机及遥控器等）放在安全位置，不能让电源插头暴露在外面。经常检查班级内电器设备是否存在漏电或线路损坏现象，如有损坏要及时处理并报修。长期不用的电器要放到班级外面，以防孩子触电。

5. 物品清洗消毒

园区物品和区域活动角中投放的所有玩教具，要经常清洗、消毒，保证安全、无毒、卫生且无破损，排除安全隐患。

6. 防砸伤和磕绊

孩子能触碰到的地方不要放置箱子、盒子；区域较窄的地方不要放置有棱角的桌椅，避免磕绊或划伤孩子。

三、对家长的安全教育

婴幼儿的安全是每个家长最为关注的问题。在婴幼儿成长过程中存在哪些安全隐患？家长该怎样确保婴幼儿的安全？下面从婴幼儿居家、饮食、出行、用药 4 个方面为家长提供安全育儿的指导建议，旨在通过家园共育，为婴幼儿安全、健康成长提供保障。

（一）温暖的“港湾”——居家安全教育

在家庭中，威胁婴幼儿安全的事故很多，因此了解容易在家里发生的事故，才能事先预防事故。家长要牢记以下内容，以预防安全事故的发生。

1. 易发生的火灾事故

家里的火灾大部分发生在孩子们玩火柴、打火机或点蜡烛时，在明火上炒菜时，以及家长卧床吸烟把未熄灭的烟头扔进垃圾桶。家中发生火灾时，因为不能采取适当的措施或未能及时逃离火灾现场而导致死亡的事很多。预防火灾固然重要，但事先要与家人交流火灾发生时顺利逃离现场的方法，更有助于自救。

2. 烫伤事故

家中常见的婴幼儿烫伤事故：热汤、热食气流及电饭煲中喷出的蒸汽烫伤；被浴池中的热水烫伤；把金属筷子塞进带电插座孔而导致手指头烫伤；碰倒使用中的电熨斗而被烫伤。

3. 窒息事故

异物进入口腔堵塞呼吸道的情况，口鼻被堵塞而致使气道闭锁的情况，以及外力给气道施加压力致呼吸道闭锁的情况，统称为“窒息”。

常见的导致窒息事故的原因如下：

（1）睡姿。有些家长想让孩子的头型更好看些，所以会让孩子趴着睡觉，然而这种睡姿很容易导致婴儿窒息死亡。

（2）床具类。孩子睡觉时，曾发生因被褥和枕头过于柔软而窒息死亡的情况，还有一些是被放置在枕头边的毛绒玩具堵塞口鼻而窒息死亡的。

（3）不够安全的床具。孩子睡觉时好动，假如床与墙之间有缝隙，孩子翻身打滚时容易被卡到缝隙里导致窒息死亡。

（4）食物。食物堵塞气道容易导致孩子窒息，如孩子吃果冻而窒息死亡的事件就是一个例子。

（5）玩具。孩子小时候不管看到什么都喜欢往嘴里塞，因此由于吞食很小的玩具而窒息的情况也时有发生。

（6）细绳或塑料袋。衣帽、玩具、窗帘上的细绳容易缠绕住孩子的颈部而导致其气道闭锁。此外，塑料袋和气球之类的物品也容易导致孩子窒息。

4. 中毒事故

常见食物中毒的类型有：

（1）细菌性食物中毒：这是最常见的类型，通常是由于食用被细菌（如沙门氏菌、大肠杆菌、肉毒杆菌等）或细菌毒素污染的食物引起的。

（2）化学性食物中毒：这类中毒是由于食物中掺杂有毒化学物质，如重金属、有机磷等引起的。常见原因包括误食被有毒化学物质污染的食品，或食用添加非食品级或伪造的食品添加剂、营养强化剂而导致的食物中毒。

（3）有毒动植物食物中毒：这种类型的中毒是由于食用了含有毒素的动植物或其产品。例如，婴儿在食用蜂蜜后发生肉毒中毒，这是因为蜂蜜中的梭状芽孢杆菌孢子在肠道内生长并产生毒素。

（4）真菌及其毒素食物中毒：这类中毒是由于食用了被真菌或其毒素污染的食物。

家长在照护婴幼儿的过程中，应注意食品保存和处理方式，确保食物安全，降低食物中毒的风险。

5. 摔伤事故

微课 5－7

婴幼儿常见外伤处理

（1）浴室是家庭摔伤事故的多发场所，因为浴室地面的积水未干时，在上面走容易滑倒摔伤。

（2）婴幼儿为了玩耍而往高处攀登也会不小心摔伤，从床上跌落摔伤的事故时常发生。高处跌落容易引起跌伤和骨折等，严重的还有脑部受损的危险。

（3）若居住在高层公寓，在阳台应做好防护，防止婴幼儿坠落。

（二）病从“口”入——饮食安全教育

近年来，以婴幼儿为消费者的食品如雨后春笋般涌现，婴幼儿食品在孩子们膳食中的占比越来越大，但由于多数家长缺乏这方面的知识，因此在婴幼儿饮食中存在着一些影响婴幼儿健康安全的隐患。

1. 食品添加剂“三精”

“三精”，是指糖精、香精、食用色精。“三精”在食品中的使用是有国家规定标准的，很多婴幼儿食品也确实符合有关标准，但也要控制摄入量，食之过量会引起副作用。

2. 过量食用营养滋补品

婴幼儿生长发育所需要的蛋白质、维生素和矿物质等主要是通过一日三餐获得的。各种滋补营养品的摄入量本来就很小，其中对身体真正有益的成分仅是微量，有些甚至具有副作用。

3. 用乳饮料代替牛奶，用果汁饮料代替水果

现在，家长们受广告的影响，往往用“钙奶”“果奶”之类的乳饮料代替牛奶，用果汁饮料代替水果给孩子增加营养。殊不知，两者之间有着天壤之别，乳饮料、果汁根本无法代替牛奶和水果带给孩子的营养和健康。

4. 用饮料解渴

餐前喝饮料，饮后具有饱腹感，影响儿童正餐时的食欲。若要解渴，最好饮用白开水，它不仅容易吸收，而且可以帮助身体排除废物，不增加肾脏的负担。

5. 过量食用甜食

甜味是人出生后本能喜爱的味道，其他味觉是后天形成的。如果一味沉溺于甜味之中，婴幼儿的味觉将发育不良，无法感受天然食物的清淡滋味，甚至影响大脑的发育。同时，甜食中含有大量的糖分，其出众的口感主要依赖于添加剂，而甜食中的维生素、矿物质含量低，会加剧营养不平衡的状况，引起儿童虚胖。

6. 饮食过于精细

长期进食精细食物不仅会因减少 B 族维生素的摄入而影响神经系统发育，还有可能因为铬元素缺乏而影响视力，造成近视。

7. 过分偏食

婴幼儿食物过敏者中大约 30% 是由偏食造成的。因为食物中的某些成分可使人体细胞发生中毒反应，长期偏食某种食物，会导致某些“毒性”成分在体内蓄积，当蓄积量达到或超过体内细胞的耐受量时，就会出现过敏症状。

（三）注意马路“杀手”——出行安全教育

婴幼儿生理发育尚未成熟，其视角小于成年人，反应速度也低于成年人，而婴幼儿又活泼好动，认识不到危险，容易发生乱穿马路或在马路上打闹、追跑、捡玩具等情况，因此婴幼儿发生交通意外的可能性非常大。家长应该如何做好婴幼儿出行安全照护呢？

1. 乘坐交通工具时的安全照护

（1）家长带婴幼儿乘坐私家车时，要让婴幼儿坐在专用的安全座椅上并帮助其系好安全带，不能让婴幼儿坐在副驾驶或坐在配有安全气囊的位置，以免发生事故时，气囊弹出造成婴幼儿窒息。

（2）在行驶过程中，家长要及时锁好车门及车窗的中控锁，以免婴幼儿将头或手伸出车外，发生危险。

（3）家长不能把婴幼儿独自留在车中，以防婴幼儿发生意外。

（4）家长带婴幼儿乘坐公交车时，如果没有座位，要抓住或抱住婴幼儿，以免公交车晃动时婴幼儿受到磕碰。如果有座位，要提醒婴幼儿不能将手伸出窗外，不能用手抠车窗缝隙，以免婴幼儿手部被刮伤、夹伤。

（5）家长带婴幼儿乘坐自行车时，自行车后轮须加护栏，防止婴幼儿脚被绞伤。

2. 过马路时的安全照护

（1）培养孩子的安全意识，教孩子认识几种重要的交通标志。

（2）父母带孩子过马路时，要走斑马线，如果没有斑马线，一定要确保路面上没有临近车辆。

（3）有过街天桥或地下通道的，须走过街天桥或地下通道。

（4）告诉孩子，翻越栏杆或隔离带是非常危险的，不能做。

（5）告诉孩子不能在马路边玩耍。

3. 外出时的安全照护

（1）在人群密集的地方，一定要紧紧牵着宝宝的手，始终让宝宝在你的视线范围内。

（2）在商场、购物中心、菜市场购物时，绝不能把宝宝放在一边，始终要让宝宝在你的视线范围内。

（3）到游乐场、动物园、公园游玩，要时刻保证宝宝在你的保护之下。

（四）家庭的“卫士”——家庭药品安全教育

婴幼儿是特殊人群，在用药方面有严格规定，有些父母存在模糊认识，认为婴幼儿就是比成年人体重小，成年人吃的药，只要减量给婴幼儿吃就行了，这是完全错误的。掌握安全用药常识对孩子的成长非常重要。

1. 安全用药常识

（1）家长应对孩子常用的药物进行比较全面的了解，这个了解可以不太深入，但一定要了解药物的一些关键成分、治疗的原理、适合什么样的症状、用量、注意事项以及可能出现的不良反应等。这样，家长才不会给孩子滥用药物，以达到最佳的治疗效果。

（2）注意孩子的自身状况。在选择药物的时候，不要盲目，成人的药绝不要给孩子服用。另外，还要考虑孩子的自身特点，比如，年龄、体质强弱程度、患病轻重和肝功好坏，以及平常服用过什么药和有无过敏史等。这样，有利于合理用药，获得最佳的治疗效果。

（3）由于孩子的身体发育不完善，尤其是婴幼儿，各系统和脏器发育不健全，因此，对孩子用药应谨慎行事，最好在医生的指导下用药。

（4）选择儿童药物不宜过多过滥。在给孩子的常用药中，父母应选出几种疗效最佳的药品，品类不可过多，同时服用几种药物的时候，要注意药物在体内的相互作用和产生的副作用。所以，几种药物最好分时段服用。把握不准的药物不要同时服用，以免给孩子带来伤害。

（5）在哺乳期时，母亲用药也要谨慎。有一些药物可以通过乳汁排出，比如雌激素、口服避孕药和红霉素等都可对哺乳期的婴幼儿造成一定的影响，母亲服用这类药物要谨慎。

（6）孩子生病之后应及时用药，防止病情进一步加重或发生并发症。

2. 家庭药品安全管理

（1）家长要将家中的药品放在婴幼儿触碰不到的药箱中（最好是上锁的药箱），不能和饮料、零食放在一起，以免婴幼儿误食。

（2）家长给婴幼儿喂药时，要明确告诉婴幼儿药品是专门用来治疗疾病的，吃了药病才会好，不能骗婴幼儿说“药是糖果、很甜”等，以免婴幼儿产生误解，发生乱服药的事故。

（3）如果婴幼儿误吃了药物，家长不能急于打骂婴幼儿，要在仔细询问吃了什么药、吃了多少等信息后立即采取相应的措施（如送医院、拨打120等），不要错过救治的最佳时机。

第六节 托幼园所“互联网 + 家园共育”

随着社会的进步和发展，越来越多的人认识到婴幼儿教育的重要性，开始关注婴幼儿保育和教育工作。随着托育服务的各种利好政策的推出，托育服务和早期教育行业进入飞速发展阶段，各种形式的托幼园所如雨后春笋般在各地涌现。

当今，互联网、大数据、人工智能等技术飞速发展，互联网与婴幼儿托育和早期教育等行业逐渐融合，逐步渗透到家园共育的各个环节和领域中，推动着家园共育向信息化、智能化发展。

一、“互联网 + 家园共育”的内涵

“互联网 +”是互联网与各个传统行业结合，是行业领域的深度融合创造出来的新发展态势，这并不是简单的加法，而是利用互联网的资源优势将传统行业的积极性和推广能力充分调动起来，具有跨界融合、重塑结构、开放性、尊重人性等特点。

“家园共育”是指家庭和托幼园所以婴幼儿全面发展为根本目的，通过双向信息交流、支持合作、资源共享，共同实施婴幼儿的保育与教育。在家园共育的过程中，必须是家庭和托幼园所密切合作、携手共进，缺少任何一方都会导致保育和教育的不完整。

“互联网 + 家园共育”是“互联网 +”与“家园共育”有机融合而生成的概念。“互联网 + 家园共育”是在“互联网 +”理念的指引下开展的家园共育活动，是以网络平台为主要载体，利用互联网的实时性、高效性、互通性来构建托幼园所和家庭的沟通桥梁，从而提升婴幼儿保育和教育效果的一种新模式。

“互联网 + 家园共育”的要素包括参与者、互联网平台和监管体系。“互联网 + 家园共育”各要素之间的关系如图 5 - 11 所示。

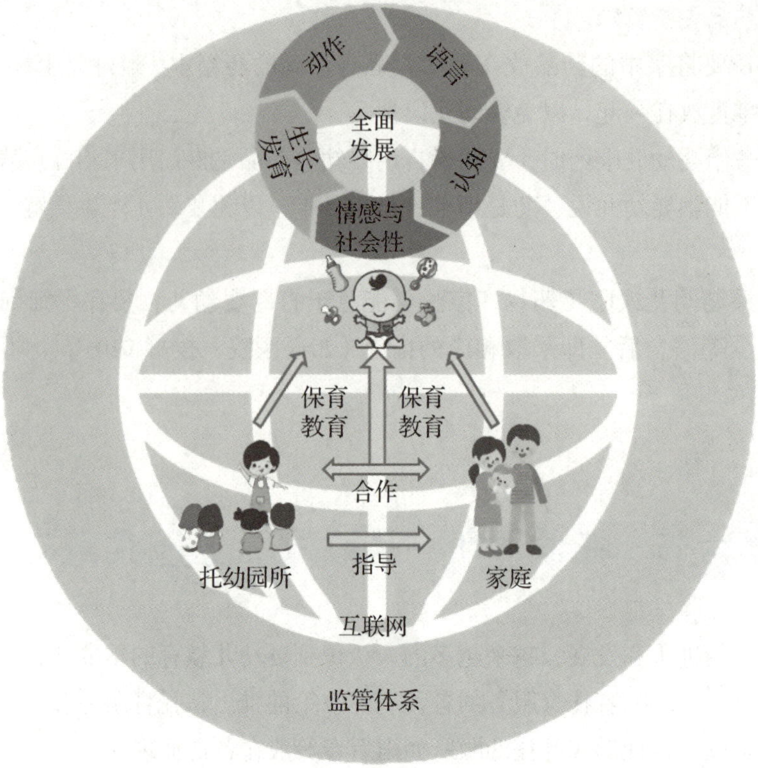

图 5－11 “互联网＋家园共育”各要素之间的关系

二、托幼园所“互联网＋家园共育”的研究背景

《国务院办公厅关于促进 3 岁以下婴幼儿照护服务发展的指导意见》中指出，婴幼儿照护服务应该“加强信息支撑。充分利用互联网、大数据、物联网、人工智能等技术，结合婴幼儿照护服务实际，研发应用婴幼儿照护服务信息管理系统，实现线上线下结合，在优化服务、加强管理、统计监测等方面发挥积极作用”。在新的时代背景下，“互联网＋家园共育”的深度融合是时代发展的选择，是国家的发展战略，是提升保教质量和效率的重要途径，是托育服务信息化、智能化发展的必然趋势。

目前，中小学和托幼园所“互联网＋家园共育”的研究成果丰硕，而 0～3 岁婴幼儿托幼园所“互联网＋家园共育”的研究成果屈指可数。基于此，我们进行了文献资料研究、开展了问卷调查和访谈调查，通过分析、总结、实证得到了一些研究成果，希望能够给托育服务相关工作者对于托幼园所怎样开展“互联网＋家园共育”提供参考和借鉴。

三、托幼园所“互联网＋家园共育”的现状

（一）参与者

“互联网＋家园共育”的目标是促进婴幼儿在身体发育、动作、语言、认知、情感

与社会性等方面的全面发展。“互联网＋家园共育”的参与者主要有两个层面：第一层面是家庭和托幼园所，第二层面是家长和托育工作者。

1. 家园育儿观存在误区与分歧，保教工作不能形成有效合力

经调查，多数家长较重视婴幼儿智力因素的培养，而轻视婴幼儿习惯的养成、能力培养、情感与社会性的发展，缺乏婴幼儿全面发展的认知。托育工作者经过系统学习和专业培训，关注的是婴幼儿的全面发展。家园双方的育儿观不统一，导致家庭和托幼园所的保教工作缺乏衔接和延续，不能形成有效合力，家园共育没有达到预期效果。

2. 家园角色定位不准确，家长参与的积极性不高

在“互联网＋家园共育”过程中，托育工作者和家长双方淡化了彼此的合作者定位，托育工作者将自己的角色定位为主导者和信息主动传播者，家长将自己的角色定位为配合者和信息被动接收者。有的家长认为婴幼儿在园就是托幼园所的事，有的家长甚至认为家园共育是托育工作者给家长安排了额外的工作，是负担。

3. 信息技术水平有待提高

部分家长的信息技术水平较低，特别是隔代养育的祖辈，多数不会用智能手机上的各种工具。托育工作者能够流畅使用即时通信工具，但不能全面掌握更深层次和更多渠道的应用软件。托育工作者和家长的信息技术水平阻碍了“互联网＋家园共育”向深度发展。

（二）互联网平台

目前“互联网＋家园共育”主要以文字、图片、图表、语音、视频等形式来进行信息交流，根据使用目的、适用范围和实际功能归纳为三个模块。

第一模块：智能终端的即时通信工具。主班老师可通过微信、QQ、钉钉等即时通信工具的私聊和群聊功能，向家长发布婴幼儿的在园时光、通知，布置任务、分享信息，家长与托育工作者、家长之间可分享育儿经验、相互问候。由主班老师负责监管。

第二模块：托幼园所的官方平台。托幼园所可通过官方网站、微信公众号、微博官方号、抖音官方号等向公众发布托幼园所的招生简章、宣传材料，分享育儿经验、营养食谱、专家讲座、活动直播等内容。由平台管理员负责监管。

第三模块：智慧托育平台。主班托育工作者可通过托优宝、妈妈宝盒等智慧托育平台上传一日流程、在园时光、科学育儿、通知分享等内容，家长可自行查看。家长可发布家庭时光、家庭亲子活动。由主班老师和平台管理员负责监管。

以上三个模块如图5－12所示。三个模块均由托幼园所或托育工作者向家长或公众发布相关信息，主要以托幼园所为中心单向对外发布信息，双向交流较少，内容缺乏多样性。总体来说，教育理念与技术融合层次浅，互联网资源没有得到合理利用。

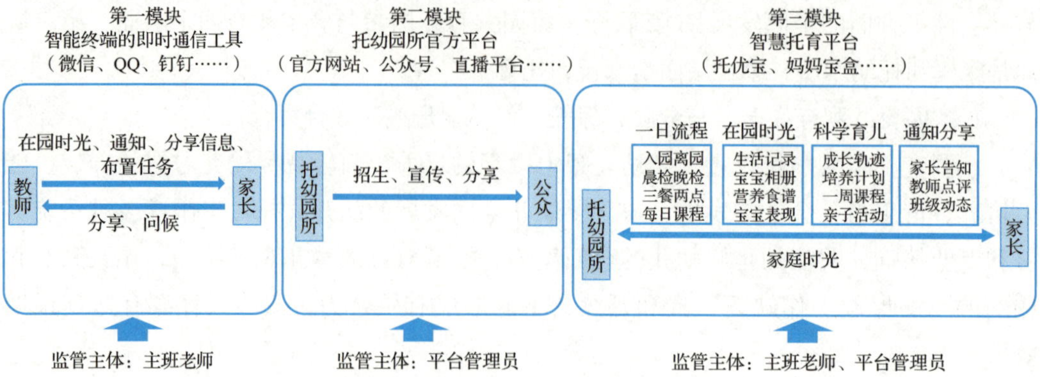

图 5－12 “互联网＋家园共育”的三个模块

（三）监管体系

1.“互联网＋家园共育”的管理制度不健全

“互联网＋家园共育”的三个模块是家园之间沟通交流的平台，也是开放的信息交流的公共场所。每位家长都可以在平台上自由分享、发言、交流互动，各模块的管理者每天都会面对各种各样的问题。每位家长的经历、价值观、个人素养不同，可能会在平台上发表一些不适宜的言论或者发广告、闲聊等，管理者往往是发现了问题才来处理和制止，管理呈滞后性。目前托幼园所对“互联网＋家园共育”的监管还停留在由群主发布群管理规则，由群主引导家长和班级托育工作者共同维护和遵守良好的班级群的公共秩序的阶段，缺乏一套成熟的管理制度。

2. 对托幼园所保育和教育过程的监管手段不完善

保教过程缺乏有效的监管手段和监管制度。托幼园所安装了各种监控设备，但由于多方面的原因并不会开放给家长实时查看，仅限于托幼园所内部监管，缺乏高一层次的监管。

四、托幼园所“互联网＋家园共育”的策略

（一）运用互联网阵地，宣传新政策、新理念

运用互联网阵地宣传国家对于婴幼儿托育事业推出的相关政策，以政策为纲领来指导托幼园所开展婴幼儿照护工作。解读婴幼儿发展的相关文件和材料，让托育工作者和家长对 0 ～ 3 岁婴幼儿各月龄段的生长发育、动作、语言、认知、情感与社会性的发展水平做到心中有数。发布托幼园所家园共育的相关制度、进度安排等，让家长深入了解家园共育的目标、合作途径。展示新的育儿理念、新的育儿实践与反馈，适时更新推送内容。

（二）拓展共育形式，提升共育效率和效果

《国务院办公厅关于促进 3 岁以下婴幼儿照护服务发展的指导意见》指出：加强对

家庭的婴幼儿早期发展指导，通过入户指导、亲子活动、家长课堂等方式，利用互联网等信息化手段，为家长及婴幼儿照护者提供婴幼儿早期发展指导服务，增强家庭的科学育儿能力。

托幼园所应开拓进取，发挥互联网+的优势，开拓家园共育形式，让家园沟通的渠道更加多元化，内容更加多样化，提高家长参与的广度，提升托育工作者和家长的知识和能力，共同促进婴幼儿的健康发展。

1. 创建网上家长学校

（1）组建网上家委会。托幼园所可通过互联网向家长收集各方面的意见和建议，沟通协商解决问题，让家长充分参与托幼园所的管理工作，让家长成为托幼园所的合作伙伴，强化家园共育意识。

（2）开办线上专题讲座。托幼园所可根据工作计划和工作重点，邀请互联网专家、妇幼保健院专家（医育结合）、婴幼儿保育教育专家开展线上专题讲座，引导托育工作者和家长学习先进的教育理念和科学的育儿方法，更新教育观念和互联网知识，引领家长及时走出教育误区。

（3）开创线上家教指导。家长可通过互联网及时了解托幼园所、班级的实际情况，以及婴幼儿在园生活的方方面面，并及时与托育工作者进行沟通交流。托育工作者可通过互联网实时指导，帮助家长掌握科学的育儿知识和技能，改进家教方法。

2. 开展线上线下相结合的活动

托幼园所可举办线上+线下的家长开放日、亲子活动和专题活动，可通过直播全面展示托幼园所的保教活动情况，扩大家长的参与面，让更多的家长能够观摩活动。

线上+线下活动的资源和录播视频可分享到平台，提供给家长随时观看、学习，接纳家长提出的宝贵意见和建议。通过活动让家长对托幼园所的教育理念有更深的了解，亲子关系更加亲密，家园沟通更加畅通，家园共育水平不断提高。

3. 开辟线上家园联系专栏

（1）线上家长会。托育工作者可组织家长开展线上家长会，向家长分享近期婴幼儿成长和发展的情况，制订下一步的保教目标、家园共育内容，充分收集家长意见，展开讨论，并把会议讨论的结果公布于家园联系专栏，让家园双方对保教工作做到心中有数。

（2）线上家访。托育工作者可根据本班的实际情况，不定时进行线上家访，向家长了解婴幼儿在家的情况，了解婴幼儿的家庭时光，全面掌握婴幼儿各方面的发展情况，便于找出婴幼儿的最近发展期，从而进一步调整保育教育的近期目标。

（3）线上家长志愿者。家长来自各行各业，有各自熟悉的领域和资源。线上家长志愿者可以为托育工作者和其他家长提供各个领域的线上指导，带领托育工作者和家长共同学习、共同提升。

（三）深度挖掘资源，推动家园联动与融合

1. 建设保教资源库，实现资源共享

托幼园所设立保教资源库，综合整理本园托育工作者和家长的育儿经验，将微课、活动纪实、经验总结、活动方案、经验分享等资源，去粗取精上传到资源库，供其他托育工作者和家长学习、借鉴。

2. 深度挖掘现有的互联网资源，填补短板

随着信息技术的发展，微课、分享、教学视频等资源琳琅满目。家长不具备专业鉴别能力，往往会照单全收，分不清优劣。这就需要专业托育工作者来筛选、甄别、归类，把真正有用的优质资源留下，推荐给家长，上传到资源库。

3. 运用互联网新技术评价和指导婴幼儿的发展

托幼园所应大力推进婴幼儿电子化档案建设，记录婴幼儿的在园生活和活动、在家日常表现等，将记录制成连续性、全面性、个性化、开放化的家园联系册。家长可以查看自家婴幼儿的成长进度，掌握自家婴幼儿的发育、发展状况和成长轨迹。

随着大数据、智能化的发展，托幼园所可以对每位婴幼儿的发展进行客观、准确、全面的评价，找出最近发展区，并根据每位婴幼儿的最近发展区制订适合每位婴幼儿发展的近期目标。为每位婴幼儿绘制成长树，并根据发展情况实时点亮成长树，记录成长关键点，描绘每位婴幼儿专有的成长轨迹，优化服务。

4. 优化 0 ～ 3 岁婴幼儿托育服务的智慧托育平台

顺应新时代的发展，将医育、托育服务、信息技术三者进行融合，进一步优化和完善智慧托育平台。利用人工智能、物联网等高新技术构建“婴幼儿家庭—托育机构—从业人员—政府主管部门”全生态服务体系。

5. 构建虚拟现实婴幼儿托育实训室

托幼园所可与高校、医院、社区合作联动，充分运用 AR、VR 技术构建虚拟现实婴幼儿托育实训室，为学生、准父母、新手父母和托育服务从业者提供保教模拟训练，也可以开展线上培训，在虚拟场景中开展全景视角育儿指导，为不同的对象提供不同时间、不同阶段、不同场合的多元化、多层次指导。

（四）完善“互联网＋家园共育”制度，健全监管体系

《国务院办公厅关于促进 3 岁以下婴幼儿照护服务发展的指导意见》中指出：运用互联网等信息化手段对婴幼儿照护服务机构的服务过程加强监管，让广大家长放心。

1. 制定“互联网＋家园共育”制度

托育机构应与家长委员会协商制定线上家长学校制度、线上活动制度、线上家园联系制度等，构建完善的“互联网＋家园共育”制度体系。各项制度应明确：家长和托幼园所在“互联网＋家园共育”中的角色、职责和行为规范；“互联网＋家园共育”的项目及每个项目的内容、实施途径、次数、评价标准；“互联网＋家园共育”整体考核标准等内容。

2. 运用信息技术健全监管体系

研发并推广“0 ～ 3 岁婴幼儿照护服务监管平台”，构建监管部门、托幼园所、家长 3 个层面紧密联系的托育服务生态链，实现婴幼儿托育的实时化、信息化、智能化监管。监管部门可通过监管端的实时监控和入托打卡记录对每家托育机构运行情况进行查看，实现对辖区内托育机构从业规范、人员资质、资金流动等方面的批量管理；托幼园所可通过机构端对园所各类服务资源一键整合，集中对人、事、物进行智慧化管理；家长可通过家长端在线学习育儿知识，查询托育机构资质信息，选择就近、普惠、优质的心仪托幼园所，足不出户即可完成预约报名、留言咨询、请假、投诉等事项。

总之，“互联网 + 家园共育”打破了传统家园共育模式的时间和空间限制，促进家长和托幼园所双向交流；拓展了家园共育的模式，提升了家园共育的效率；深化了家长和托育工作者的家园共育理念，提升保育和教育效果，促进婴幼儿全面发展。

第七节　特殊需要儿童的家园共育

相信每位新手父母都会数一数自己孩子的手指数和脚趾数，以确定他的发育是否正常，也会拿自己孩子的发育情况和其他孩子做比较，并且还会担心是否会发生一些意料之外的事。然而不幸的是，的确有那么一群孩子，他们有些不一样：他们或许是肢体存在缺陷；或许是听不到你关爱的声音，看不到四季的变换；或许是沉浸在自己的世界里不愿和你交流。我们把这样的一群儿童统称为特殊需要儿童，包括自闭症、唐氏综合征、发育迟缓、情绪行为障碍、言语障碍、癫痫、脑瘫等诸多类型，这群儿童迫切需要得到医疗、康复、教育等方面的支持。

6 岁之前的儿童由于其神经系统还没有完全发育，因此仍具有较大的可塑性，在有普通婴幼儿同伴、自然的社会刺激及强化的社会背景中对特殊需要儿童进行教育干预将会取得较好的效果。而实际上，由于家长、托幼园所对这一特殊群体的认识不足，在对特殊需要儿童进行照料和教育时往往不能提供最适宜他们发展的支持，甚至有些家长不愿意面对自己孩子的身心发展障碍，致使孩子错失最佳康复时机。因此，我们有必要增加对特殊需要儿童的认识，发挥家园共育的力量，尽力为这群儿童提供发展可能。

一、特殊需要儿童概述

什么是“特殊需要儿童”？从儿童的成长过程来看，虽然我们能够找到一般的发展趋势，但是由于先天素质和后天环境等因素的影响，每一个儿童都注定与众不同，这种不同包括个体与个体间的差异及个体内部不同方面发展的差异。我们必须承认差异是客观存在的，正是因为认识到了这些差异才将多数儿童看成正常发展，少数是异常发展。正常与异常、普通与特殊是相比较而存在的。

对特殊儿童，我们可以从广义和狭义两个角度来理解。广义的特殊儿童是指正常儿童以外的各类儿童，包括超常儿童、低常儿童、问题儿童以及言语障碍儿童、情感障碍儿童和学习障碍儿童等。狭义的特殊儿童指生理或心理发展有缺陷的残疾儿童，包括在智力、视觉、听觉、肢体、言语、情绪等方面有发展障碍，及身体病弱、多种残疾等的儿童。[①] 在本节中，我们所指的特殊需要儿童是指从提供适合其需要的教育出发，以“具有特殊需要的儿童”来概括传统所指的各类特殊儿童。

（一）自闭症谱系障碍儿童

自闭症谱系障碍（Autism Spectrum Disorders，ASD）是目前在国际学术领域备受关注的一个名词。自闭症谱系障碍包括卡纳型自闭症、阿斯伯格症，是一种发展性障碍。通常以社会互动、语言交流以及兴趣行为等表现偏离正常为共同临床特点[②]。自闭症在国内也常被学者翻译为“孤独症”。

自闭症谱系障碍儿童通常会有非常典型的行为特征，我们需要对这些行为特征有所了解以便及早判断。

1. 社会行为

自闭症谱系障碍儿童大多数不能与他人建立正常的社会交往关系，缺少与他人的互动。因此，社交缺陷是自闭症谱系障碍儿童的核心症状。有的孩子在很早会表现出避免与他人目光接触，缺少面部表情，有的孩子对父母的呼唤经常没有反应，甚至拒绝与父母拥抱。当别人有意陪他或拉他，他会挣扎逃跑。

2. 言语和口头表达

绝大多数自闭症儿童的发音器官和言语功能是完好的，但学者认为 1/2 以上的自闭症儿童不能获得实用言语能力。[③] 主要表现为：（1）表达方式异常。这可能表现为出现重复性言语模仿和延迟性言语模仿。这种情况下儿童虽然能用简单言语交流，但也易出现代词倒置等现象。（2）对言语的综合理解能力差。自闭症儿童在说话时可能是单调重复，语调、节律怪异，言语也不够清晰。此外，他们只会从字面上领会意思，而无法深究其背后的含义。

3. 行为特征

自闭症儿童会表现出明显的行为特征，具体表现为兴趣局限、行动刻板以及重复性行为模式。有的儿童会对玩具汽车十分着迷，会一直拿着他的小汽车生活；一些儿童日常生活常规十分固定，他们拒绝改变，否则会烦躁不安、吵闹不休；还有的自

---

① 华国栋．特殊需要儿童的心理与教育．北京：高等教育出版社，2004.
② 周念丽．自闭症谱系障碍儿童的发展与教育．北京：北京大学出版社，2011.
③ 华国栋．特殊需要儿童的心理与教育．北京：高等教育出版社，2004.

闭症儿童会出现感知觉异常，或是感觉极度不敏感，或是感觉过强甚至是有不寻常的感觉，如对声音极其敏感，一点声音会让他们难以忍受，或者是由于味觉怪癖而出现偏食。

（二）言语和语言障碍儿童

言语和语言障碍通常会被统称为语言障碍。一般而言，言语障碍是指个体的言语或者说话不同于常人，使得说话内容损害而妨碍个体间的交流。语言障碍是指个体表现出的语言学知识系统与其年龄不符，落后于正常儿童的发展水平。

言语障碍的儿童可能表现为：（1）构音障碍。即发音器官在构音过程中构音的位置、方式、速度、强度或动作协调发生问题，导致发出错误的语音，影响对方对说话内容进行理解。（2）声音障碍。又称为发声障碍、声音异常、嗓音障碍。通常表现为不恰当的音调、音量过高或过低、音质嘶哑或尖锐等。造成声音异常的原因大概率是由于个体咽喉部疾病，也有可能是个体心理因素，或长时间不正常发音习惯。（3）语流障碍。通常是指说话节奏中断，言语不流畅，特别是在有些音、音节、词或词组上有迟疑、停顿、重复或延迟现象。最典型的表现是口吃。

语言障碍的儿童可能表现为：（1）语言发展迟缓。又称迟滞性语言。这种类型的儿童常表现为表达和理解语言方面的障碍，他们语言技能出现的时间、发展速度和发展水平均显著落后于同龄正常儿童。（2）失语症。最常见的失语症是运动型失语症和感觉性失语症。运动型失语症能听得懂话，看得懂文字，但不能说话；感觉性失语症听力正常，但听不懂自己和别人所说的话或者虽有说话和书写能力，但语言混乱，别人无法理解。

视野拓展

自闭症与基因遗传

研究者们认为自闭症（ASD）是基因与环境相互作用的结果。一项最新的研究发现自闭症遗传高达90%！

加州大学旧金山分校精神病学和行为科学系的马诺利（Manoli）和斯泰特（State）博士认为，自闭症是所有复杂的神经精神类疾病中遗传性最强的疾病之一，其遗传结构极其复杂，已经确定了600～1 200个与自闭症相关的基因和基因组。

一份对北欧3个国家22 156名ASD人士的调查研究显示，归于遗传因素的性状变异为81%，其次为环境因素。

美国亚特兰大马库斯自闭症中心的4组研究人员，对出生后典型的社会行为和大脑发育，以及对后期被诊断为ASD的婴儿的大脑发育障碍的研究认为：ASD的发病机制是在儿童生命早期，反应性过渡到自主性社会互动行为时，神经发育被破坏。

这项研究提出了 ASD 发病的基本路径假设：基因影响大脑发育，最终体现在外显的行为上。

3 岁前是大脑神经发育的关键时期。人类生命的前 3 年是大脑发生最大变化的时期。

新生儿的大脑在出生第一年就扩大了一倍，到第三年将再增加 35%；随着个体经验的不断丰富，大脑个性化发展的一个重要标志就是突触密度增加，仅在新生儿第一年内突触密度就翻了 4 倍。更重要的是，与突触发展相关的基因表达出现的最佳时期是在 6 ～ 12 个月，在 15 个月后就开始急剧下降。

对于 ASD 儿童来说，可能在出现明显症状或确诊前就已经错过了最佳的突触密度发展期。这就导致儿童突触结构和功能发展不完整，造成大脑功能的异常。

因此，如果仅依赖确诊 ASD 后再开展干预，就错过了重要的发展窗口期。对 ASD 儿童而言，及早进行干预十分重要。

（三）听觉障碍儿童

听觉障碍也称聋、重听、听力损失、听力残疾，又可分为器质性听觉障碍和功能性听觉障碍、传导性听觉障碍和感觉神经性听觉障碍。

听觉障碍严重的儿童一般都能及早地被发现，但是，轻度听觉障碍的儿童很难被及时鉴别出来，这些儿童早期会被父母和老师当作正常儿童。我们需要了解一些可能预示儿童有听觉障碍的举止表现，以便及早地将他们筛选出来。以下这些行为特点都有可能预示儿童存在听觉障碍：（1）注意力不集中。父母或托育工作者跟儿童说话，儿童或者听到一些，或者难以理解时，就不会注意听，时而东张西望，时而摆弄自己的玩具。（2）语言能力差。听力损失往往会导致儿童语言发展迟滞，言语严重失准，他们会存在发音不标准、不完整、不圆润，声音也不如一般儿童那样清脆稚嫩。（3）不善于完成口头指令。听力损失的儿童在完成口头指令的动作时往往会存在困难，这可能是由于他们无法听清口头指令的全部内容。（4）喜欢跟着别人完成动作。当父母或托育工作者给儿童布置一个任务时，儿童往往是在静静观察父母或托育工作者如何做，然后才会缓慢去模仿着做，这有可能暗示着儿童无法听清或无法理解任务的要求，从而只能通过别人的行动获取暗示。（5）常使用手势及其他动作。为了弥补口语交往的不足，有听觉障碍的儿童往往借助手势来进行交流。这些儿童不喜欢参加需要说话的活动，对于别人的玩笑很少发笑。

二、特殊需要儿童的家园共育

养育有特殊需要的儿童是一件具有挑战性但又极富意义的事。相较于正常发育儿童，特殊需要儿童需要我们给予他们更多的关注、照顾和支持，需要用到独特的教育方法和更高的支持水平，才能让这些儿童茁壮成长并发挥潜力。对特殊需要儿童的养育更是需要家长、托幼园所的共同努力。

（一）特殊需要儿童家庭养育

特殊需要儿童家庭往往面临着巨大的挑战，一方面，父母要做好接受自己的孩子与众不同的现实，从容面对特殊需要儿童养育的难题；另一方面，父母要承担对特殊需要儿童提供额外照顾和支持所带来的巨大压力和责任。他们往往需要从多种途径去获取信息，找到不同机构或组织参加训练学习，以确保他们的孩子能够获得必要的服务和支持，更重要的是要为这些儿童创造一个支持性与包容性的环境，促进孩子的成长。

在特殊需要儿童的家庭养育过程中，首先要做的是了解儿童独特的需要。例如患有自闭症的儿童可能会受益于他独特的兴趣常规；有听力障碍的儿童可能需要沟通方面的支持；发育迟缓的儿童可能需要额外的治疗和康复，才能帮助他们发挥潜力。父母只有通过了解孩子的需求，才能为他们创设一个支持性与包容性的环境，促进其发展。为了真正了解孩子的需要，父母可以积极去寻找资源或支持团体，或者参加各类研讨会和治疗课程，在医疗保健系统中获取相应知识信息，同时可以加强与其他特殊需要儿童家庭的联系，分享交流养育心得。只有通过对自己孩子需求的深刻认识，家庭才能够更好地为儿童提供养育养分，确保他们得到适当的支持和服务。

微课 5－8

特殊需要儿童的家庭教育与指导

其次，家庭主动为特殊需要儿童创设一个既支持又包容的环境也是养育过程中的重要一环。当父母了解了特殊需要儿童的独特需求后，除了为儿童提供必要的康复支持服务外，也应当在家中努力创设一个积极的充满爱与被保护的家庭氛围，积极沟通，给儿童提供情感支持，同时促进其独立性发展。包容的环境能够让儿童感受到自己被接受和被重视，虽然与其他正常发育儿童不同，但仍然能够获得无条件的支持与爱。这种环境能让儿童发展出归属感并获得自我价值，从而促进儿童心理健康发展。

（二）特殊需要儿童托幼园所养育

在托幼园所中养育有特殊需要的儿童是一项很具挑战性的任务，需要托幼园所从多方借力，需要托育工作者、家长和专业康复人员的共同努力。托幼园所如何对有特殊需要的儿童进行养育呢？

第一，了解特殊需要儿童的需求和他们正在面临的挑战是十分重要的。每个有特殊需要的孩子都是独一无二的，他们的需求和面临的困难可能正是由于自身生理心理发育的缺陷所造成的，所以家长和托育工作者需要共同合作，为每个有特殊需要的孩子制订符合他们具体需要的个别化教育计划（Individualized Education Plan）。这个计划应该包括教育目标、教育策略和适应措施，以适应孩子的优势和挑战。

第二，托幼园所应该有一支能够为有特殊需要的儿童提供支持的专业队伍。这支队伍应该包括特殊教育托育工作者、专业的治疗康复师、语言治疗师和其他可以协助孩子实现目标的专家。该团队应该与孩子的父母紧密合作，确保他们了解孩子的发展并及时知晓孩子的任何需要解决的问题。

第三，托幼园所应该为有特殊需要的儿童提供一个安全和支持性的生活学习环境。这就需要托幼园所首先对儿童活动的空间进行物理改造，以适应有行动问题的儿童，同时为有感觉处理障碍的儿童提供感觉整合设备。另外，提供一个安全且能支持特殊需要儿童发育的生活学习环境。托育工作者接受必要的专业培训，有助于在教育过程中识别并及时发现特殊需要儿童的苦恼，为其提供帮助及情感支持。

第四，在托幼园所中推广全纳教育（Inclusive Education）。全纳教育是一种没有排斥、没有歧视、没有分类的教育。具备开展全纳教育条件的托幼园所应当积极开展融合教育，让有特殊需要的儿童与正常儿童共同在托幼园所中接受教育。融合教育能够为特殊需要儿童提供一个正常化的而非隔离的教育环境，在这样的环境下，特殊需要儿童能够与同龄正常发展的儿童一起互动和学习，建立友谊。这将极大地促进特殊需要儿童的语言能力、社会技能、社会情绪等获得更好的发展，促进其社会化。

第五，家长要积极参与到托幼园所对特殊需要儿童的教育活动中，这对特殊需要儿童的发展至关重要。家长最好能够定期与托育工作者和园所进行沟通，了解特殊需要儿童的最新进展，同时对特殊需要儿童的学习计划提供必要的反馈，这将有助于园方及时调整特殊需要儿童的教育方案。同时，鼓励家长参与到园方的教育教学活动中，增加与特殊需要儿童的互动，同时也建立一个家庭式的支持网络。

（三）特殊需要儿童家园共育

正如前文所述，为了促进特殊需要儿童的发展，家庭教育与托幼园所的教育缺一不可，并且必须是携手并进，共同努力。家庭是托幼园所最为重要的合作伙伴，在对特殊需要儿童的养育过程中，双方更应该本着尊重、平等、合作的原则，彼此理解、支持和参与，通过不同的途径和平台为特殊需要儿童创造最适宜的成长环境和条件。对有特殊需要的儿童如何有效实施家园共育，我们可以从以下方面入手。

1. 加强深度沟通，提高家园共育效率

家长在家园共育工作中是一个十分重要的角色，园方应在尊重、平等、合作的基础上，争取家庭的配合和支持，以特殊需要儿童的基本情况为基础，结合儿童在园中的表现，选择合适的沟通方法，与家长进行不定期、持续性的跟进沟通。要注意的是，这里所说的“沟通”不是向家长告状，不是诉苦，更不是宣泄，而是与家长合作，并引导家长用正确的方法解决孩子存在的问题。

（1）入园前的家庭访谈。这部分的家庭访谈是为了了解孩子及家长、家庭基本情况等，托育工作者在访谈过程中应侧重收集的资料包括：孩子的基本情况、父母的养育态度、父母对孩子的希望以及孩子在家中的行为表现。在这个访谈过程中，托育工作者就

能大致了解家长的性格、家庭背景、文化程度、教养态度，以便在入园后根据家长的特点，寻找合适的沟通方式。

（2）在园期间的个别访谈。特殊需要儿童进入托幼园所后，绝大多数家长都会表现出不同程度的担忧。因此，多数特殊需要儿童家长会主动与托育工作者进行谈话，询问孩子在园表现。在与不同类型家长沟通时，要注重合适的方式。与“通情达理型”家长沟通一般较为顺畅。这类家长大多愿意正视自己孩子与正常儿童的区别，接受孩子在教育活动中存在的不足并虚心听取托育工作者的意见，托育工作者可以提出心中真实的想法，并针对家庭教育提出相应要求。“退避躲闪型”家长，他们大多不愿意接受孩子“病了”的事实，他们比较敏感、急躁、有防卫性。因此，托育工作者首先要努力构建同理心，对特殊需要儿童多关爱，让家长感受到托育工作者实实在在的照顾和帮助，后续才能顺利开展家园工作。“放任随意型”家长最突出的特点是他们会抱有“孩子现在还小，长大之后可能会好”的心态，对当下孩子的情况并未采取任何措施，反而认为托育工作者应对孩子全权负责。对于此类家长，托育工作者应用具体的案例向家长说明家园共育的重要性，让家长看到孩子康复的希望，家长才会有希望，配合托育工作者①。

2. 强化外部支持体系，助力特殊需要儿童成长

在特殊需要儿童的家园共育中，家庭、托幼园所和社会都应共同努力，为孩子创造温暖、关爱、平等、支持性的家庭、集体生活氛围，建立良好的亲子关系、师生关系和同伴关系，让特殊需要儿童能够从积极健康的人际关系中获得安全感和信任感。

首先，要为特殊需要儿童创设有利于其发展的物质环境。我们要相信，特殊需要儿童同样是具有环境适应能力的，所以托育工作者可以根据孩子的需要，在不影响其他孩子的前提下适当对园区物质环境进行良性改造，从而帮助有特殊需要的儿童尽快适应。

其次，要为特殊需要儿童创设温暖有爱的学习生活环境②。在儿童的社会化和身心发展过程中，同伴关系起到了不可替代的作用。为了能让特殊需要儿童更好地获得社会化发展，我们建议家长在孩子身心状况允许的情况下，将孩子送到开展融合教育的托幼园所。接受融合教育有助于特殊需要儿童培养开朗的性格，在与同伴的交往中促进身心健康发展。托育工作者应当认识到同伴关系对特殊需要儿童的重要性，自觉为特殊需要儿童创造同伴交往的机会和环境并提供恰当的引导和鼓励，激发孩子同伴交往的热情，促进不同儿童间同伴交往的良性互动。

3. 构建双向互动模式，家园联动，探索特殊教育家园共育体系

家园联动是家园共育中非常重要的一环。特殊需要儿童的发展是一个持续性的过程，在家园共育中，孩子的发展产生良好效果后，更应该及时通过各种途径加强家园联动，巩固教育成果。以下方式都能够及时促进家园联动：（1）利用园区开放日开展家长观摩活动。通过邀请家长到园观摩，可以让特殊需要儿童的家长了解孩子在园的适应情

① 徐丽萍．融合教育背景下特殊需要儿童家园共育如何开展．幼儿100（教师版），2021（12）：5．

② 王智云．学前融合教育中的家园共育．学前教育研究，2018（12）：3．

况、学习生活情况，也可以直观看到自己孩子与同龄孩子间表现出的差异，让家长知道应该从哪些方面帮助孩子成长进步。观摩结束后，托育工作者可与家长共同商量养育计划，制订个性化的教育方案。（2）与家长一起制订科学可行的阶段目标。任何儿童的发展都不可能一蹴而就，特殊需要儿童更是如此，他们的进步往往更缓慢，不能一下子就达到预定目标。因此，托育工作者和家长应当共同商讨合适的阶段性目标计划，确定每个阶段儿童应该达到的水平，一步步朝着总目标努力。家长和托育工作者在教育过程中要根据孩子的表现及时对教育方案进行调整。

本章小结

本章围绕0～3岁婴幼儿家园共育中常见的问题逐一进行讨论，包括新手父母心理调适、隔代养育、多宝家庭、健康管理、安全防护、托幼园所“互联网＋家园共育”、特殊需要儿童的家园共育等内容。本章由问题导入，为学习者提供识别问题、解决问题的策略。

同步练习

一、判断题

1.（　　）保育师要将午餐用的食盆、食桶放在离孩子最近的地方，便于为孩子盛添饭菜。

2.（　　）保育师必须仔细核对服药孩子的姓名、药名、用量等信息，确认无误后方能给孩子服用。

3.（　　）如果有孩子吃饭比较慢，为了统一行动，保育师要催促吃饭慢的孩子快速吃完。

4.（　　）为了让孩子尽快进入午睡状态，保育师可以让孩子带着自己喜欢的发卡或抱着小玩具睡觉。

5.（　　）户外活动时，保育师要为孩子准备好温度适合的饮用水，协助托育工作者关注每个孩子的活动，如果孩子出汗很多，则要及时帮助其减少衣物。

6.（　　）班级的药袋要放在孩子可以拿取的地方，便于孩子及时服用。

7.（　　）班级消毒液可以用废旧的饮料瓶盛装，以便节约资源，变废为宝。

8.（　　）保育师要尽可能多地给较胖的孩子盛饭菜，以满足肥胖孩子的需求。

9.（　　）托育工作者在组织教学活动的时候，保育师无须关注孩子的活动，可以回避休息。

10.（　　）家长因临时有事不能来接孩子离园，可以直接让其同事帮忙接。

二、简答题

1. 简述新手父母情绪产生的原因。

2. 隔代养育有什么利弊？

3. 作为托育工作者，如何与祖辈家长进行更好的沟通？

4. 简述多宝家庭的概念。

5. 简述多宝家庭容易出现的问题。

6. 简述多宝家庭家园共育的指导内容与方法。

7. 对于婴幼儿常见疾病，如何做到家园共育？

8. 举例说明婴幼儿一日生活中容易存在安全隐患的环节及保育师的预防措施（至少举 3 个例子）。

9. 简述家长带婴幼儿乘坐交通工具时的安全照护要点。

10. 简述自闭症谱系障碍儿童的特点。

三、实践训练

设计一份《 ×× 托育园婴幼儿接送安全家长须知》，向家长宣传婴幼儿接送的安全事项。

参考文献

［1］ Janet Gonzalez-Mena．婴幼儿托育工作者与家长沟通和合作的50个策略．洪秀敏，宋佳，赵爽，译．北京：中国轻工业出版社，2020.

［2］ 张铭．家园共育视域下的家长参与：意蕴、困境与路径．教育观察，2020（6）.

［3］ 松田道雄．育儿百科．王少丽，译．北京：华夏出版社，2002.

［4］ 张玉梅．家园共育中的双向认知冲突与改善策略．中国托育工作者，2019（8）.

［5］ 邓莉．试论瑞吉欧教育对我国家园共育的启示．科教导刊（上旬刊），2014（2）.

［6］ 陆虹，郑修霞．初产妇社会支持与产后抑郁关系的探讨．中华护理杂志，2001，36（10）.

［7］ 罗洛·梅．焦虑的意义．朱侃如，译．桂林：广西师范大学出版社，2010.

［8］ 陈忻．整体养育．北京：中信出版社，2020.

［9］ 石智雷，刘思辰．大城市3岁以下婴幼儿照护方式及机构照护需求研究．人口学刊，2020（5）.

［10］ 张月芳．隔代抚养对婴幼儿体格及神经心理发育的影响．中国婴幼儿保健，2015（10）.

［11］ 蒋启梦，周楠．中国隔代教养和幼儿健康关系的研究进展．中国学校卫生，2020，41（12）.

［12］ 石叶叶．“大孩”家庭教育存在的问题及原因分析．中小学心理健康教育，2022（3）.

［13］ 张琼．二孩家庭教育存在的问题与对策研究．大连：辽宁师范大学，2018.

［14］ 宁桦．健康影响孩子一生的幸福．北京：中国人口出版社，2019.

［15］ 方光光，曾春英，王雪莱．婴幼儿常见问题及指导．北京：西苑出版社，2020.

［16］ 王红．0～3岁婴幼儿家庭教育与指导．上海：华东师范大学出版社，2020.

［17］ 付奎亮．婴幼儿家庭养育指导．北京：中国人民大学出版社，2022.

［18］ 孔虔．“互联网＋家园共育”模式存在的问题及优化策略研究．锦州：渤海大学，2018.

［19］ 吕永茂．互联网＋家园共育的现状及改进策略研究．读与写，2021（33）.

［20］ 孙榛领．“互联网＋”背景下家园共育存在的问题及对策研究．科学视界，

2022,(1).

[21] 申永凤. 新时代背景下家园共育的网络信息化探索. 当代家庭教育,2021(25).

[22] 刘丽萍. 互联网+家园共育模式的实践研究. 动漫界,2022(24).

[23] 裴雨纳,朱惠炎. "互联网+"时代线上家园共育生态系统的构建与实践. 数字技术与应用,2022(40).

[24] 华国栋. 特殊需要儿童的心理与教育. 北京:高等教育出版社,2004.

[25] 周念丽. 自闭症谱系障碍儿童的发展与教育. 北京:北京大学出版社,2011.

[26] 徐丽萍. 融合教育背景下特殊需要儿童家园共育如何开展. 幼儿100(托育工作者版),2021(12).

[27] 王智云. 学前融合教育中的家园共育. 学前教育研究,2018(12).

[28] 李秀云. 家园共育中存在的问题及策略分析. 当代家庭教育,2020(29).

附 录 0～3岁婴幼儿生长发育评估表

在婴幼儿家园共育中，通过对婴幼儿的生长情况、动作、感觉认知能力、语言、社会性发展等方面做全面的观察记录，并结合婴幼儿的生长指标、家庭喂养、成长环境进行综合评价，给予婴幼儿一个客观、准确的能力发育报告，托育工作者得以理解婴幼儿，设计符合婴幼儿需求的环境和课程。同时，这样的观察评估不仅仅是幼儿托育工作者的必备技能，也应当成为家庭教育的重要组成部分。家长应提高对婴幼儿的观察能力，解决家庭教育中出现的问题，与托育工作者一起实现家园共育。

一、生长发育评估的依据

在本教材中测评体格生长水平标准参考的是由国家卫生健康委员会发布，于2023年3月1日实施的《7岁以下儿童生长标准》（WS/T 423—2022）。表格所列生长水平指标有上下限，在上下限范围内均属正常，超过或不足要进行关注；发育行为评估参考了由国家卫生和计划生育委员会发布，于2018年4月1日实施的《0岁～6岁儿童发育行为评估量表》（WS/T 580—2017）。

二、生长发育评估表使用注意事项

婴幼儿生长发育正常是健康的重要标志，这种“生长”和“发育”是有一定规律的，既是连续的，又有阶段性。即在不同年龄阶段有着不同的生长、发育标志。我们可以通过观察、分析这些标志，了解孩子身心发展的现状是否在正常范围内。但由于它受多种因素（如遗传、环境、教育等）的影响，又有明显的个体差异。例如，有的孩子说话早，有的孩子该爬的时候还不会爬，这也是正常的情况。因此，各年龄阶段的标志也不是绝对的。如果照护人发现孩子的发育情况与下面表格中的标志有出入，也不要着急。需要提醒的是，如果孩子出现“发育不佳预警”中的情况，要及时咨询医生或幼儿教育工作者。因为这些标志说明孩子在某方面的发展明显落后了，必须及时查明原因，及时采取措施。孩子的早期发育有极大的可塑性，同时也极易受损伤，发育异常发现得越早，治疗得越及时，康复的可能性就越大。

附表1　0～1月龄婴儿生长发育水平

体格发育及健康						
月龄	身高 / 身长（cm）		体重（kg）		头围（cm）	
	男孩	女孩	男孩	女孩	男孩	女孩
0	47.6～54.8	46.8～53.8	2.8～4.2	2.7～4.1	31.9～36.8	31.5～36.3
1	51.3～59.0	50.4～57.8	3.7～5.6	3.5～5.3	34.8～39.2	34.2～38.5

大运动	
测评项目	①抬肩坐起，头竖直片刻 □　②俯卧头部翘动 □
测评方法	①婴儿仰卧，主试者面向婴儿站立，对婴儿微笑、说话，直到婴儿注视到主试者的脸。这时主试者轻轻握住婴儿双肩（四指并拢置于肩胛骨外侧，食指不能触碰颈部），将婴儿拉坐起来，观察婴儿控制头的能力。 ②婴儿俯卧，前臂屈曲支撑，用玩具逗引婴儿抬头，观察其反应。
达标	①婴儿头可竖直保持2秒。　②婴儿有头部翘动即可通过。
精细动作	
测评项目	①触碰手掌紧握拳 □　②手的自然状态 □
测评方法	①婴儿仰卧，主试者将食指从尺侧放入婴儿手掌中。 ②主试者观察婴儿清醒时手的自然状态。
达标	①婴儿能将拳头握紧。　②双手拇指内收不达掌心，无发紧即通过。
适应能力	
测评项目	①看黑白靶 □　②眼跟红球过中线 □
测评方法	①婴儿仰卧，主试者将黑白靶拿在距婴儿脸部上方20厘米处移动，吸引婴儿注意。 ②婴儿仰卧，主试者手提红球，在婴儿脸部上方20厘米处轻轻晃动以引起婴儿注意，然后把红球慢慢移动，从头的一侧沿着弧形移向中央，再移向头的另一侧，观察婴儿头部和眼睛的活动。
达标	①婴儿眼睛可明确注视黑白靶。 ②当主试者把红球移向中央时，婴儿用眼睛跟踪看着红球转过中线，三试一成。
言语能力	
测评项目	①自发细小喉音 □　②听声音有反应 □
测评方法	①婴儿仰卧、清醒，注意其发音。 ②婴儿仰卧，在其一侧耳上方10～15厘米处轻摇铜铃，观察婴儿的反应（双侧均做，一侧通过即可）。
达标	①观察或询问，婴儿能发出任何一种细小柔和的喉音。 ②婴儿听到铃声有一种或多种反应。
社会行为	
测评项目	①对发声的人有注视 □　②眼跟踪走动的人 □
测评方法	①主试者面对婴儿的脸微笑并对其说话，但不能触碰婴儿的面孔或身体。 ②婴儿横躺在床上或斜躺在家长臂弯里，主试者站立（直立位，勿弯腰）逗引婴儿引起其注意后左右走动，观察婴儿眼睛是否追随主试者。
达标	①婴儿能注视主试者的脸。　②眼睛随走动的人转动。
发育不佳预警	
0～1个月，有以下状况，请赶快送孩子去看医生： ● 对大的声音没有反应。　● 对强烈的光线没有反应。 ● 不能轻松地吸吮或吞咽。　● 身高、体重不增加。	

附表 2　2 月龄婴儿生长发育水平

<table>
<tr><th colspan="7">体格发育及健康</th></tr>
<tr><td rowspan="2">月龄</td><td colspan="2">身高 / 身长（cm）</td><td colspan="2">体重（kg）</td><td colspan="2">头围（cm）</td></tr>
<tr><td>男孩</td><td>女孩</td><td>男孩</td><td>女孩</td><td>男孩</td><td>女孩</td></tr>
<tr><td>2</td><td>54.9 ～ 63.0</td><td>53.8 ～ 61.6</td><td>4.7 ～ 7.1</td><td>4.4 ～ 6.6</td><td>36.9 ～ 41.3</td><td>36.2 ～ 40.3</td></tr>
<tr><th colspan="7">大运动</th></tr>
<tr><td>测评项目</td><td colspan="6">①拉腕坐起，头竖直短时 □　②俯卧头抬离床面 □</td></tr>
<tr><td>测评方法</td><td colspan="6">①婴儿仰卧，主试者将拇指置于婴儿掌心，余四指握住婴儿腕部轻拉婴儿坐起，观察婴儿控制头部的能力。
②婴儿俯卧，前臂屈曲支撑，用玩具逗引婴儿抬头，观察其反应。</td></tr>
<tr><td>达标</td><td colspan="6">①当把婴儿拉起成坐位时，婴儿头可自行竖直，保持 5 秒或以上的时长。
②婴儿可自行将头抬离床面达 2 秒。</td></tr>
<tr><th colspan="7">精细动作</th></tr>
<tr><td>测评项目</td><td colspan="6">①花铃棒留握片刻 □　②拇指轻叩可分开 □</td></tr>
<tr><td>测评方法</td><td colspan="6">①婴儿仰卧，将花铃棒放在婴儿手中。
②主试者分别轻叩婴儿双手手背，观察婴儿拇指自然放松的状态。</td></tr>
<tr><td>达标</td><td colspan="6">①握住花铃棒不松手达 2 秒。
②婴儿双手握拳稍紧，拇指稍内收，但经轻叩即可打开。</td></tr>
<tr><th colspan="7">适应能力</th></tr>
<tr><td>测评项目</td><td colspan="6">①即刻注意大玩具 □　②眼跟红球上下移动 □</td></tr>
<tr><td>测评方法</td><td colspan="6">①婴儿仰卧，用娃娃在婴儿脸部上方 20 厘米处晃动，观察其反应。
②婴儿仰卧，主试者提起红球，在婴儿脸部上方 20 厘米处轻轻晃动以引起婴儿注意，先慢慢向上移动，然后再从头顶向下颏处移动。</td></tr>
<tr><td>达标</td><td colspan="6">①可立刻注意到娃娃，三试一成。　②婴儿眼睛能上或下跟随红球。</td></tr>
<tr><th colspan="7">言语能力</th></tr>
<tr><td>测评项目</td><td colspan="6">①发 ɑ、o、e 等母音 □　②听声音有复杂反应 □</td></tr>
<tr><td>测评方法</td><td colspan="6">①询问或逗引婴儿发音。
②婴儿仰卧，在其一侧耳上方 10 ～ 15 厘米处轻摇铜铃，观察婴儿的反应（双侧均做，一侧通过即可）。</td></tr>
<tr><td>达标</td><td colspan="6">①能从喉部发出 ɑ、o、e 等元音。　②婴儿听到声音有表情和肢体动作的变化。</td></tr>
<tr><th colspan="7">社会行为</th></tr>
<tr><td>测评项目</td><td colspan="6">①自发微笑 □　②逗引时有反应 □</td></tr>
<tr><td>测评方法</td><td colspan="6">①观察或询问婴儿在无外界逗引时是否有自发微笑的情况。
②婴儿仰卧，主试者弯腰，对婴儿点头微笑或说话进行逗引，观察其反应，但不能触碰婴儿的面孔或身体。</td></tr>
<tr><td>达标</td><td colspan="6">①婴儿能自发出现微笑表情，但不一定出声。睡眠时微笑不通过。
②经逗引，婴儿会出现微笑、发声、手脚乱动等一种或多种表现。</td></tr>
<tr><th colspan="7">发育不佳预警</th></tr>
<tr><td colspan="7">1 ～ 3 个月，有以下状况，请赶快送孩子去看医生：
● 孩子的身高、体重和头围不能逐渐增加。　● 不能对别人微笑。
● 两只眼睛不能同时跟随移动的物体。　● 不能转头找到发出声音的来源。
● 抱坐时，头不能稳定。</td></tr>
</table>

附表3　3月龄婴儿生长发育水平

<table>
<tr><th colspan="7">体格发育及健康</th></tr>
<tr><td rowspan="2">月龄</td><td colspan="2">身高 / 身长（cm）</td><td colspan="2">体重（kg）</td><td colspan="2">头围（cm）</td></tr>
<tr><td>男孩</td><td>女孩</td><td>男孩</td><td>女孩</td><td>男孩</td><td>女孩</td></tr>
<tr><td>3</td><td>58.0～66.4</td><td>56.7～64.8</td><td>5.5～8.3</td><td>5.1～7.6</td><td>38.3～42.7</td><td>37.5～41.6</td></tr>
<tr><th colspan="7">大运动</th></tr>
<tr><td>测评项目</td><td colspan="6">①抱直头稳　□　　②俯卧抬头 45 度　□</td></tr>
<tr><td>测评方法</td><td colspan="6">①竖抱婴儿，观察婴儿控制头部的能力。
②婴儿俯卧，前臂屈曲支撑，头正中位，用玩具逗引婴儿抬头，观察其反应。</td></tr>
<tr><td>达标</td><td colspan="6">①能将头举正并稳定 10 秒。
②头可自行抬离床面，面部与床面成 45 度，持续 5 秒。</td></tr>
<tr><th colspan="7">精细动作</th></tr>
<tr><td>测评项目</td><td colspan="6">①花铃棒留握 30 秒　□　　②两手搭在一起　□</td></tr>
<tr><td>测评方法</td><td colspan="6">①婴儿仰卧或侧卧，将花铃棒放入婴儿手中。
②婴儿仰卧，主试者观察婴儿双手是否能够自发搭在一起，或主试者将其两手搭在一起，随即松手，观察婴儿双手状态。</td></tr>
<tr><td>达标</td><td colspan="6">①不借助床面的支持婴儿能握住花铃棒 30 秒。　②婴儿能将双手搭在一起，保持 3～4 秒。</td></tr>
<tr><th colspan="7">适应能力</th></tr>
<tr><td>测评项目</td><td colspan="6">①即刻注意胸前玩具　□　　②眼跟红球 180 度　□</td></tr>
<tr><td>测评方法</td><td colspan="6">①婴儿仰卧，主试者将玩具娃娃在婴儿身体上方 20 厘米处沿中线自下向上移动，当玩具娃娃到婴儿乳头连线至下颏之间时，观察婴儿反应。
②婴儿仰卧，主试者手提红球，在婴儿脸部上方 20 厘米处轻轻晃动以引起婴儿注意，然后把红球慢慢移动，从头的一侧沿弧形移向中央，再移向头的另一侧，观察婴儿头部和眼睛的活动情况。</td></tr>
<tr><td>达标</td><td colspan="6">①当玩具娃娃移动至婴儿乳头连线至下颌之间时，立即注意即可通过。
②婴儿用眼及头跟随红球转动 180 度，三试一成。</td></tr>
<tr><th colspan="7">言语能力</th></tr>
<tr><td>测评项目</td><td colspan="6">笑出声　□</td></tr>
<tr><td>测评方法</td><td colspan="6">逗引婴儿笑，但不得接触身体。</td></tr>
<tr><td>达标</td><td colspan="6">观察或询问，婴儿能发出“咯咯”的笑声。</td></tr>
<tr><th colspan="7">社会行为</th></tr>
<tr><td>测评项目</td><td colspan="6">①见人会笑　□　　②灵敏模样　□</td></tr>
<tr><td>测评方法</td><td colspan="6">①主试者面对婴儿，不做出接近性的社交行为或动作，观察婴儿在无人逗引时的表情。
②主试者观察婴儿在不经逗引的情况下，对周围人和环境的反应。</td></tr>
<tr><td>达标</td><td colspan="6">①婴儿见到人自行笑起来。　②婴儿不经逗引可观察周围环境，眼会东张西望。</td></tr>
</table>

附表 4 4 月龄婴儿生长发育水平

体格发育及健康						
月龄	身高 / 身长（cm）		体重（kg）		头围（cm）	
	男孩	女孩	男孩	女孩	男孩	女孩
4	60.5 ～ 69.1	59.1 ～ 67.4	6.1 ～ 9.2	5.6 ～ 8.4	39.4 ～ 43.9	38.5 ～ 42.7

大运动	
测评项目	①扶腋可站片刻 □ ②俯卧抬头 90 度 □
测评方法	①主试者扶婴儿腋下，置于立位后放松手的支持，观察其反应。 ②婴儿俯卧，前臂屈曲支撑，头正中位，用玩具逗引婴儿抬头，观察其反应。
达标	①婴儿可用自己的双腿支持大部分体重达 2 秒。 ②头可自行抬离床面，面部与床面呈 90 度，持续 5 秒。
精细动作	
测评项目	①摇动并注视花铃棒 □ ②试图抓物 □
测评方法	①抱坐，将花铃棒放入婴儿手中，鼓励婴儿摇动。 ②婴儿仰卧，将花铃棒拿到婴儿可及的范围内，观察婴儿反应，但不能触碰婴儿。
达标	①婴儿能注视花铃棒并摇动数下。 ②婴儿手臂试图抬起或有手抓动作。
适应能力	
测评项目	①目光对视 □ ②高声叫 □
测评方法	①主试者或母亲对婴儿说话，观察婴儿是否与人对视。 ②观察或询问婴儿在高兴或不满时的发音。
达标	①婴儿能与成人对视，并保持 5 秒。 ②会高声叫（非高调尖叫）。
言语能力	
测评项目	①伊语作声 □ ②找到声源 □
测评方法	①观察婴儿安静时的发音。 ②抱坐，主试者在婴儿耳后上方 15 厘米处轻摇铜铃，观察其反应。
达标	①观察或询问，婴儿会类似自言自语，无音节、无意义。 ②可回头找到声源，一侧耳通过即可。
社会行为	
测评项目	①注视镜中人像 □ ②认亲人 □
测评方法	①将无边镜子横放在婴儿面前约 20 厘米处，主试者或母亲可在镜中逗引婴儿，观察婴儿反应。 ②观察婴儿在看到母亲或其他亲人或听到亲人声音后的表情变化。
达标	①婴儿可经逗引或自发注视镜中人像。 ②观察或询问，在见到母亲或其他亲人时，婴儿会变得高兴起来。
发育不佳预警	
4 ～ 6 个月，有以下状况，请赶快送孩子去看医生： ● 不会用手抓东西。 ● 体重、身体不能逐渐增长。 ● 不会翻身。 ● 不会笑。	

附表5　5月龄婴儿生长发育水平

<table>
<tr><th colspan="7">体格发育及健康</th></tr>
<tr><td rowspan="2">月龄</td><td colspan="2">身高 / 身长（cm）</td><td colspan="2">体重（kg）</td><td colspan="2">头围（cm）</td></tr>
<tr><td>男孩</td><td>女孩</td><td>男孩</td><td>女孩</td><td>男孩</td><td>女孩</td></tr>
<tr><td>5</td><td>62.5 ～ 71.3</td><td>61.0 ～ 69.6</td><td>6.6 ～ 9.8</td><td>6.0 ～ 9.1</td><td>40.3 ～ 44.9</td><td>39.3 ～ 43.7</td></tr>
<tr><th colspan="7">大运动</th></tr>
<tr><td>测评项目</td><td colspan="6">①轻拉腕部即坐起 □　②独坐头身前倾 □</td></tr>
<tr><td>测评方法</td><td colspan="6">①婴儿仰卧，主试者握住腕部，轻拉到坐的位置。
②将婴儿以坐姿置于床上。</td></tr>
<tr><td>达标</td><td colspan="6">①婴儿自己能主动用力坐起，拉坐过程中无头部后滞现象。
②独坐保持5秒，头身向前倾。</td></tr>
<tr><th colspan="7">精细动作</th></tr>
<tr><td>测评项目</td><td colspan="6">①抓住近处玩具 □　②玩手 □</td></tr>
<tr><td>测评方法</td><td colspan="6">①抱坐，婴儿手置于桌上，玩具（如花铃棒）放在距离婴儿手掌一侧2.5厘米处，鼓励婴儿取玩具。
②观察婴儿能否把双手放在一起互相玩弄。</td></tr>
<tr><td>达标</td><td colspan="6">①婴儿可用一手或双手抓住玩具。　②婴儿会自发将双手抱到一起玩。</td></tr>
<tr><th colspan="7">适应能力</th></tr>
<tr><td>测评项目</td><td colspan="6">①注意小丸 □　②拿住一积木注视另一积木 □</td></tr>
<tr><td>测评方法</td><td colspan="6">①桌面上放一小丸，主试者指点小丸或把小丸动来动去以引起婴儿注意。
②抱坐，婴儿手置于桌上，主试者先放一块积木在婴儿手中，再放另一块积木于桌上婴儿可及范围内，适当逗引，观察婴儿对第二块积木的反应。</td></tr>
<tr><td>达标</td><td colspan="6">①婴儿明确地注意到小丸。
②婴儿拿着放在手中的第一块积木，当第二块积木靠近时，目光明确地注视第二块积木。</td></tr>
<tr><th colspan="7">言语能力</th></tr>
<tr><td>测评项目</td><td colspan="6">对人及物发声 □</td></tr>
<tr><td>测评方法</td><td colspan="6">观察或询问婴儿看到熟悉的人或玩具时的发音。</td></tr>
<tr><td>达标</td><td colspan="6">观察或询问，婴儿会发出像说话般的声音，如咿咿呀呀、ma、pa、ba等辅元结合音。</td></tr>
<tr><th colspan="7">社会行为</th></tr>
<tr><td>测评项目</td><td colspan="6">①对镜有游戏反应 □　②见食物兴奋 □</td></tr>
<tr><td>测评方法</td><td colspan="6">①将无边镜子竖放在婴儿面前约20厘米处，主试者及家长影像不能在镜内出现，观察婴儿的反应。
②观察婴儿看到奶瓶、饼干、水等食物时的反应。</td></tr>
<tr><td>达标</td><td colspan="6">①对镜中自己的影像有面部表情变化或伴有肢体动作。
②观察或询问，当婴儿看到奶瓶或母亲乳房时，表现出高兴要吃的样子。</td></tr>
</table>

附表 6　6 月龄婴儿生长发育水平

<table>
<tr><th colspan="7">体格发育及健康</th></tr>
<tr><td rowspan="2">月龄</td><td colspan="2">身高 / 身长（cm）</td><td colspan="2">体重（kg）</td><td colspan="2">头围（cm）</td></tr>
<tr><td>男孩</td><td>女孩</td><td>男孩</td><td>女孩</td><td>男孩</td><td>女孩</td></tr>
<tr><td>6</td><td>64.2 ～ 73.2</td><td>62.7 ～ 71.5</td><td>6.9 ～ 10.3</td><td>6.4 ～ 9.6</td><td>41.1 ～ 45.7</td><td>40.0 ～ 44.5</td></tr>
<tr><th colspan="7">大运动</th></tr>
<tr><td>测评项目</td><td colspan="6">①仰卧翻身　□　　②会拍桌子　□</td></tr>
<tr><td>测评方法</td><td colspan="6">①婴儿仰卧，用玩具逗引其翻身。
②抱坐，主试者示范拍打桌面，鼓励婴儿照样做。</td></tr>
<tr><td>达标</td><td colspan="6">①观察或询问，婴儿可从仰卧自行翻到俯卧位。
②婴儿看到示范后或自发拍打桌面，并拍响。</td></tr>
<tr><th colspan="7">精细动作</th></tr>
<tr><td>测评项目</td><td colspan="6">①会撕揉纸张　□　　②耙弄到桌上一积木　□</td></tr>
<tr><td>测评方法</td><td colspan="6">①将一张 28 克粉色打字纸放入婴儿手中，使婴儿能抓住纸，观察婴儿反应。
②抱坐，放一积木在婴儿容易够到的桌面上，观察婴儿反应。</td></tr>
<tr><td>达标</td><td colspan="6">①能用双手反复揉搓纸张两次或以上，或将纸撕破。
②婴儿伸出手触碰到积木并抓握到。</td></tr>
<tr><th colspan="7">适应能力</th></tr>
<tr><td>测评项目</td><td colspan="6">①两手拿住积木　□　　②寻找失落的玩具　□</td></tr>
<tr><td>测评方法</td><td colspan="6">①抱坐，先后递给婴儿两块积木，婴儿自己拿或被动放在手中均可。
②以红球逗引婴儿注意，红球位置应与婴儿双眼在同一水平线上。主试者手提红球，当婴儿注意到红球后，立即松手使红球落地，此时主试者的手保持原姿势，观察婴儿反应。</td></tr>
<tr><td>达标</td><td colspan="6">①婴儿一手拿一块积木，保持在手里 10 秒。
②红球落地后，婴儿立即低下头寻找红球。</td></tr>
<tr><th colspan="7">言语能力</th></tr>
<tr><td>测评项目</td><td colspan="6">①叫名字转头　□　　②理解手势　□</td></tr>
<tr><td>测评方法</td><td colspan="6">①主试者或家长在婴儿背后呼唤其名字，观察其反应。
②主试者或妈妈（带养人）伸手表示要抱，不得出声提示，观察婴儿反应。</td></tr>
<tr><td>达标</td><td colspan="6">①婴儿会转头寻找呼唤他的人。
②婴儿理解并将手伸向主试者或妈妈（带养人），二试一成。</td></tr>
<tr><th colspan="7">社会行为</th></tr>
<tr><td>测评项目</td><td colspan="6">①自喂食物　□　　②会躲猫猫　□</td></tr>
<tr><td>测评方法</td><td colspan="6">①观察或询问婴儿拿到一块饼干或其他能拿住的食物时，能否送至口中并咀嚼。
②主试者把自己的脸藏在一张中心有孔的 A4 纸后面（孔直径 0.5 厘米），呼唤婴儿名字，婴儿听到声音，观望时，主试者沿纸边在纸的同一侧反复出现两次并逗引说“喵、喵”，第三次呼唤婴儿名字后从纸孔观察婴儿表情。</td></tr>
<tr><td>达标</td><td colspan="6">①能将饼干送入口中并咀嚼，有张嘴咬的动作而不是吸吮。
②第三次呼唤婴儿时，婴儿视线再次转向主试者刚才露脸的方向。</td></tr>
</table>

附表7 7月龄婴儿生长发育水平

体格发育及健康						
月龄	身高/身长（cm）		体重（kg）		头围（cm）	
	男孩	女孩	男孩	女孩	男孩	女孩
7	65.7～74.9	64.2～73.1	7.2～10.8	6.7～10.0	41.8～46.4	40.7～45.2

大运动	
测评项目	①悬垂落地姿势 □ ②独坐直 □
测评方法	①扶腋下使婴儿呈悬空位，足离床面20～30厘米，立位顺势落下，观察脚落地瞬时的姿势。 ②将婴儿以坐姿置于床上。
达标	①婴儿能够全脚撑住地。 ②独坐时背直，无须手支撑床面，保持1分钟。
精细动作	
测评项目	①耙弄到小丸 □ ②自取一积木，再取另一块 □
测评方法	①抱坐，将一小丸放在桌上，鼓励婴儿取。 ②抱坐，出示一积木给婴儿，抓住后，再出示另一块，观察其反应。
达标	①婴儿用所有手指弯曲做耙弄、搔抓动作，最后成功地用全掌抓到小丸。 ②婴儿主动伸手去抓桌上的积木，第一块积木握住并保留在手中后，又成功地用另一只手抓住第二块积木。
适应能力	
测评项目	①积木换手 □ ②伸手够远处玩具 □
测评方法	①抱坐，出示一积木给婴儿，婴儿拿住后，再向拿积木的手前出示另一块积木，观察其反应。 ②抱坐，将一玩具放于婴儿手恰好够不到的桌面上，观察其反应。
达标	①婴儿将第一块积木传到另一只手后，再去拿第二块积木。 ②欠身取，并能拿到玩具。
言语能力	
测评项目	发da-da ma-ma但无所指 □
测评方法	观察婴儿在清醒状态时的发声情况。
达标	观察或询问，婴儿会发da-da、ma-ma的双唇音，但无所指。
社会行为	
测评项目	①抱脚玩 □ ②能认生人 □
测评方法	①婴儿仰卧，观察其是否会自发或在主试者的协助下将脚放入手中后玩脚。 ②观察或询问婴儿对陌生人的反应。
达标	①婴儿能抱住脚玩或吸吮。 ②婴儿有拒抱、哭、不高兴或惊奇等表现。

发育不佳预警

7～9个月，有以下状况，请赶快送孩子去看医生：

- 不能用拇指和食指捏取东西。
- 对新奇的声音或不寻常的声音不感兴趣。
- 不能独坐。
- 不会吞咽菜泥、饼干等固体食物。

附表 8　8 月龄婴儿生长发育水平

<table>
<tr><th colspan="7">体格发育及健康</th></tr>
<tr><td rowspan="2">月龄</td><td colspan="2">身高 / 身长（cm）</td><td colspan="2">体重（kg）</td><td colspan="2">头围（cm）</td></tr>
<tr><td>男孩</td><td>女孩</td><td>男孩</td><td>女孩</td><td>男孩</td><td>女孩</td></tr>
<tr><td>8</td><td>67.1 ～ 76.4</td><td>65.5 ～ 74.7</td><td>7.5 ～ 11.1</td><td>6.9 ～ 10.4</td><td>42.4 ～ 47.0</td><td>41.2 ～ 45.8</td></tr>
<tr><th colspan="7">大运动</th></tr>
<tr><td>测评项目</td><td colspan="6">①双手扶物可站立 □　②独坐自如 □</td></tr>
<tr><td>测评方法</td><td colspan="6">①将婴儿置于床上，协助婴儿双手抓握栏杆，胸部不靠栏杆，呈站立姿势。
②婴儿坐位，用玩具逗引，婴儿上身可自由转动取物，或轻轻将婴儿肩头向对侧推，观察其侧平衡。</td></tr>
<tr><td>达标</td><td colspan="6">①双手扶栏杆支撑全身重量，保持站立位 5 秒。
②独坐时无须手支撑，上身可自由转动取物或侧推后回正保持平衡不倒。</td></tr>
<tr><th colspan="7">精细动作</th></tr>
<tr><td>测评项目</td><td colspan="6">①拇指捏小丸 □　②试图取第三块积木 □</td></tr>
<tr><td>测评方法</td><td colspan="6">①抱坐，将一小丸放在桌上，鼓励婴儿取。
②连续出示两块积木后婴儿均能拿到，再出示第三块积木鼓励婴儿取。</td></tr>
<tr><td>达标</td><td colspan="6">①婴儿会用拇指捏起小丸。
②有要取第三块积木的表现，不一定能取到，前两块仍保留在手中。</td></tr>
<tr><th colspan="7">适应能力</th></tr>
<tr><td>测评项目</td><td colspan="6">①有意识地摇铃 □　②持续用手追逐玩具 □</td></tr>
<tr><td>测评方法</td><td colspan="6">①主试者示范摇铃，鼓励婴儿照样做。
②以玩具逗引婴儿来取，将要取到时，主试者将玩具移动到稍远的地方，观察其反应。</td></tr>
<tr><td>达标</td><td colspan="6">①婴儿能够有意识地摇铃。　②婴儿持续追逐玩具，力图拿到，但不一定能取到。</td></tr>
<tr><th colspan="7">言语能力</th></tr>
<tr><td>测评项目</td><td colspan="6">①模仿声音 □　②可用动作手势表达 □</td></tr>
<tr><td>测评方法</td><td colspan="6">①观察或询问婴儿是否会模仿咳嗽、弄舌的声音。
②主试者询问家长，婴儿是否常有主动伸手表示要抱；摊开手表示没有；咂咂嘴表示好吃等动作手势。</td></tr>
<tr><td>达标</td><td colspan="6">①观察或询问，婴儿能模仿发出类似声音。　②三问中，有两项表现即可通过。</td></tr>
<tr><th colspan="7">社会行为</th></tr>
<tr><td>测评项目</td><td colspan="6">懂得成人面部表情 □</td></tr>
<tr><td>测评方法</td><td colspan="6">主试者或家长对婴儿训斥或赞许，观察其反应。</td></tr>
<tr><td>达标</td><td colspan="6">婴儿表现出委屈或兴奋等反应。</td></tr>
</table>

附表 9　9 月龄婴儿生长发育水平

体格发育及健康						
月龄	身高 / 身长（cm）		体重（kg）		头围（cm）	
	男孩	女孩	男孩	女孩	男孩	女孩
9	68.3 ～ 77.8	66.8 ～ 76.1	7.7 ～ 11.5	7.2 ～ 10.8	42.8 ～ 47.5	41.7 ～ 46.3
大运动						
测评项目	①拉双手会走 □　②会爬 □					
测评方法	①站立位，主试者牵婴儿双手，牵手时不过多给力，鼓励婴儿向前行走。 ②婴儿俯卧，用玩具逗引婴儿爬。					
达标	①婴儿可自己用力，较协调地移动双腿，向前行走 3 步。 ②婴儿能将腹部抬离床面，四点支撑向前爬行（膝手爬）。					
精细动作						
测评项目	①拇食指捏小丸 □　②从杯中取出积木 □					
测评方法	①抱坐，将一小丸放在桌上，鼓励婴儿取。 ②主试者在婴儿注视下将积木放入杯中，鼓励婴儿取出。					
达标	①婴儿会用拇食指捏起小丸。　②婴儿能自行将积木取出，不能倒出。					
适应能力						
测评项目	①积木对敲 □　②粑弄铃舌 □					
测评方法	①主试者出示两块积木，示范积木对敲后，让婴儿一手拿一块，鼓励其照样做。 ②主试者轻摇铜铃以引起婴儿注意，然后将铜铃递给婴儿，观察其对铜铃的反应。					
达标	①婴儿能把双手合到中线，互敲积木，对击，但可不十分准确。 ②婴儿有意识地寻找并粑弄或拿捏铃舌。					
言语能力						
测评项目	①会欢迎 □　②会再见 □					
测评方法	①主试者只说欢迎，不做手势示范，鼓励婴儿以手势表示。 ②主试者只说再见，不做手势示范，鼓励婴儿以手势表示。					
达标	①观察或询问，婴儿能够做出欢迎的手势。 ②观察或询问，婴儿能够做出再见的手势。					
社会行为						
测评项目	表示不要 □					
测评方法	观察或询问婴儿对不感兴趣的物品的反应。					
达标	观察或询问，婴儿对不要之物有摇头或推开的动作。					

附表 10　10 月龄婴儿生长发育水平

体格发育及健康						
月龄	身高 / 身长（cm）		体重（kg）		头围（cm）	
	男孩	女孩	男孩	女孩	男孩	女孩
10	69.5 ～ 79.1	68.1 ～ 77.5	7.9 ～ 11.8	7.4 ～ 11.1	43.2 ～ 47.9	42.1 ～ 46.8

大运动	
测评项目	①保护性支撑　□　　②自己坐起　□
测评方法	①主试者站立在床或桌边，由婴儿背后扶持其腋下抱起，然后快速做俯冲动作，观察婴儿反应。 ②将婴儿置于俯卧位，用玩具逗引，观察婴儿能否坐起。
达标	①婴儿出现双手张开，向前伸臂，类似保护自己的动作。 ②无须协助，婴儿能较协调地从俯卧位坐起，并坐稳。
精细动作	
测评项目	拇食指动作熟练　□
测评方法	抱坐，将一小丸放在桌上，鼓励婴儿取。
达标	婴儿会用拇食指的指端协调、熟练且迅速地对捏起小丸。
适应能力	
测评项目	①拿掉扣积木的杯子玩积木　□　　②寻找盒内东西　□
测评方法	①积木放在桌上，在婴儿注视下用杯子盖住积木，杯子的把手对着婴儿，鼓励婴儿取积木。 ②在婴儿面前摇响装有硬币的盒，然后避开婴儿将硬币取出，给婴儿空盒，观察其反应。
达标	①婴儿能主动拿掉杯子，取出藏在杯子里面的积木。　②婴儿能明确地寻找盒内的硬币。
言语能力	
测评项目	模仿发声　□
测评方法	观察或询问婴儿是否会模仿“妈妈”“爸爸”“拿”“走”等语音。
达标	观察或询问，婴儿能模仿发声。
社会行为	
测评项目	①懂得常见物及人名称　□　　②按指令取东西　□
测评方法	①主试者问婴儿“妈妈在哪里？”“灯在哪里？”“阿姨在哪里？”等人或物的名称，观察其反应。 ②将娃娃、球和杯子并排放在婴儿双手可及的桌面上，鼓励婴儿按指令取其中的一件。（每样东西交替问两次，不能连续问）。
达标	①婴儿会用眼睛注视或指出 2 种人或物。 ②婴儿能理解指令并成功拿对其中一种物品。
发育不佳预警	
10 ～ 12 个月，有以下状况，请赶快送孩子去看医生： ● 当快速移动的物体靠近眼睛时，不会眨眼。 ● 还没有开始长牙。 ● 不会模仿简单的声音。 ● 不能根据简单的口令做动作，如“再见”等。 ● 不能和父母、家长友好地玩。	

附表 11　11 月龄婴儿生长发育水平

体格发育及健康						
月龄	身高 / 身长（cm）		体重（kg）		头围（cm）	
	男孩	女孩	男孩	女孩	男孩	女孩
11	70.7 ～ 80.4	69.2 ～ 78.8	8.1 ～ 12.0	7.6 ～ 11.4	43.6 ～ 48.3	42.5 ～ 47.1

大运动	
测评项目	①独站片刻　□　②扶物下蹲取物　□
测评方法	①将婴儿置于立位，待婴儿站稳后松开双手，观察其站立情况。 ②婴儿手扶围栏站立，不得倚靠，将玩具放在其脚边，鼓励婴儿下蹲取物。
达标	①婴儿能独自站立 2 秒。　②一手扶栏杆蹲下，另一手捡玩具并再站起来。
精细动作	
测评项目	积木放入杯中　□
测评方法	主试者示范将积木放入杯中，鼓励婴儿照样做。
达标	婴儿能有意识地将积木放入杯中并撒开手。
适应能力	
测评项目	①打开包积木的方巾　□　②模仿拍玩具娃娃　□
测评方法	①在婴儿注视下用方巾包起一积木，然后打开，再包上，鼓励婴儿找。 ②主试者示范拍玩具娃娃，鼓励婴儿照样做。
达标	①婴儿有意识地打开包积木的方巾，寻找积木，成功将积木拿到手。 ②婴儿学大人样子轻拍玩具娃娃。
言语能力	
测评项目	①有意识地发一个字音　□　②懂得“不”　□
测评方法	①观察或询问婴儿有意识的发音情况。 ②婴儿取一玩具玩时，主试者说“不动”“不拿”，不要做手势，观察或询问其反应。
达标	①观察或询问，有意识并正确地发出相应的字音，如爸、妈、拿、走、姨、奶、汪汪等。 ②观察或询问，婴儿会停止拿取玩具的动作。
社会行为	
测评项目	①会从杯中喝水　□　②会摘帽子　□
测评方法	①观察或询问婴儿能否从成人拿的杯子里喝到水。 ②主试者将帽子戴在婴儿头上，观察其能否摘下帽子。
达标	①观察或询问，婴儿能从杯中喝到水。　②婴儿能用单手或双手摘下帽子。

附表 12　12 月龄婴儿生长发育水平

体格发育及健康						
月龄	身高 / 身长（cm）		体重（kg）		头围（cm）	
	男孩	女孩	男孩	女孩	男孩	女孩
12	71.7 ~ 81.6	70.4 ~ 80.1	8.3 ~ 12.3	7.7 ~ 11.6	43.8 ~ 48.6	42.8 ~ 47.5

大运动	
测评项目	①独站稳 □　②牵一手可走 □
测评方法	①将婴儿置于立位，待婴儿站稳后松开双手，观察其站立情况。 ②主试者牵婴儿一只手行走，不要用力，观察其行走情况。
达标	①独自站立 10 秒，允许身体轻微晃动。 ②婴儿自己迈步，牵一手能协调地移动双腿，至少向前迈 3 步以上。
精细动作	
测评项目	①全掌握笔画笔道 □　②试把小丸投小瓶 □
测评方法	①主试者示范用笔在纸上画道，鼓励婴儿模仿。 ②出示一小丸及 30 毫升广口瓶，主试者拿瓶，示范并指点将小丸放入瓶内，鼓励婴儿照样做。
达标	①婴儿握笔在纸上留下笔道即可。　②婴儿捏住小丸试往瓶内投放，但不一定成功。
适应能力	
测评项目	盖瓶盖 □
测评方法	瓶盖翻放在桌上，主试者示范将瓶盖盖在瓶子上，鼓励婴儿照样做。
达标	婴儿会将瓶盖翻正后盖在瓶子上。
言语能力	
测评项目	①叫爸爸妈妈有所指 □　②向他 / 她要东西知道给 □
测评方法	①观察或询问婴儿见到妈妈、爸爸时，是否会有意识并准确地叫出。 ②将一玩具放入婴儿手中，然后主试者或家长对婴儿说"把某某东西给我"。不要伸手去拿，观察婴儿反应。
达标	①婴儿会主动地称呼爸爸或妈妈。 ②经要求，婴儿把玩具主动递给主试者或家长并主动松手。
社会行为	
测评项目	①穿衣知配合 □　②共同注意 □
测评方法	①观察或询问成人给婴儿穿衣时的配合情况。 ②观察或询问对家长指示的某一场景或过程，婴儿能否与家长一起关注。
达标	①穿衣时婴儿合作，会有伸手、伸腿等配合动作，不一定能穿进去。 ②婴儿有共同注意过程。

附表 13　13～15月龄幼儿生长发育水平

体格发育及健康						
月龄	身高/身长（cm）		体重（kg）		头围（cm）	
	男孩	女孩	男孩	女孩	男孩	女孩
13	72.8～82.8	71.4～81.4	8.4～12.5	7.9～11.9	44.1～48.8	43.1～47.8
14	73.8～84.0	72.5～82.6	8.6～12.8	8.1～12.2	44.3～49.0	43.3～48.0
15	74.8～85.1	73.5～83.8	8.8～13.0	8.3～12.4	44.5～49.3	43.5～48.3

大运动	
测评项目	行走自如　□
测评方法	观察幼儿走路的情况。
达标	幼儿行走自如，不左右摇摆，会控制步速，不惯性前冲。
精细动作	
测评项目	①自发乱画　□　　②从瓶中拿到小丸　□
测评方法	①主试者出示纸和笔，鼓励幼儿画画。 ②出示装有小丸的30毫升广口瓶（可用合适空药瓶替代），递给幼儿，说“阿姨想要豆豆（小丸）怎么办？”或“把豆豆给妈妈”。鼓励幼儿将小丸取出，但不能说倒出。
达标	①幼儿能用笔在纸上自行乱画。　　②幼儿能将小丸拿出或倒出。
适应能力	
测评项目	①翻书两次　□　　②盖上圆盒　□
测评方法	①主试者示范翻书，鼓励幼儿照样做。 ②主试者示范将圆盒盖好，鼓励幼儿照样做。
达标	①做出翻书动作两次或两次以上。　　②幼儿会将圆盒盖上，并盖严。
言语能力	
测评项目	①会指眼耳口鼻手　□　　②说3～5个字　□
测评方法	①主试者问幼儿“眼在哪儿？”“耳在哪儿？”“鼻子在哪儿？”等，观察其反应。 ②观察或询问幼儿有意识讲话的情况。
达标	①能正确指出3个身体部位。　　②有意识地说3～5个字（妈、爸除外）。
社会行为	
测评项目	会脱袜子　□
测评方法	观察或询问幼儿脱袜子的方法。
达标	观察或询问，幼儿能正确且有意识地脱下袜子。
发育不佳预警	
问题表现	改善建议
不能独立站	强化扶站到独站，从坐到站的核心力量训练，如无改善请及时求助医生进行专业评估。
不会有意识地叫爸爸妈妈	强化语言互动训练，多进行亲子游戏，如无改善请及时求助医生进行专业评估。
不会用勺子把食物送到口中	加强视动游戏训练，如精细动作和手眼协调训练，如无改善请及时求助医生进行专业评估。

附表 14　16 ～ 18 月龄幼儿生长发育水平

<table>
<tr><th colspan="7">体格发育及健康</th></tr>
<tr><td rowspan="2">月龄</td><td colspan="2">身高 / 身长（cm）</td><td colspan="2">体重（kg）</td><td colspan="2">头围（cm）</td></tr>
<tr><td>男孩</td><td>女孩</td><td>男孩</td><td>女孩</td><td>男孩</td><td>女孩</td></tr>
<tr><td>16</td><td>75.8 ～ 86.3</td><td>74.6 ～ 84.9</td><td>9.0 ～ 13.3</td><td>8.4 ～ 12.7</td><td>44.7 ～ 49.4</td><td>43.7 ～ 48.5</td></tr>
<tr><td>17</td><td>76.8 ～ 87.4</td><td>75.5 ～ 86.1</td><td>9.1 ～ 13.5</td><td>8.6 ～ 12.9</td><td>44.9 ～ 49.6</td><td>43.9 ～ 48.7</td></tr>
<tr><td>18</td><td>77.7 ～ 88.5</td><td>76.5 ～ 87.2</td><td>9.3 ～ 13.8</td><td>8.8 ～ 13.2</td><td>45.1 ～ 49.8</td><td>44.1 ～ 48.5</td></tr>
<tr><th colspan="7">大运动</th></tr>
<tr><td>测评项目</td><td colspan="6">扔球无方向　□</td></tr>
<tr><td>测评方法</td><td colspan="6">主试者示范过肩扔球，鼓励幼儿照样做。</td></tr>
<tr><td>达标</td><td colspan="6">幼儿举手过肩扔球，可无方向。</td></tr>
<tr><th colspan="7">精细动作</th></tr>
<tr><td>测评项目</td><td colspan="6">模仿画道道　□</td></tr>
<tr><td>测评方法</td><td colspan="6">主试者示范用蜡笔画出一无方向道道，鼓励幼儿模仿。</td></tr>
<tr><td>达标</td><td colspan="6">幼儿能画出道道，起止自如，方向不限。</td></tr>
<tr><th colspan="7">适应能力</th></tr>
<tr><td>测评项目</td><td colspan="6">①积木搭高 4 块　□　　②正放圆积木入型板　□</td></tr>
<tr><td>测评方法</td><td colspan="6">①示范搭高两块积木，推倒后一块一块出示积木，鼓励幼儿搭高。
②在型板圆孔下方放一圆积木，圆孔靠近幼儿身体。主试者对幼儿说“这是小朋友的家（指型板面而不是圆孔），请帮这个小朋友（指圆积木）找到自己的家”，不示范。</td></tr>
<tr><td>达标</td><td colspan="6">①幼儿搭高 4 块积木，三试一成。
②不经指点，能正确将圆积木一次性放入孔内。</td></tr>
<tr><th colspan="7">言语能力</th></tr>
<tr><td>测评项目</td><td colspan="6">①懂得 3 个投向　□　　②说 10 个字词　□</td></tr>
<tr><td>测评方法</td><td colspan="6">①请幼儿把 3 块积木分别递给妈妈、阿姨、放在桌子上，妈妈、阿姨不能伸手要。
②观察或询问幼儿有意识讲话的情况并做记录。</td></tr>
<tr><td>达标</td><td colspan="6">①幼儿会正确地将积木送到要求的地方。
②有意识说 10 个单字或词（爸、妈除外）。</td></tr>
<tr><th colspan="7">社会行为</th></tr>
<tr><td>测评项目</td><td colspan="6">①白天能控制大小便　□　　②会用匙　□</td></tr>
<tr><td>测评方法</td><td colspan="6">①观察或询问幼儿大小便控制情况，或询问白天是否尿湿裤子。
②观察或询问幼儿是否会自己用匙。</td></tr>
<tr><td>达标</td><td colspan="6">①经人提醒或主动示意大小便，白天基本不尿湿裤子。
②幼儿能自己用匙吃饭，允许少量遗洒。</td></tr>
<tr><th colspan="7">发育不佳预警</th></tr>
<tr><td>问题表现</td><td colspan="6">改善建议</td></tr>
<tr><td>18 月龄不会走或只能足尖走</td><td colspan="6">强化大动作等核心力量训练，同时及时求助医生进行专业评估。</td></tr>
<tr><td>18 月龄说话一句话不超过 5 个单字，不会模仿动作或发音</td><td colspan="6">强化语言互动训练，利用游戏互动的方式进行发音和模仿训练，如同时存在交流困难，请及时求助医生进行专业评估。</td></tr>
</table>

附表 15　19～21 月龄幼儿生长发育水平

体格发育及健康						
月龄	身高 / 身长（cm）		体重（kg）		头围（cm）	
	男孩	女孩	男孩	女孩	男孩	女孩
19	78.6～89.6	77.5～88.3	9.5～14.0	9.0～13.5	45.2～50.0	44.2～49.0
20	79.6～90.6	78.4～89.4	9.7～14.3	9.1～13.8	45.4～50.2	44.4～49.2
21	80.5～91.7	79.3～90.4	9.8～14.6	9.3～14.0	45.6～50.4	44.6～49.4

大运动	
测评项目	①脚尖走 □　②扶楼梯上楼 □
测评方法	①主试者示范用脚尖行走，鼓励幼儿照样做。 ②在楼梯上放一玩具，鼓励幼儿上楼去取。
达标	①幼儿能用脚尖连续行走 3 步，脚跟不得着地。 ②幼儿能扶楼梯扶手，熟练地上 3 阶台阶。
精细动作	
测评项目	①水晶线穿扣眼 □　②模仿拉拉锁 □
测评方法	①主试者示范用水晶线穿过扣眼，鼓励幼儿照样做。 ②示范拉拉锁，拉上、拉下各一次。主试者固定拉锁两端，鼓励幼儿照样做。
达标	①幼儿能将水晶线穿过扣眼 0.5 厘米。 ②幼儿能双手配合将锁头来回移动，超过全拉锁的一半。
适应能力	
测评项目	①积木搭高 7～8 块 □　②知道红色 □
测评方法	①示范搭高两块积木，推倒后一块一块出示积木，鼓励幼儿搭高。 ②出示红、黄、蓝、绿 4 色图片，问幼儿“哪个是红色”。
达标	①幼儿搭高 7～8 块积木，三试一成。　②幼儿能在 4 色图片中正确指出红色。
言语能力	
测评项目	①回答简单问题 □　②说 3～5 个字的句子 □
测评方法	①主试者问“这是什么（球）”“那是谁（带幼儿者）”“爸爸干什么去了（上班）”。 ②观察或询问幼儿有意识说话的情况。
达标	①幼儿均能正确回答。　②幼儿能有意识地说出 3～5 个字的句子，有主谓语。
社会行为	
测评项目	①能表示个人需要 □　②想象性游戏 □
测评方法	①观察或询问幼儿是否会明确表示自己的需要。 ②观察或询问幼儿是否有想象性游戏，如假装给娃娃或动物玩具喂饭、盖被子、打针等。
达标	①幼儿会说出 3 种需要，如“吃饭、喝水、玩汽车、上街”等，可伴手势。 ②幼儿有想象性游戏。
发育不佳预警	
问题表现	改善建议
不会走，或只能足尖走	强化大动作等核心力量训练，同时及时求助医生进行专业评估。
说话一句话不超过 5 个单字，不会模仿动作或发音	强化语言训练，利用游戏互动的方式进行发音和模仿训练，如同时存在交流困难，请及时求助医生进行专业评估。

附表 16　22 ～ 24 月龄幼儿生长发育水平

体格发育及健康						
月龄	身高 / 身长（cm）		体重（kg）		头围（cm）	
	男孩	女孩	男孩	女孩	男孩	女孩
22	81.4 ～ 92.7	80.2 ～ 91.5	10.0 ～ 14.8	9.5 ～ 14.3	45.7 ～ 50.5	44.7 ～ 49.5
23	82.2 ～ 93.7	81.1 ～ 92.5	10.2 ～ 15.1	9.7 ～ 14.6	45.9 ～ 50.7	44.8 ～ 49.7
24	82.4 ～ 94.0	81.2 ～ 92.8	10.4 ～ 15.4	9.8 ～ 14.8	46.0 ～ 50.8	45.0 ～ 49.8

大运动	
测评项目	双足跳离地面 □
测评方法	主试者示范双足同时离地跳起，鼓励幼儿照样做。
达标	幼儿会双足同时跳离地面，同时落地，两次以上。
精细动作	
测评项目	穿过扣眼后拉线 □
测评方法	主试者示范用水晶线穿过扣眼，并将线拉出，鼓励幼儿照样做。
达标	幼儿能将水晶线穿过扣眼，并能将线拉出。
适应能力	
测评项目	①一页页翻书 □　②倒放圆积木入型板 □
测评方法	①主试者示范一页页翻书，鼓励幼儿照样做。 ②在幼儿能正放圆积木入型板的基础上，将型板倒转 180 度。圆积木仍在原处，主试者对幼儿说“这是小朋友的家（指型板），请帮这个小朋友（指圆积木）找到自己的家”，不示范。
达标	①幼儿会用手捻书页，每次一页，连续翻书 3 页。 ②型板倒转后，幼儿能正确将圆积木一次性放入圆孔内。
言语能力	
测评项目	①说两句及两句以上诗或儿歌 □　②说常见物用途（碗、笔、凳、球） □
测评方法	①鼓励幼儿说唐诗或儿歌。　②主试者分别提问幼儿碗、笔、板凳、球的用途。
达标	①幼儿能自发或稍经提示开头后完整说出两句唐诗或儿歌。 ②幼儿会说出 3 种物品的用途。
社会行为	
测评项目	①会打招呼 □　②问“这是什么？” □
测评方法	①示范或不示范幼儿见人打招呼。 ②观察或询问幼儿，在见到某物时是否能自发提问“这是什么？”
达标	①幼儿会自发或模仿说“你好”“再见”等。 ②幼儿会自发提出问题，主动问“这是什么？”
发育不佳预警	
22 ～ 24 个月，有以下状况，请赶快送孩子去看医生： ● 不会独立走路。　● 对一些常用词不理解。 ● 不试着讲话或者重复词语。　● 对简单的问题，不能用“是”或“不是”回答。	

附表 17 25 ～ 27 月龄幼儿生长发育水平

体格发育及健康

月龄	身高 / 身长（cm）		体重（kg）		头围（cm）	
	男孩	女孩	男孩	女孩	男孩	女孩
27①	84.8 ～ 96.8	83.6 ～ 95.5	10.8 ～ 16.1	10.3 ～ 15.5	46.3 ～ 51.2	45.3 ～ 50.2

大运动

测评项目	①独自上楼 □ ②独自下楼 □
测评方法	①鼓励幼儿不扶扶手上楼梯，可示范。 ②鼓励幼儿不扶扶手下楼梯，可示范。
达标	①不扶扶手，稳定地上楼梯 3 阶。 ②不扶扶手，稳定地下楼梯 3 阶。

精细动作

测评项目	①模仿画竖道 □ ②对拉锁 □
测评方法	①主试者与幼儿同向，示范画一垂直线，注意测查纸张放正，鼓励幼儿模仿。 ②出示打开的拉锁，示范将拉锁对好，鼓励幼儿照样做。
达标	①幼儿能画竖线，长度 >2.5 厘米，所画线与垂直线的夹角应 <30 度。 ②幼儿能将拉锁头部分或全部插进锁孔。

适应能力

测评项目	①认识大小 □ ②正放型板 □
测评方法	①主试者向幼儿出示大小圆片，请幼儿把大的给妈妈或阿姨。 ②将圆、方、三角形 3 块积木放在与型板相应的孔旁，主试者对幼儿说“这是小朋友的家（指型板），请帮这些小朋友（指 3 块积木）找到自己的家”，不示范。放置三角形积木方向要与型板一致。
达标	①幼儿会正确把大的给妈妈或阿姨，三试二成。 ②幼儿能一次性正确放入相应孔内。仅等腰三角形可提示。

言语能力

测评项目	①说 7 ～ 10 个字的句子 □ ②理解指令 □
测评方法	①主试者说一句话“星期天妈妈带我去公园”，可重复一遍，鼓励幼儿复述。 ②主试者对幼儿说“请举举你的手”和“请抬抬你的脚”，可重复指令一遍，但不能有示范的动作，观察幼儿反应。
达标	①幼儿能复述出 7 个字的句子，不影响句意表达。 ②幼儿能按指令做出举手或抬脚动作。

社会行为

测评项目	①脱单衣或裤 □ ②开始有是非观念 □
测评方法	①观察或询问幼儿是否会自己脱上衣或裤子。 ②主试者问幼儿“打人对不对”，观察幼儿的反应或回答。
达标	①幼儿不用帮忙，自己脱掉单衣或单裤。 ②幼儿摇头或说出“不对”。

发育不佳预警

25 ～ 36 个月，有以下状况，请赶快送孩子去看医生：

- 不能自如地走，经常会摔倒；不能在成人的帮助下爬台阶。
- 不能提问题。
- 不能指着熟悉的物品说出它的名称；不能说 2 ～ 3 个字的句子。
- 不能根据一个特征把熟悉的物品分类，如把吃的东西和玩具分开。
- 不喜欢和小朋友玩。

① 《7 岁以下儿童生长标准》（WS/T 423—2022）对 2~3 岁儿童体格发育及健康情况提供 27、30、33、36 月龄的数据，附表 17~ 附表 20 此部分数据与该标准保持一致。

附表 18　28 ～ 30 月龄幼儿生长发育水平

体格发育及健康						
月龄	身高 / 身长（cm）		体重（kg）		头围（cm）	
	男孩	女孩	男孩	女孩	男孩	女孩
30	87.0 ～ 99.4	85.7 ～ 98.1	11.2 ～ 16.7	10.7 ～ 16.2	46.6 ～ 51.5	45.5 ～ 50.5
大运动						
测评项目	独脚站 2 秒 □					
测评方法	主试者示范用独脚站立，鼓励幼儿照样做。					
达标	幼儿不扶任何物体可单脚站立 2 秒。					
精细动作						
测评项目	①穿扣子 3 ～ 5 个 □　②模仿搭桥 □					
测评方法	①主试者示范连续穿扣子 3 ～ 5 个，鼓励幼儿照样做。 ②示范用下面 2 块、上面 1 块共 3 块积木搭成有孔的桥，并保留模型，鼓励幼儿照样做。主试者不得提示桥孔。					
达标	①幼儿能较熟练穿扣子并拉过线，能穿 3 个。　②幼儿能搭出有孔的桥。					
适应能力						
测评项目	①知道 1 与许多 □　②倒放型板 □					
测评方法	① 1 块和数块积木分放两边，请幼儿指出哪边是多的，再指另一边问“这是几个”。 ②在幼儿正放 3 块积木入型板的基础上，将型板倒转 180 度，3 块积木仍在原处，主试者对幼儿说“这是小朋友的家（指型板），请帮这些小朋友（指 3 块积木）找到自己的家”，不示范。					
达标	①幼儿先正确指出哪一边多，后回答“是 1 个”。 ②幼儿能一次性正确放入翻转后型板的相应孔内，仅等腰三角形可提示。					
言语能力						
测评项目	①说出 10 样图片 □　②说自己名字 □					
测评方法	①出示图片，依次指给幼儿看，鼓励其说出图片名称。 ②主试者问幼儿“你叫什么名字”。					
达标	①幼儿能正确说出 10 样图片。1. 北极熊；2. 树叶；3. 小鸡；4. 青蛙；5. 螳螂；6. 猕猴桃；7. 树；8. 房子；9. 雨伞；10. 壶；11. 铅笔；12. 钥匙；13. 打印机；14. 刀；15. 电脑；16. 管钳；17. 轮船；18. 毛笔和砚台；19. 国旗；20. 脚；21. 嘴唇；22. 步枪；23. 雪花；24. 中国结。 ②幼儿能正确回答自己的大名。					
社会行为						
测评项目	①来回倒水不洒 □　②扔果皮至垃圾筐 □					
测评方法	①在一个无把儿的杯中注入 1/3 杯水，主试者示范将水倒入另一杯中，来回各倒一次，鼓励幼儿照样做。 ②出示图片，问幼儿“乱扔垃圾是不对的，你看这个小女孩吃完的果皮应该扔哪儿?”，鼓励幼儿回答。					
达标	①幼儿会将水来回倒两次不洒水。　②幼儿能正确回答或指出应该扔垃圾筐。					

附表19　31～33月龄幼儿生长发育水平

<table>
<tr><th colspan="7">体格发育及健康</th></tr>
<tr><td rowspan="2">月龄</td><td colspan="2">身高 / 身长（cm）</td><td colspan="2">体重（kg）</td><td colspan="2">头围（cm）</td></tr>
<tr><td>男孩</td><td>女孩</td><td>男孩</td><td>女孩</td><td>男孩</td><td>女孩</td></tr>
<tr><td>33</td><td>89.0～101.8</td><td>87.7～100.5</td><td>11.6～17.4</td><td>11.1～16.9</td><td>46.8～51.7</td><td>45.8～50.8</td></tr>
<tr><th colspan="7">大运动</th></tr>
<tr><td>测评项目</td><td colspan="6">立定跳远　□</td></tr>
<tr><td>测评方法</td><td colspan="6">主试者示范跳过16开白纸（20厘米宽），鼓励幼儿照样做。</td></tr>
<tr><td>达标</td><td colspan="6">幼儿双足同时离地跳起跃过纸，不得踩到纸。</td></tr>
<tr><th colspan="7">精细动作</th></tr>
<tr><td>测评项目</td><td colspan="6">①模仿画圆　□　　②拉拉锁　□</td></tr>
<tr><td>测评方法</td><td colspan="6">①主试者示范画一圆形，鼓励幼儿模仿。
②出示打开的拉锁，示范将拉锁对好并拉上，鼓励幼儿照样做。</td></tr>
<tr><td>达标</td><td colspan="6">①幼儿所画圆二头相交，为闭合圆形，不能明显成角。
②幼儿能将拉锁头全部插进锁孔，并有拉的意识。</td></tr>
<tr><th colspan="7">适应能力</th></tr>
<tr><td>测评项目</td><td colspan="6">①积木搭高10块　□　　②连续执行3个命令　□</td></tr>
<tr><td>测评方法</td><td colspan="6">①示范搭高2块积木，推倒后一块一块出示积木，鼓励幼儿搭高，允许试3次。
②嘱幼儿做3件事：擦桌子、摇铃、把门打开，可再重复命令一遍。幼儿开始做后，不能再提醒或给予暗示。</td></tr>
<tr><td>达标</td><td colspan="6">①幼儿能搭高积木10块，三试一成。
②幼儿会做每件事情，没有遗忘任何一项，但顺序可颠倒。</td></tr>
<tr><th colspan="7">言语能力</th></tr>
<tr><td>测评项目</td><td colspan="6">①说出性别　□　　②分清“里”“外”　□</td></tr>
<tr><td>测评方法</td><td colspan="6">①主试者问幼儿性别，若是女孩问“你是女孩还是男孩”；若是男孩问“你是男孩还是女孩”。
②主试者将一小丸放入30毫升广口瓶内问“小丸是在瓶里，还是在瓶外”。</td></tr>
<tr><td>达标</td><td colspan="6">①幼儿能正确说出自己的性别。　　②幼儿能正确说出是在里边。</td></tr>
<tr><th colspan="7">社会行为</th></tr>
<tr><td>测评项目</td><td colspan="6">①会穿鞋　□　　②解扣子　□</td></tr>
<tr><td>测评方法</td><td colspan="6">①主试者将幼儿鞋脱下，鞋尖对着幼儿，鼓励其穿上。
②出示玩具娃娃，鼓励幼儿解扣子，主试者应辅助幼儿固定玩具娃娃衣服。</td></tr>
<tr><td>达标</td><td colspan="6">①幼儿会穿上鞋并将鞋提上，不要求分左右。　　②幼儿会自己解开某一个扣子。</td></tr>
</table>

附表 20　34 ～ 36 月龄幼儿生长发育水平

<table>
<tr><th colspan="7">体格发育及健康</th></tr>
<tr><td rowspan="2">月龄</td><td colspan="2">身高 / 身长（cm）</td><td colspan="2">体重（kg）</td><td colspan="2">头围（cm）</td></tr>
<tr><td>男孩</td><td>女孩</td><td>男孩</td><td>女孩</td><td>男孩</td><td>女孩</td></tr>
<tr><td>36</td><td>90.9 ～ 104.1</td><td>89.7 ～ 102.7</td><td>12.0 ～ 18.0</td><td>11.5 ～ 17.7</td><td>47.0 ～ 51.9</td><td>46.1 ～ 51.1</td></tr>
<tr><th colspan="7">大运动</th></tr>
<tr><td>测评项目</td><td colspan="6">双脚交替跳　□</td></tr>
<tr><td>测评方法</td><td colspan="6">主试者示范以高抬腿姿势原地交替跳起，鼓励幼儿照样做。</td></tr>
<tr><td>达标</td><td colspan="6">幼儿可双脚交替跳起，双脚离地 5 厘米。</td></tr>
<tr><th colspan="7">精细动作</th></tr>
<tr><td>测评项目</td><td colspan="6">①模仿画交叉线　□　　②会拧螺丝　□</td></tr>
<tr><td>测评方法</td><td colspan="6">①主试者与幼儿同向示范画交叉线，鼓励幼儿模仿。
②主试者出示螺丝、螺母，嘱其拧上。如幼儿不会，可示范。</td></tr>
<tr><td>达标</td><td colspan="6">①幼儿能画出两直线并相交成角，直线线条较连续。
②幼儿能双手配合将螺丝、螺母组装起来。</td></tr>
<tr><th colspan="7">适应能力</th></tr>
<tr><td>测评项目</td><td colspan="6">①懂得“3”　□　　②认识两种颜色　□</td></tr>
<tr><td>测评方法</td><td colspan="6">①主试者出示 3 块积木，问幼儿“这是几块”。
②出示红、黄、蓝、绿 4 色图片，先从非红色开始问，避免顺口溜出，请幼儿说出各为何种颜色。</td></tr>
<tr><td>达标</td><td colspan="6">①幼儿能正确说出“3 块”。　　②能正确说出 2 种颜色。</td></tr>
<tr><th colspan="7">言语能力</th></tr>
<tr><td>测评项目</td><td colspan="6">①说出指定的 14 样图片　□　　②发音基本清楚　□</td></tr>
<tr><td>测评方法</td><td colspan="6">①出示图片，依次指给幼儿看，鼓励其说出图片名称。
②观察幼儿在说话时的发音情况。</td></tr>
<tr><td>达标</td><td colspan="6">①幼儿能正确说出 14 样图片。1. 北极熊；2. 树叶；3. 小鸡；4. 青蛙；5. 螳螂；6. 猕猴桃；7. 树；8. 房子；9. 雨伞；10. 壶；11. 铅笔；12. 钥匙；13. 打印机；14. 刀；15. 电脑；16. 管钳；17. 轮船；18. 毛笔和砚台；19. 国旗；20. 脚；21. 嘴唇；22. 步枪；23. 雪花；24. 中国结。
②幼儿会发清楚大多数语音，不影响交流。</td></tr>
<tr><th colspan="7">社会行为</th></tr>
<tr><td>测评项目</td><td colspan="6">①懂得“饿了、冷了、累了”　□　　②给玩具娃娃扣扣子　□</td></tr>
<tr><td>测评方法</td><td colspan="6">①主试者依次问“饿了怎么办？冷了怎么办？累了怎么办？”
②出示玩具娃娃，鼓励幼儿扣扣子，主试者应辅助幼儿固定玩具娃娃衣服。</td></tr>
<tr><td>达标</td><td colspan="6">①幼儿能正确回答两问，比如吃饭、穿衣、休息等。
②幼儿能自己扣上玩具娃娃的某一个扣子。</td></tr>
</table>